Un'estate di sorprese

Judith Keim

LIBRI DI JUDITH KEIM

LA SERIE DELLE DONNE HARTWELL:

L'albero che parla – 1
Chiacchiere dolci – 2
Chiacchiere dirette – 3
Chiacchiere infantili – 4
Le donne Hartwell – Cofanetto

LA SERIE DEGLI HOTEL DELLA CASA SULLA SPIAGGIA:

Prima colazione all'Hotel The Beach House - 1
Pranzo al Beach House Hotel - 2
Cena al Beach House Hotel - 3
Natale al Beach House Hotel - 4
Margarita al Beach House Hotel - 5
Dolce al Beach House Hotel - 6

IL GRUPPO DEI VENERDÌ GRASSI:

Venerdì grasso - 1
I sabati di Sassy - 2
Domeniche segrete - 3

LA SERIE DI SALTY KEY INN:

Trovarmi - 1
Trovare la mia strada - 2
Trovare l'amore - 3
Trovare la famiglia - 4
La serie Salty Key Inn - Cofanetto

I RACCONTI DEL SEASHELL COTTAGE:

Una stella di Natale
Cambiamento di cuore
Un'estate di sorprese
Un viaggio in auto da ricordare
Le ragazze della spiaggia

LA SERIE DELLA LOCANDA DI CHANDLER HILL:

Andare a casa - 1
Tornare a casa - 2
Finalmente a casa - 3
La serie Chandler Hill Inn - Cofanetto

LA SERIE DELLA LOCANDA DELLA SALVIA DEL DESERTO:

I fiori del deserto - Rosa - 1
I fiori del deserto - Giglio - 2
I fiori del deserto - Salice - 3
I fiori del deserto - Vischio e agrifoglio - 4

LE ANIME SORELLE AL CEDAR MOUNTAIN LODGE:

Sorelle di Natale - Antologia
Baci di Natale
Castelli di Natale
Storie di Natale - Antologia Soul Sisters
Gioia di Natale

LA SERIE DELLA LOCANDA DI SANDERLING COVE:

Onde di speranza -
Auguri di sabbia - (2023)
Baci salati - (2023)

ALTRI LIBRI:

L'ABC della convivenza con un bassotto
C'era una volta un'amicizia - Antologia
Vincere alla grande - una piccola storia d'amore per tutte le età
Speranze per le vacanze
I biglietti vincenti - (2023)

Per maggiori informazioni: www.judithkeim.com

Un'estate di sorprese

I racconti del Seashell Cottage

Judith Keim

Wild Quail Publishing

wildquail.pub@gmail.com
www.judithkeim.com

Pubblicato negli Stati Uniti da:

Wild Quail Publishing
PO Box 171332
Boise, ID 83717-1332

ISBN# 978-1-962452-41-0

Traduzione dall'inglese a cura di Well Read Translations

Dedica

Le famiglie sono complicate, a prescindere da quanto
siano numerose.
Sono tanto felice per la mia. Vi amo tutti!

CAPITOLO UNO

Jillian Conroy sentì dal cellulare la voce della sorella Cristal e fece un respiro profondo. Una chiamata da parte della sorella era sempre una sorpresa.

"Allora, Cristal, ricomincia da capo e dimmi esattamente quello che dovrei fare."

"È semplice, Jill. Adesso la mia amica, Hope Thomason, possiede il Seashell Cottage sulla costa del Golfo della Florida e ha bisogno di qualcuno che ci viva durante l'estate mentre noi facciamo il tour europeo, quello di cui parliamo da anni."

"Tutto qui?" Non sembrava un compito difficile. Anzi, era un ottimo modo per sfuggire ai ricordi del passato, pensò Jill. La scuola sarebbe finita dopo una settimana e lei non aveva progetti interessanti per le vacanze estive. Forse una lunga pausa sulla costa del golfo le avrebbe fatto bene. Ma ogni volta che cercava di aiutare sua sorella, finiva per rimetterci emotivamente e spesso anche finanziariamente. Se Cristal le proponeva un pranzo insieme, il conto finiva per pagarlo Jill. Una volta, quello che avrebbe dovuto essere un pomeriggio divertente a base di shopping, si era trasformato in un incubo, quando Cristal aveva fatto il broncio perché il vestito comprato dalla sorella era lo stesso che voleva lei. Il loro rapporto era sempre stato al limite del tossico.

"C'è un'altra cosa. Un amico di famiglia di Hope, Greg Campbell, è un uomo anziano che ha accettato di fare dei lavori al cottage. Dormirà in una delle stanze degli ospiti per qualche settimana, finché i lavori non saranno terminati."

"Un uomo più anziano, hai detto?"

"Sì. Lui e il padre di Hope sono amici. Hanno la stessa età."

Jill fece un sospiro di sollievo. Troppi amici l'avevano spinta a ricominciare a uscire con qualcuno, ma lei non aveva alcun interesse a farlo. Non dopo la morte di Jay, avvenuta due anni prima.

"Pensaci. Ti chiamerò stasera per avere una risposta." Cristal interruppe la chiamata prima che la sorella potesse fare altre domande.

Jill si sedette su una sedia e fissò la finestra della cucina all'interno del piccolo bungalow che chiamava casa a Ellenton, una cittadina a nord di New York. Avrebbe dovuto venderlo mesi prima. Non aveva ricordi piacevoli della propria vita in quella casa. Aveva pensato che, se l'avesse svuotata dai ricordi di Jay in seguito all'incidente stradale che l'aveva ucciso, sarebbe riuscita a scacciare l'infelicità che aveva conosciuto con lui. Ma in quel momento lo spazio sembrava solo vuoto. E solitario.

I pensieri di Jill andarono sulla sorella. Di tre anni più grande, Cristal era la bella della famiglia. La madre aveva dichiarato a chiunque volesse ascoltarla che Cristal aveva preso quei bei lineamenti, i capelli naturalmente biondi e gli occhi azzurri di una parente materna, mentre Jillian assomigliava alla parte Davis della famiglia. Il confronto era doloroso. Senza i colpi di sole che doveva ritoccare ogni mese, i capelli di Jillian sarebbero stati opachi come acqua sporca. Gli occhi nocciola non contenevano alcuna traccia di azzurro. Ma la parte peggiore era che la figura alta e slanciata di Cristal sembrava fare concorrenza a quella più bassa e formosa di Jill. Era una gara in cui Jill partiva svantaggiata, in tutto e per tutto. Se non fosse stato tanto simile a un noto scenario da libro di fiabe, sarebbe stato quasi comico.

Irrequieta, Jill si alzò e si mise a camminare per la cucina. Non era stato il loro aspetto diverso a rendere difficile il rapporto con la sorella. Era la tendenza di Cristal a manipolare gli altri per farsi strada. Jill sapeva quanto fosse sciocco tenersi dentro vecchi rancori, ma di tanto in tanto una di quelle faceva capolino nel guscio che lei aveva costruito intorno a sé. Come poteva dimenticare che Cristal le aveva rubato il ragazzo con cui aveva un appuntamento al college, l'unico che nei sogni di Jill sarebbe rimasto per sempre con lei? Era solo uno dei modi in cui Cristal l'aveva ferita nel corso degli anni. Uno sbuffo di disgusto uscì dalla bocca di Jill. Forse non avrebbe nemmeno prestato attenzione a Jay, se Cristal non avesse pensato che fosse un bell'uomo. Perché c'era quella stupida rivalità?

Prima che potesse approfondire il pensiero, squillò il telefono. Jill sapeva chi era prima ancora di controllare il nome sullo schermo. Sua madre, Valerie Davis, aveva un fiuto per i problemi. Senza dubbio, Cristal l'aveva chiamata per avere supporto.

"Ciao, mamma," disse Jill senza entusiasmo.

"Ciao, tesoro. Cristal mi ha chiamato per dirmi che ha organizzato per te delle bellissime vacanze estive. È così premurosa."

"Mi ha chiesto di farle un favore, in modo che lei e la sua amica possano viaggiare in Europa," disse Jill con calma, ancora senza sapere se accettare la proposta o anche solo quali avrebbero potuto essere le conseguenze, se lo avesse fatto.

"Beh, se non lo fai tu, sono sicura che possono trovare qualcun altro che stia al cottage. Sembra una casa incantevole. Le dovresti essere grata per aver pensato a te," la rimproverò la madre. "Un'intera estate per rilassarsi."

Sarebbe stato inutile discutere. "Forse hai ragione," disse Jill. "Potrei approfittare delle vacanze per andarmene." Improvvisamente, l'idea le piacque. Quel cambiamento nella normale routine poteva darle l'opportunità di riflettere, di prendere alcune decisioni importanti sulla propria vita, di ricominciare da capo. Solo il cielo sapeva quanto Jill fosse in crisi emotiva anche prima che Jay se ne andasse.

"Splendido," disse la madre con soddisfazione. "Sono contenta che aiuterai tua sorella. Significherebbe molto per lei. La povera Cristal sta progettando questo tour estivo con Hope da molto tempo e ha lavorato molto duramente."

"Intendi come hostess al club di Miami?"

"Su, Jillian, lei fa il meglio che può e con il suo aspetto non ha bisogno di passare il tempo a insegnare a scuola."

"Eh? Perché insegno a scuola... " Jill si fermò. Non le piaceva la persona che diventava quando aveva a che fare con la famiglia. Solo il padre l'aveva accettata per quello che era, e lui era morto diversi anni prima.

"Non intendevo questo, Jillian," disse la madre con una nota di scuse.

"Senti, devo andare," disse Jill. "Ti farò sapere se accetterò."

"Ti prego, fallo. Tengo a entrambe e spero che un giorno voi ragazze andrete d'accordo."

Jill sospirò. "Ciao, mamma." Sebbene la giornata fosse rovinata dai rapporti abituali con la madre, l'idea di fuggire in un luogo lontano divenne allettante.

Più tardi, Jill si riempì di entusiasmo mentre cercava su internet informazioni sul Seashell Cottage. Le foto erano bellissime. Non si trattava di un semplice cottage, ma di una bellissima casa con tre camere da letto e tre bagni, che si affacciava su un'ampia spiaggia sabbiosa. C'era anche una piscina coperta.

Prima di poter cambiare idea o di pensare che ci fosse qualcosa di intrinsecamente sbagliato nel lasciarsi coinvolgere dalla sorella, Jill digitò il numero di Cristal e lasciò un messaggio quando partì la segreteria.

"Ciao, Cristal. Sono Jill. Ho deciso di rimanere al Seashell Cottage per l'estate, così tu e Hope potrete viaggiare. Alla fine della prossima settimana, quando la scuola sarà finita, andrò in Florida. Dovrei essere lì per l'otto giugno e potrei rimanere fino ad agosto inoltrato. Fammi sapere se queste date vi vanno bene." Siccome odiava litigare, fece una pausa e prese un respiro profondo. "Ah, Cristal, grazie per aver pensato a me."

Quella sera Cristal richiamò. Il rumore della musica e delle feste in sottofondo rendeva difficile sentire, ma arrivò il messaggio: Cristal era entusiasta all'idea che Jill sarebbe rimasta al cottage. "Vedrai. Sarà una bella estate per te, Jilly. Per entrambe, in realtà."

"Lo spero," disse Jill con onestà. Era più che pronta per un cambiamento.

Dieci giorni dopo, quando Jill parcheggiò davanti al Seashell Cottage, sentì le lacrime di gratitudine pizzicarle gli occhi. Era bellissimo. Appena scese dall'auto, l'aria salmastra le riempì le narici. Senza aspettare di esplorare la casa, Jill corse sulla spiaggia con le braccia in aria come per abbracciare quella nuova realtà. La sabbia calda di sole le accarezzava la pelle attraverso i sandali aperti. Se li tolse e li gettò in aria. Sarebbe stata un'estate spensierata, a piedi nudi.

Si avvicinò al bordo dell'acqua, infilò il piede nella schiuma e sospirò. L'acqua era deliziosa. Le grida dei gabbiani sopra di lei attirarono il suo sguardo verso il cielo, poi osservò un trio di pellicani sfiorare la superficie dell'acqua in cerca di cibo.

Jill strinse le mani e fece un sospiro soddisfatto. Aveva fatto bene ad andare lì. Sentiva già che alcuni dei suoi vecchi e silenziosi segreti fremevano per liberarsi. Quell'estate non sarebbe stata la vedova di Jay, la sorella minore di Cristal, una maestra d'asilo o un'affidabile volontaria della biblioteca.

Avrebbe trovato la persona che si nascondeva dentro di lei, quella che era stata spezzata.

"Salve. Tu devi essere Jillian Conroy," disse una voce profonda alle sue spalle.

Jill si girò di scatto e si trovò di fronte un uomo anziano, simpatico, dalle guance rosse, che indossava jeans e una maglietta grigia con la scritta "Smith's Hardware Store" stampata sul petto. Sorrise. "E tu devi essere Greg Campbell, il tuttofare che Hope ha assunto per l'estate."

"In persona," disse lui, ricambiando il sorriso. "Sei arrivata giusto in tempo. Sono qui da una settimana e ti ho lasciato alcune faccende da sbrigare."

"Ah sì?" disse Jill per nascondere la sorpresa. Cristal non aveva parlato di faccende.

"Sì, il bucato si è accumulato e sono stanco di preparare lo stesso pasto sera dopo sera. Ho sentito dire che sei un'ottima cuoca."

Jill strinse i pugni e vide mentalmente i propri piani frantumarsi e cadere a terra come pezzi di conchiglie rotte. "E cos'altro ti hanno detto di me?"

"Che sei eccellente nel prenderti cura delle persone e che in cambio della possibilità di trascorrere qui l'estate cucinerai e farai le pulizie per me e mio nipote Brody."

"Tuo nipote?"

"Sì. Arriva domani." Fece un cenno con la testa. "Lascia che ti aiuti con i bagagli."

"Grazie, sarebbe bello." Per restare composta, Jill dovette far ricorso ad anni di addestramento, anche se avrebbe solo voluto afferrare Cristal e scuoterla con forza. Era tipico della sorella. L'offerta di una vacanza in Florida era uno stratagemma. A quanto pareva, le sarebbe toccato cucinare e pulire per la squadra di lavoro. Avrebbe dovuto capirlo.

Una volta sistemate le valigie in una delle camere da letto,

Jill ebbe modo di guardarsi intorno. Si rese conto che, sebbene tutto fosse attraente, le foto su internet erano obsolete. Le pareti e le finiture in legno avevano bisogno di una nuova mano di vernice e servivano altri ritocchi all'interno. Senza dubbio era il motivo per cui Hope aveva assunto Greg e il nipote per l'estate. Era un momento saggio per farlo. Jill immaginò che per la maggior parte dell'anno il cottage fosse prenotato.

Sul pavimento della lavanderia, vicino a una lavatrice a carica frontale, giaceva una pila di panni sporchi. Jill nascose il proprio dispiacere, li mise in ordine e inserì nel cestello un carico di vestiti scuri, usando l'ultimo flacone di detersivo, che era quasi vuoto. Tirò un respiro profondo. Avrebbe dovuto fare per forza un salto al supermercato. Si chiese quali altre scoperte l'aspettassero.

Quando controllò il frigorifero, trovò un pacco da sei di coca cola, mezzo vuoto, un pezzo di formaggio e poco altro. Le brontolò lo stomaco. Anche se era stanca per il viaggio, si mise a scrivere i generi alimentari che avrebbe dovuto acquistare. Aveva visto un supermercato Publix non lontano dal cottage.

Greg si era ritirato in uno dei bagni e stava dando una nuova stuccatura quando Jill gli si avvicinò.

"Vado al supermercato. Ti serve qualcosa? Hai delle allergie?"

Greg si alzò in piedi e la guardò. "Non ho bisogno di niente di speciale, grazie. Come ho detto, sono contento che tu abbia deciso di accettare questo lavoro."

Al suo sorriso caloroso, l'irritazione di Jill svanì. Anche se Cristal l'aveva fatta sembrare una vacanza, non un lavoro, non aveva intenzione di biasimarlo. Sembrava un uomo gentile. "Farò del mio meglio. Sono abituata a cucinare solo per me."

"Non sei sposata?" Sotto una frangia di capelli grigi, Greg posò gli occhi azzurri su di lei.

"Vedova. Da due anni."

"Mi dispiace. È un vero peccato. La mia Annie se n'è andata cinque anni fa. La vita non è la stessa senza di lei. Anche Brody, mio nipote, è solo. Divorziato."

Jill si limitò ad annuire. Se Jay fosse stato ancora vivo, forse avrebbe trovato il coraggio e avrebbe divorziato anche lei.

Mentre si recava al supermercato, Jill chiamò la sorella.

Cristal rispose con un allegro "Ciao! Sei in Florida?"

"Sì," disse Jill con cautela. "Non sapevo di essere stata assunta per cucinare e pulire per Greg Campbell. Anche suo nipote alloggerà nel cottage. Lo sapevi?"

"Ho sentito parlare del suo arrivo, ma ho pensato che non avessi problemi a occuparti di loro. Dopo tutto, devi comprare il cibo e cucinare per te stessa. Com'è il cottage? È bello come nelle foto?"

"Il Seashell Cottage è incantevole. Al momento Greg sta lavorando per rinnovare gli interni e quest'estate sarà impegnato in altre faccende. Comunque, è una proprietà meravigliosa e la posizione è superba."

"È tutto ciò che conta. Divertiti. Io e Hope siamo all'aeroporto, pronte a partire. Non vedo l'ora!"

Quando sentì il clic del telefono, Jill fece un respiro profondo e regolare. Non valeva la pena di irritarsi. Quello che era fatto, era fatto. Sarebbe andata avanti e avrebbe trascorso l'estate migliore di sempre. Aveva caricato l'iPad con molti libri e si sarebbe goduta qualche settimana lontano dai bambini. Amava i suoi giovani allievi, ma una pausa da loro le sembrava un'idea favolosa.

###

Quando Jill tornò al cottage, Greg la aiutò con entusiasmo a scaricare la spesa. "Sembra che mangeremo bene," disse felice. "Ottimo, perché Brody ha appena telefonato. Lui e Kacy arriveranno stasera invece che domani. Dovrebbero essere qui tra mezz'ora."

Senza schiacciarne il contenuto, Jill posò con cura il cartone che conteneva una dozzina di uova: "Chi è Kacy?"

Greg le rivolse uno sguardo di scuse. "È la figlia di Brody, ha otto anni. È un po' difficile da gestire, per questo Brody la tiene per tutta l'estate. La sua ex ha bisogno di una pausa."

Jill sentì una sfumatura di sarcasmo nella voce di Greg e sprofondò sulla più vicina sedia della cucina. La sua estate non sarebbe stata affatto come l'aveva immaginata. Le cose stavano andando di male in peggio.

Jill era in cucina a rosolare cipolle e carne per il sugo degli spaghetti, quando sentì un veicolo entrare nel vialetto. Tolse la padella dal fuoco e andò a controllare chi arrivava.

Seguì Greg fuori di casa e osservò con interesse un giovane di bell'aspetto che scendeva da un furgone nero e faceva un cenno di saluto, per poi passare davanti al veicolo e aprire lo sportello alla figlia.

Un piedino fasciato in una scarpa rosa rimase sospeso in aria prima che la bambina saltasse a terra con un tonfo. Indossava un prendisole a fiori rosa e con i suoi riccioli chiari, il viso dagli occhi luminosi e le guance paffute, a Jill ricordò una bambolina.

"Eccoci qui," disse l'uomo alla figlia. "Sarà un'estate fantastica. Te lo prometto."

"Ciambelle ogni mattina, come hai detto tu?" La bambina, con il fisico di chi mangiava un po' troppi dolci, fece un sorriso scaltro al padre.

Lui scrollò le spalle e rispose: "Ne parleremo. Ora andiamo a salutare. Ti ricordi dello zio Greg, vero? E questa è... ." Smise di parlare quando incontrò lo sguardo di Jill.

Lei non poté fare a meno di ammirare i capelli color caffè, i lineamenti classici e il sorriso che gli attraversava il viso sopra una leggera fossetta nel mento virile. Mentre continuavano a fissarsi, Jill sentì un brivido attraversarle le spalle. Gli occhi verdi di quell'uomo la attiravano come se lei e lui non fossero persone che si incontravano per la prima volta, ma vecchi amici.

"Salve. Sono Jillian Conroy," disse infine, sentendosi un po' sciocca per tutto il tempo che era passato.

"Odio il nome Jillian," annunciò Kacy, mentre spostava lo sguardo dal padre a Jill con le braccia incrociate davanti al corpo.

"È da maleducati, Kacy," ammonì lui e le lanciò un'occhiata di avvertimento. Si rivolse a Jill con un sorriso. "Ciao, io sono Brody, Brody Campbell... e questa è mia figlia Kacy. Sta con me per l'estate."

"Così mi è stato detto," rispose Jill con calma, prima di osservare Kacy che afferrava una mano del padre con entrambe le sue. Jill riconobbe le pretese della ragazza nei confronti del padre e le rivolse un sorriso incoraggiante. "Ciao, Kacy. Penso che ti divertirai qui. Aspetta di vedere la spiaggia."

Kacy fece una smorfia a Jill, mentre Brody si voltò verso lo zio e lo strinse in un abbraccio. "Ciao, Greg. È bello rivederti. Sono contento che possiamo lavorare insieme per le prossime due settimane. Credo che sarà utile per Kacy."

"No! Odio già questo posto," disse Kacy, con il labbro inferiore sporgente nel classico broncio che evidentemente conosceva molto bene.

"Oh, tesoro. Faremo del nostro meglio. Ricordi?" disse

Brody a bassa voce.

Mentre osservava l'interazione tra i due, Jill strinse i denti. L'estate era destinata a essere ancora peggio di quanto lei avesse pensato all'inizio. L'idea di fare le valigie e andarsene era allettante, ma in qualche modo ce l'avrebbe fatta. Era colpa sua. Avrebbe dovuto sapere che non poteva fidarsi della sorella.

CAPITOLO DUE

Kacy entrò nella stanza mentre Jill stava apparecchiando la tavola per la cena. "Cosa si mangia?"

Jill le rivolse un sorriso di incoraggiamento. "Spaghetti. Saranno pronti tra poco. Hai fame?"

"Ah," disse Kacy arricciando le labbra. "C'è la carne nel sugo? Io non mangio carne."

Jill si costrinse a rimanere gentile. "In questo caso, te li posso preparare al burro o al formaggio. Sto facendo anche una bella insalata verde, così puoi scegliere quello che vuoi."

Kacy abbassò le labbra. "Mia mamma mi fa sempre mangiare l'insalata. Non la mangerò mentre sono qui."

Grazie alla sua esperienza di insegnante, Jill sapeva quanto fosse importante stabilire dei limiti fin dall'inizio. "Non sono qui per controllare quello che mangi, ma finché sono responsabile in cucina, preparo un pasto e le persone possono mangiarlo o meno."

"Davvero?" chiese Brody, prima di farle un sorriso stuzzicante mentre entrava nella stanza. "Greg mi ha detto che sei una brava cuoca."

Prese un cucchiaio e disse: "Non ne sono sicura. Farò del mio meglio, ma non ho intenzione di preparare più alternative a ogni singolo pasto."

"Mi sembra giusto. Forse posso aiutarti. Faccio una buona omelette e un ottimo panino al prosciutto."

Kacy gli tirò la mano. "Papà, ricordati papà che sono vegana. Come la mamma."

Anche se Brody sorrise, le sue narici si dilatarono

leggermente. "Quando sei con me dimenticheremo le regole della mamma. Ok?"

"Oh, giusto. Ecco perché prenderò le ciambelle tutti i giorni."

Brody avvolse il braccio intorno a Kacy. "Non tutti i giorni. Non era questo il patto. Ma quest'estate ci divertiremo senza preoccuparci di tante regole. Capito?"

Kacy lo fissò incerta. "Credo di sì. Ma non mangerò il sugo degli spaghetti. *Lei* ci ha messo la carne." Kacy lanciò a Jill uno sguardo pieno di pugnali.

"Ho detto a Kacy che può mangiare burro o formaggio sulla pasta e che servirò anche una bella insalata verde," disse Jill con calma. Non aveva intenzione di reagire al comportamento negativo di Kacy.

Le labbra della bambina formarono un broncio che a Jill stava diventando familiare. "Non voglio mangiare pasta e insalata per cena. Voglio qualcosa di diverso. Voglio andare al My Burger Place."

Brody fece una pausa. "Beh, forse, visto che è la prima sera, solo per questa volta va bene." Si girò verso Jill e scrollò le spalle in un gesto di scuse. "Immagino che arriverò tardi a cena."

L'occhiata trionfante che Kacy le lanciò infastidì Jill, che però riuscì a controllare la propria reazione. Aveva avuto a che fare con un numero sufficiente di bambini viziati e di genitori troppo impazienti di compiacerli per capire che Brody e Kacy avrebbero dovuto risolvere la situazione da soli. Fare da babysitter a una bambina di otto anni non era parte dei suoi compiti. Doveva già cucinare e pulire.

Dopo che Brody se ne fu andato con Kacy, Jill chiamò Greg. Entrò in cucina, annusò e sorrise. "C'è un profumo delizioso. Abbiamo tempo per un bicchiere di vino prima di cena? A me e ad Annie piaceva farlo. Ho conservato alcune bottiglie qui in cucina."

Sorpresa ma entusiasta, Jill annuì. "È un'idea deliziosa. Non ho avuto tante occasioni di stare all'aperto e ho sentito dire che qui i tramonti sono spettacolari."

"È troppo presto per il tramonto, ma è un momento bellissimo della giornata, perfetto per raccogliere i pensieri. Dammi un minuto e aprirò un bel pinot nero."

"Il mio preferito," disse Jill, mentre si rendeva conto di quanti pochi momenti di pace si concedesse.

Più tardi, mentre era seduta fuori e guardava le onde che si muovevano verso la riva per un bacio spumeggiante per poi ritirarsi, sentì la tensione allentarsi. Si rivolse a Greg. "Da quanto tempo Brody e sua moglie sono divorziati?"

Greg scosse la testa. "Un paio d'anni. Allison ha trovato un altro, un medico che faceva un sacco di soldi in borsa, e la relazione è finita lì. Lei non mi è mai piaciuta molto. È una di quelle donne che devono mostrarsi sempre perfette. Ha già danneggiato Kacy nel farla sentire brutta perché è un po' troppo robusta."

"Sì. Ecco perché il cibo è un problema." Jill scosse la testa. "Capisco che Brody debba fare tutto da solo, ma... Greg, non ho intenzione di farmi prendere in giro da nessuno dei due. Inoltre, non avevo idea che qui avrei avuto dei compiti da svolgere, se non quello di occuparmi della proprietà."

Greg le rivolse un sorriso complice. "Conosco Hope Thomason e i suoi genitori da anni. È piuttosto viziata e abituata a ottenere ciò che vuole. Immagino che possa aver cercato di approfittarsi di te."

"Oh no, non è stata Hope. È mia sorella," disse Jill.

"Parlami un po' di te," chiese Greg. "Una bella e giovane donna da sola. È un vero peccato che tuo marito sia morto."

Jill bevve un sorso di vino e sospirò. "In realtà, a quanto pare, non era il bravo ragazzo che mi era parso all'inizio. L'ho capito qualche mese dopo che ci siamo sposati, quando ha iniziato a bere qualche birra di troppo. Poi è diventato una persona che non mi piaceva affatto, che mi diceva cose orribili." Sentì gli occhi che le si spalancavano. "Oddio! Non l'ho detto a molte persone."

"Forse era il momento di farlo," disse Greg con semplicità. "I segreti possono consumare il cuore."

Jill era silenziosa. Per molti versi, immaginò che fosse quello che le era successo. Mantenere quel segreto l'aveva cambiata e le aveva fatto perdere l'entusiasmo per tante cose. Aveva rifiutato appuntamenti con ragazzi rispettabili, aveva rinunciato ad alcuni addii al nubilato e negli ultimi due anni si era nascosta in casa. Che diavolo era successo? Forse, come aveva detto Greg, era arrivato il momento di andare avanti. Forse, mentre era via da casa, avrebbe anche parlato con un altro psicoterapeuta di ciò che aveva tenuto nascosto.

"Che ne dici di servire la cena adesso, così dopo avremo il tempo di vedere il tramonto?" propose Greg.

"Certo, volentieri," disse Jill alzandosi in piedi.

Mentre raggiungevano la cucina, Jill studiò Greg con la coda dell'occhio. Immaginò che avesse circa settant'anni. Con le rughe d'espressione agli angoli degli occhi e un sorriso che gli veniva facile, l'uomo emanava un senso di appagamento che lei trovava attraente. Anche se aveva detto di essere solo, Greg ovviamente apprezzava i piccoli piaceri della vita, come un buon bicchiere di vino e i bei tramonti.

Servì la cena e si sedettero insieme. Erano a metà del pasto, quando tornarono Brody e Kacy.

"Hai mangiato l'hamburger?" Greg chiese a Kacy.

Lei lo guardò con un sorriso. "Con le patatine e una Coca Cola. Mia mamma non mi lascia mai mangiare quella roba."

"Si merita un regalino ogni tanto," disse Brody.

Kacy fece un cenno entusiasta con la testa. "Domani andremo da Chicken Lickin'."

"No, mangeremo qui," disse Brody a bassa voce. "Non ceneremo fuori tutte le sere. Questo era un regalo speciale."

A Kacy iniziarono a lacrimare gli occhi. "Ma lo avevi promesso, papà."

"No, niente affatto. Ho detto solo per oggi." Si rivolse a Jill. "È rimasto qualcosa qui per me?"

"Sì. È bello caldo," rispose lei. "Serviti pure."

"È delizioso," aggiunse Greg, con un sorriso.

"No-o-o! Dovresti mangiare con me. Non con *lei*," gridò Kacy.

"Hai avuto il tuo pasto speciale. Ora tocca a me," disse Brody mentre prendeva un piatto e si serviva ai fornelli.

Kacy urlò: "Ti odio!" e lasciò la stanza in lacrime.

Brody prese il piatto di cibo e scivolò su una sedia, con le guance in fiamme. "Mi dispiace. Sto facendo del mio meglio per affrontare la situazione. Il cibo è un problema, insieme a molto altro."

"Capisco," disse Jill con genuina comprensione. "Sono un'insegnante di scuola materna. A volte vedo comportamenti simili da parte dei bambini con i genitori divorziati o che stanno attraversando un periodo difficile. Potrebbe essere utile parlare con uno psicologo."

Lui la studiò. "È quello che faccio: sono uno psicologo per il mio distretto scolastico in Pennsylvania."

"Oh, non avevo capito... " Jill notò un'espressione di tristezza sul volto di Brody e smise di parlare.

"È un campo che amo molto." Brody posò la forchetta. "Allison, la mia ex, pensava che avrei dovuto fare qualcos'altro, qualcosa che avrebbe portato più soldi. Ma vedo che alcuni di questi ragazzi hanno davvero bisogno di qualcuno con cui parlare. Il problema è che sembra che io sia più bravo con loro che con mia figlia."

"Beh, Brody, sai che entrambi i genitori devono lavorare insieme per aiutare un bambino a superare un momento difficile. A te succede esattamente l'opposto. Allison non ha intenzione di ascoltare né te né nessun altro. Se Annie fosse qui, ti direbbe la stessa cosa," disse Greg.

"Sì, hai ragione. Ho cercato di convincere Allison a lasciarmi tenere Kacy a tempo pieno, ma pensa che, se lo facesse, macchierebbe l'immagine di madre devota che vuole mostrare agli altri. È difficile capire come certe persone possano nascondere la loro vera natura... "

Jill lanciò un'occhiata a Greg e poi rispose: "Non devi darmi spiegazioni. Conosco queste situazioni, queste persone."

Lo sguardo di Brody si concentrò su di lei. "Mi dispiace," fu tutto ciò che disse, ma Jill ebbe la sensazione che lui le avesse visto dentro, fino al punto in cui lei conservava il proprio segreto. Nel tentativo di passare oltre, Jill sorrise con gioia e disse: "Io e Greg andiamo a vedere il tramonto. Magari a te e Kacy va di unirvi a noi?"

Con la bocca piena, Brody annuì.

Mentre finivano di mangiare c'era silenzio. Non appena ebbero terminato, Jill si alzò. "Lavo i piatti e vi raggiungo in veranda." Voleva evitare ulteriori conversazioni. Dopo aver rivelato a Brody di avere a che fare con persone che nascondevano la loro vera natura, Jill aveva l'impressione che lui la conoscesse già meglio di molte persone di famiglia. Non avevano mai sospettato che nell'intimità della vita domestica, quando aveva bevuto troppo, Jay Conroy si trasformasse in un bullo sboccato. Per la famiglia lui era il marito educato e attento che aveva finto di essere. E non l'aveva mai picchiata, quindi Jill non aveva lividi esteriori che potessero raccontare la sua storia. Con il protrarsi della situazione, lei era diventata sempre più silenziosa.

Mentre ricordava tutto quello che aveva passato, Jill si strinse tra le mani un pezzo di carta assorbente e si chiese se sarebbe mai tornata a sentirsi veramente bene con se stessa.

Fuori, Jill trovò Greg su una delle due sedie a dondolo del portico. Brody e Kacy erano seduti sull'ampio cuscino del dondolo retrò appeso a un paio di travi di legno. La sfera gialla aveva appena iniziato a scivolare sotto l'orizzonte e mandava nel cielo strisce di arancione, rosso e viola, come fasce scintillanti di un diadema che incoronava il sole.

Jill sospirò per la bellezza della scena e si sedette sulla sedia vuota accanto a Greg. Nel guardare il tramonto e ascoltare il rumore costante delle onde sulla sabbia, si sentì avvolgere da un senso di pace.

Quando il sole fu completamente nascosto e l'oscurità riempì il cielo, Brody si alzò. "È ora di andare a letto, Kacy. È stata una lunga giornata e domani sarà impegnativa."

Kacy incrociò le braccia davanti a sé. "Non ci vado. La mamma mi lascia stare sveglia finché non le dico che voglio andare a letto. Dice che così è più facile."

"Beh, adesso sei con me e quando dico che è ora di andare a letto, sono serio," disse Brody con calma e tese la mano.

Con un sospiro esagerato, Kacy la strinse e lasciarono il portico.

"Pensi che Allison le permetta di stare alzata quanto vuole?" Jill chiese a Greg. Nonostante si fosse ripromessa di rimanere fuori dai problemi di quella famiglia, era curiosa. Un tempo aveva pensato di volere una casa piena di bambini, ma quell'idea era svanita dopo il matrimonio con Jay. Non avrebbe mai sottoposto dei bambini a lui e alla sua crudeltà.

Inoltre, sapeva bene che crescere figli o insegnare ai bambini non era facile. Era esausta fisicamente, mentalmente ed emotivamente per aver avuto a che fare con i suoi alunni. Da quando erano cominciate le vacanze estive, era felice di avere tutto il tempo libero possibile per sé.

"Per rispondere alla tua domanda, non mi sorprenderebbe se ci fosse un fondo di verità in quello che ha detto Kacy sul fatto che rimane alzata fino a tardi," commentò Greg. "Ad Allison non piacciono i problemi e il lavoro di genitore. Non voleva nemmeno Kacy e non considerava l'idea di avere altri figli, come invece desiderava Brody."

"Oh, mi dispiace. Deve essere davvero difficile per tutti e tre."

"Io e Annie non abbiamo mai avuto figli, non potevamo, ecco perché Brody è tanto speciale per me. Mio fratello, pace all'anima sua, è morto quando Brody era ancora adolescente e io ed Annie abbiamo preso il suo posto." L'emozione invase il volto di Greg e la sua pelle si colorò di una leggera tonalità rosa.

"È un gesto davvero dolce," disse Jill, facendo arrossire ancora di più le guance di Greg. Alzò lo sguardo e trovò Brody in piedi sulla porta. "Come sta?" gli chiese lei, interessata suo malgrado.

"Era abbastanza stanca per il viaggio da addormentarsi." Brody salì sul portico e si sedette di nuovo sul dondolo, poi si rivolse a Jill. "Non so quali accordi hai preso per venire qui, ma mi chiedevo se mi potessi aiutare con Kacy. Io sarò impegnato a lavorare con Greg e anche se ho iscritto Kacy a un campo diurno qui vicino, potrei aver bisogno che tu la tenga d'occhio per un'oretta nel pomeriggio."

Jill fece una pausa, incerta su come rispondere. I suoi progetti non prevedevano prendersi cura di una bambina. "Che ne dici di sentirci ogni mattina per sapere se ho dei programmi per il pomeriggio? Mi è stato affidato il compito di preparare i pasti, quindi il tardo pomeriggio potrebbe andare bene, ogni tanto."

"Jill non aveva idea che saremmo stati tutti qui o che avrebbe dovuto cucinare e pulire per noi," disse Greg. "C'è stato un piccolo malinteso."

Brody spalancò gli occhi. "Oh, non lo sapevo. Beh, immagino di poter chiedere a uno degli organizzatori del campo di suggerirmi una babysitter."

"Vediamo come va ogni giorno," disse Jill, che non voleva fare la difficile. "Ho bisogno di poter stare da sola il più possibile. Dopo tutto, pensavo che questa sarebbe stata la mia vacanza estiva."

"Capisco," disse Brody.

Si sedettero in silenzio a guardare l'acqua. Nell'oscurità, le onde che salivano avevano un bagliore fosforescente che emetteva lampi luminosi.

Jill indicò. "Guardate! È per il... ."

"Plancton," dissero insieme Jill e Brody.

Ridendo, Jill disse: "Le grandi menti pensano allo stesso modo."

Brody le sorrise. "O i secchioni che amano la scienza."

Jill si riempì di una calda luce. Forse, per quell'estate, avrebbe potuto essere semplicemente amica di un uomo. Un uomo di cui poteva fidarsi e che non le avrebbe fatto del male. Un uomo che lei avrebbe tenuto a distanza.

CAPITOLO TRE

La mattina dopo, Jill era a letto quando sentì un trambusto dalla cucina. Si alzò, si avvolse in una vestaglia leggera e si affrettò per vedere cosa stesse succedendo.

Brody alzò lo sguardo appena lei entrò nella stanza. "Mi dispiace per tutto il rumore. Stavo cercando di mettere via i piatti ma mi è caduta questa padella sul pavimento. Volevo preparare il caffè."

"Mi dovrei occupare io di cucinare per voi. Dammi un minuto per vestirmi."

Brody scosse la testa. "Non serve, posso pensarci io alla colazione. Così puoi alzarti più tardi."

Jill restò scioccata. "Lo faresti per me?"

Lui scrollò le spalle. "Perché no?"

"Ma..."

"Non c'è problema, Jill. Sono abituato ad alzarmi presto."

La mente di Jill girava a vuoto. Non avrebbe voluto lasciarglielo fare a meno che... "Va bene, in cambio mi occuperò di Kacy oggi pomeriggio, dopo il campo scuola. Hai detto che resterai qui giusto un paio di settimane. Vero?"

"Sì. Secondo Greg ci potremmo mettere solo tre o quattro settimane per completare il lavoro. A meno che non scopriamo qualcosa che non ci aspettavamo."

"Ok, allora. Affare fatto?" Jill tese la mano. L'idea di potersi alzare quando voleva era davvero appagante.

"Affare fatto." Brody chiuse la mano intorno alle dita di Jill.

Lei ebbe un brivido e dei formicolii elettrici le salirono lungo il braccio, al che allontanò rapidamente la mano.

Un sorriso luminoso si diffuse sul volto di lui.

Quel pomeriggio, Brody andò a prendere Kacy al campo e appena ritornarono al cottage Jill la salutò. "Ciao! Sono contenta che tu sia a casa. Allora, oggi pomeriggio staremo insieme. Andiamo in spiaggia?"

Kacy scosse la testa. "Resto qui con mio padre."

"Ho trovato dei libri da colorare in uno dei cassetti della cucina. Ti va di prenderli?"

"No. Quelli sono per i bambini." Kacy le lanciò uno sguardo di sfida.

Jill guardò Brody e scrollò le spalle. "Ok, credo che andrò in spiaggia, magari a nuotare nell'acqua." Si avviò verso la porta.

"Kacy, è meglio che tu vada con Jill," disse Brody. "Io sarò impegnato a lavorare."

"Non è mia madre," disse Kacy.

"Neanche per sogno," concordò subito Brody, prima di fare l'occhiolino a Jill. "È una persona gentile che ci sta aiutando."

"Ceeerto," disse Kacy. "Ma non mi piace."

"Voglio che tu sia educata, Kacy," disse Brody con fermezza. "Torno al lavoro. Divertiti con Jill, ci vediamo dopo."

Appena il padre se ne fu andato, Kacy affrontò Jill. "Va bene se portiamo la merenda?"

"Certo," disse Jill. "Prendo un grappolo d'uva e usciamo." Nonostante Kacy facesse la difficile, Jill si rese conto che stava soffrendo.

Mentre camminavano lungo il bagnasciuga in cerca di conchiglie, Kacy rimase per lo più in silenzio. A Jill non dispiaque. Sapeva che ci sarebbe voluto del tempo prima di conoscersi.

Più tardi, tornarono al cottage e Brody le incontrò davanti alla porta d'ingresso.

"Ti sei divertita?" chiese a Kacy, mentre la prendeva tra le sue forti braccia.

"Mmmh sì," disse Kacy, guardando Jill.

Jill sorrise. "Le passeggiate tranquille a volte sono le migliori. Ora è meglio che inizi a preparare la cena."

"Grazie," disse Brody. "Sono pronto. Anzi, potrei mangiare un orso enorme. O anche un dinosauro."

"Anch'io!" disse Kacy, poi il padre le fece il solletico e lei scoppiò a ridere, il che accese un sorriso sul volto di Jill.

Quando Jill si diresse in cucina si sentiva meglio in merito ai suoi nuovi compiti. Inoltre, avrebbe comunque avuto il cottage tutto per sé durante la seconda parte dell'estate.

La mattina seguente Jill restò a letto, grata per l'opportunità di poter trattenersi lì. In sottofondo sentì le voci basse e discrete di Brody e Greg, poi i lamenti più acuti di Kacy. Si girò e abbracciò il cuscino. Era meraviglioso poter avere il proprio spazio, soprattutto la mattina, dato che la mattina non era nemmeno il suo momento migliore.

Dopo che Brody e Kacy ebbero lasciato la casa, Jill si alzò dal letto e andò in bagno per fare una doccia. L'acqua tiepida le scivolò sulla pelle con colpi di seta. Alzò il viso verso il getto d'acqua che le pioveva addosso e si sentì attraversare dalla soddisfazione. Quel giorno avrebbe fatto una passeggiata sulla spiaggia e avrebbe esplorato un po' la zona prima di rilassarsi con un libro.

Mentre si asciugava, studiò il suo riflesso nella porta di vetro della doccia. Anche se non era alta e magra come la sorella, era di statura media e formosa nei punti giusti. All'inizio, a Jay era piaciuto molto questo aspetto di lei. Si girò e si guardò nello specchio sopra il lavandino. I capelli lisci erano di moda. I suoi le toccavano le spalle ed erano della lunghezza giusta per una coda di cavallo facile e veloce. Li scostò dal viso e studiò gli occhi color nocciola e quello che sua madre chiamava il naso alla Davis. Dritto e stretto, le aveva cominciato a donare con il passare degli anni. A trentadue anni, stava imparando a essere meno critica verso se stessa. Non aveva la bellezza bionda di Cristal, ma sapeva di non essere brutta. Meglio ancora, era in salute.

Si mise il costume da bagno, indossò un paio di pantaloncini e andò in cucina a piedi nudi. Greg era seduto al tavolo della cucina e stava esaminando alcuni disegni.

"Buongiorno," disse Jill allegramente. "Sembra che sarà un'altra bellissima giornata."

"Sì, goditi l'aria fresca questa mattina, prima che si faccia troppo caldo," le consigliò Greg.

Jill si servì del caffè. "Brody ha accettato di preparare la colazione ogni mattina. In cambio, io starò con Kacy nel pomeriggio."

Greg annuì. "Sì, me l'ha detto. Mi sembra un accordo abbastanza equo."

"Lo spero," disse Jill. "Kacy sarà una vera sfida. So come ci si sente quando gli altri ti fanno credere di essere poco attraente."

Le sopracciglia di Greg si alzarono. "Un altro segreto?"

"No, tutti sapevano che ero la sorella brutta, quella con l'aspetto dei Davis. Un vicino di casa mi chiamava 'quella bruttina'."

"Se posso permettermi, non c'è niente di sbagliato nel tuo aspetto. Inoltre, il fisico non dovrebbe essere così importante."

"Per le bambine lo è molto," rispose Jill a bassa voce. Prese un contenitore di yogurt dal frigorifero.

Seduta di fronte a Greg, disse: "Che ne dici di uno stufato di pollo per stasera?"

"Fantastico. Questa mattina io e Brody faremo un po' di lavoro all'aperto, poi eviteremo il caldo del pomeriggio lavorando in uno dei bagni. Questa sera mi farà bene un po' di cibo sostanzioso."

"Ok, allora è deciso."

Jill era in piedi davanti al lavandino che sciacquava i piatti quando Brody entrò nella stanza.

Un sorriso gli incurvò le labbra quando posò lo sguardo su di lei. "Ho fatto in modo che Kacy cominciasse il campo nel migliore dei modi. Almeno lo spero."

"Potrebbe metterci un po' ad ambientarsi. Dalle tempo."

Annuì. "Proprio quello che pensavo." Si rivolse a Greg. "Hai deciso da dove partire stamattina?"

"Sì. Cominceremo a svuotare la piscina, così potremo lavorare per pulirla e ridipingerla."

"Ok, cominciamo quando vuoi." Indossava un paio di jeans tagliati e una maglietta bianca che metteva in mostra il fisico muscoloso, era... beh... super sexy.

Jill si allontanò per finire i piatti, poi andò a prendere gli occhiali da sole e la crema solare. La parte successiva del piano per la giornata prevedeva una passeggiata sul lungomare.

Uscì fuori e respirò l'aria calda e salata. Era meraviglioso stare lontana da casa. Camminò sulla spiaggia e mosse le dita dei piedi nella sabbia, sentendosi pienamente libera. Niente più segreti. Non si sarebbe più nascosta tra le mura di casa. Voleva smettere di pensare che la gente la credesse una perdente come Jay le aveva urlato in continuazione. Se alla fine dell'estate fosse riuscita a tornare a casa senza il suo bagaglio emotivo, il lavoro al cottage non sarebbe stato vano. Anche se significava prendersi cura di Kacy per un po' ogni giorno.

Si sentì sollevata mentre camminava lungo il bordo dell'acqua.

Jill rallentò appena iniziò a pensare a Kacy. Sapeva riconoscere il dolore quando lo vedeva, anche se si nascondeva dietro azioni da monella. In qualche modo, avrebbe aiutato quella bambina fintantoché avesse dovuto passare del tempo con lei.

In lontananza, vide un molo di legno che catturò la sua attenzione. Jill accelerò il passo.

Salì sulla lunga struttura e si diresse verso l'estremità, mentre ascoltava il dolce rumore dell'acqua contro i pali che la sostenevano.

Diverse persone, uomini, donne e bambini, stavano pescando. La quiete che li circondava veniva rotta di tanto in tanto da un grido trionfale quando uno di loro tirava fuori un pesce dall'acqua. *Che attività da mare, la pesca*, pensò, poi decise di controllare se al cottage ci fossero delle canne da pesca da poter prendere in prestito. Dopo essersi seduta a guardare i pescatori, lasciò che i propri pensieri si allontanassero e che i muscoli si rilassassero, poi controllò l'orologio. Si rese conto di essere stata via per più di due ore, quindi decise di tornare indietro.

Quando arrivò al cottage, Brody e Greg erano in piedi nella piscina vuota a controllare l'interno.

"Cosa fate?" chiese.

"Abbiamo pulito la superficie, l'abbiamo incollata e rattoppata," rispose Greg. "Ora dobbiamo aspettare un giorno o due, finché non sarà asciutta. Poi la dipingeremo."

"Pronti per il pranzo?"

"Tempismo perfetto," disse Brody, accarezzandosi lo stomaco.

"Arriva subito." Si voltò per rientrare in casa quando sentì un grido dietro di lei. Si girò di scatto.

Greg era sdraiato su un fianco in fondo alle scale della piscina vuota e si teneva il braccio destro. "Ahi! Dannazione! Credo di essermi rotto il braccio."

"Che cosa è successo?" gridò Jill, mentre scendeva i gradini della piscina per raggiungerlo.

Tenendosi fermo il braccio, Greg si mise a sedere e le rivolse uno sguardo affranto. "Sono inciampato su un gradino."

"Ok, vediamo quanto sei ferito," disse Jill prima di controllarlo attentamente. "Oltre al braccio, ti fa male da qualche altra parte?"

Brody si inginocchiò accanto a loro. "Le gambe, i fianchi, la schiena sono a posto?"

"Sì. Sono atterrato sul braccio quando sono caduto." Scosse la testa. "Non posso credere di aver calcolato male la distanza."

Brody annuì con comprensione e gli diede un colpetto sulla schiena. "Ora ti tiriamo su e si va da un medico. Voglio che un professionista ti dia un'occhiata."

Una volta che Brody ebbe aiutato Greg a mettersi in piedi, gli parlò a bassa voce e gli gettò un braccio intorno per aiutarlo a salire le scale.

"Stai bene? Ti gira la testa o ti senti male?" chiese Jill, che li seguì fuori dalla piscina, preoccupata che Greg avesse un trauma cranico.

"No, solo il braccio. Fa un male cane, ma è tutto qui." Il braccio di Greg era già pieno di lividi e il gomito aveva una strana angolazione. Per il resto, lui sembrava stare bene.

"Lo porterò in ospedale," le disse Brody. "Ti chiamerò, se dovessero esserci complicazioni."

"Ok. Ti mando un messaggio con il mio numero. Teniamoci in contatto. Farò dei panini per quando tornerete."

Jill li accompagnò al furgone e guardò ansiosa Brody

mentre sistemava Greg sul sedile del passeggero e gli allacciava la cintura di sicurezza. Poi Brody si mise al volante e, con un cenno di saluto uscì dal vialetto.

Ancora scossa per l'accaduto, Jill si sedette su una delle sedie a dondolo del portico e fece un profondo respiro. L'improvvisa caduta di Greg le ricordava le sorprese della vita.

Più tardi, Jill era in cucina a preparare lo stufato per quella sera, quando le suonò il cellulare. Controllò chi chiamava e rispose. "Ciao, Brody. Come sta Greg?"

"Sta bene, tutto sommato. Gli hanno fatto le radiografie. Si tratta di una frattura abbastanza normale da correggere. Tuttavia, data la sua età, gli ci vorrà più tempo del solito per guarire. Terrà il gesso per qualche mese."

"Oh, no! Come farete per i vostri turni di lavoro?"

"Dovremo risolvere il problema insieme. Greg dice che può fare ancora qualche lavoro, ma onestamente, non vedo come. Posso fare molto da solo, ma significa che dovrò passare tutta l'estate al Seashell Cottage."

"Capisco," disse Jill, incerta se essere felice o infastidita da quella notizia. "Dovremo sederci e parlarne, quando tornerete a casa."

"Qui ne avremo ancora per un po'. Mi faresti il favore di andare a prendere Kacy al campo alle quattro? Ti mando un messaggio con le indicazioni. Dovresti raccontare quello che è successo alla signora Melanie o alla signora Susannah. Dovrai anche farti inserire nella loro lista di persone autorizzate a prendere Kacy. Io le avvertirò."

"Va bene. Consideralo fatto. Di' a Greg che lo penso." Chiuse la telefonata e controllò l'ora sul telefono. Con un po' di fortuna, avrebbe avuto due ore per leggere.

Aveva appena finito il primo capitolo del libro, quando suonò il cellulare. Si accigliò. *Campo Scuola Sunnyside*. Accettò la chiamata. "Pronto?"

"Salve. Parlo con Jillian Conroy?"

"Sì. Va tutto bene?"

"Buon pomeriggio. Sono Melanie Heckinger, una delle proprietarie del Campo Scuola Sunnyside. Ho saputo che verrà lei a prendere Kacy Campbell. È così?"

"Sì. Suo padre mi ha chiesto di farlo oggi pomeriggio."

"Vorremmo che venisse a prenderla adesso. C'è stato un incidente qui al campo che l'ha coinvolta e vuole tornare a casa."

"Oh? Cos'è successo?"

"Un ragazzo l'ha chiamata con un nomignolo e lei l'ha colpito. Gli è uscito il sangue dal naso."

"Può dirmi come l'ha chiamata?" chiese Jill, abbastanza sicura di sapere che tipo di nome le avesse dato.

"L'ha chiamata *cicciabomba* e le ha detto che è così grassa che se fosse caduta si sarebbe aperta come un uovo."

"Oh, cielo! Che brutte parole." Non aveva intenzione di giustificare la reazione di Kacy, ma quella frase era abbastanza cattiva da far venire voglia a qualsiasi bambino di reagire.

"Abbiamo parlato con ciascuno di loro e ora abbiamo chiesto a entrambi i genitori di venire a prenderli e di parlare loro della cattiveria dell'insulto e di quanto sia importante essere gentili. Qui al Sunnyside, siamo orgogliosi di offrire un'atmosfera aperta e sicura. Prima di essere accettati al campo, sia i bambini che i genitori hanno dovuto firmare un accordo in cui dichiaravano di appoggiare la nostra causa.""Va bene. Sarò lì a breve." Jill annotò le indicazioni che Brody le aveva inviato per messaggio e chiuse il libro. Si preannunciava un'altra sfida con Kacy.

CAPITOLO QUATTRO

Jill guidò tra le colonnine del vialetto che portava oltre l'insegna con la scritta "Campo Scuola Sunnyside". L'edificio principale del campo era situato tra Treasure Island e St. Pete Beach e aveva l'aspetto di una casa in stile anni Cinquanta. Su un lato, una grande tettoia all'aperto offriva protezione dal sole a una serie di ragazzi seduti ai tavoli, che lavoravano su diverse varietà di progetti.

Jill parcheggiò l'auto e studiò la casa. Era costruita con blocchi di cemento di un solo piano, dipinti di blu mare, e accoglieva i visitatori con un piccolo portico anteriore fiancheggiato da colonnine che sostenevano una parte del tetto. Ai lati dell'ingresso c'erano due finestre con le persiane bianche che si aprivano sull'area antistante la casa. In un angolo si trovava una palma, le cui fronde emettevano una sorta di musica mentre una brezza marina muoveva costantemente l'aria. Ad addolcire la facciata c'erano dei cespugli di ibisco e diversi fiori colorati.

Ordinati e ben tenuti, la casa e il giardino anteriore sembravano non essere stati toccati dai numerosi bambini che Jill immaginava avessero camminato in quello spazio. Percorse un vialetto di cemento fiancheggiato da bianche conchiglie rotte e rovinate dalle intemperie e arrivò al portico d'ingresso, dove suonò il campanello.

Le aprì la porta una donna dal viso piacevole, con corti capelli grigi e luminosi occhi azzurri. "Ah, lei deve essere Jillian Conroy. Mi chiamo Melanie. Prego, si accomodi."

Jill varcò l'ingresso e si guardò intorno. Alla sua destra

c'era un ufficio, a sinistra un piccolo salotto. Dal corridoio anteriore poteva vedere la cucina sul retro della casa, dove lavorava un'altra donna dai capelli grigi.

"Andiamo nel mio ufficio," disse Melanie. "Possiamo parlare lì."

L'ufficio di Melanie era piccolo ma arredato in modo accogliente. Una parete era fiancheggiata da scaffali pieni di libri di vario genere e oggetti artigianali colorati che secondo Jill erano stati realizzati dai ragazzi del campo. Al centro della stanza c'erano due comode sedie di fronte a una scrivania. Nell'angolo dietro di essa si trovava un alto schedario di metallo grigio e al centro della parete era stata appesa una grande foto incorniciata che ritraeva un ragazzo con un cane e dei cuccioli.

"È una stampa di Norman Rockwell?" chiese Jill, attratta dall'immagine.

Melanie sorrise. "Si chiama '*Pride of Parenthood.*' Lo adoro. Qui al Sunnyside crediamo che tutti i bambini meritino gentilezza e dedizione. Più o meno come dimostra questa stampa."

"Molto bene." Jill si sedette su una delle sedie di fronte alla scrivania, mentre Melanie si accomodò dietro di essa.

La donna si schiarì la gola. "Mi risulta che lei sia una conoscente della famiglia."

"Sì. Ho conosciuto Kacy e suo padre da poco. È una lunga storia, ma sto facendo un favore alla proprietaria del Seashell Cottage e non sapevo che avrei condiviso la casa con loro."

"Quindi non è a conoscenza delle difficoltà che Kacy ha avuto in passato?"

"Personalmente, no. Ma mi hanno raccontato di una situazione difficile che sta vivendo con la madre. Tra le sfide che Kacy deve affrontare ci sono i problemi alimentari."

Melanie annuì. "Sì, l'ho capito. C'è qualcos'altro che dovrei sapere prima di andare da Kacy? Ora è nel nostro edificio esterno. Le ho chiesto di scrivere un biglietto per dire a Justin che le dispiace."

"Non mi viene in mente nulla. Il padre è molto aperto riguardo alle difficoltà della figlia. Signora, sono sicura che lei riuscirà a parlare con lui facilmente di qualsiasi problema. Al momento, il padre è con lo zio in ospedale. Ma gli dirò di chiamarla non appena si sarà liberato. Ha un biglietto da visita?"

Melanie le consegnò un cartoncino giallo con il disegno di un sole. Sotto il nome del campo erano indicati due nomi: Melanie Heckinger e Susannah Magellan.

"Il campo è suo?" Jill non riuscì a nascondere la sorpresa. Melanie era l'immagine perfetta di una nonna all'antica e tranquilla, non sembrava affatto una donna d'affari.

Gli angoli delle labbra di Melanie si sollevano in un sorriso che quasi raggiunse gli occhi. "La cosa sorprende anche me. Dopo il divorzio, non ero sicura di quello che avrei fatto della mia vita. Ho incontrato Susannah in spiaggia subito dopo essere rimasta vedova. Era in difficoltà e si chiedeva come gestire la sua casa. Abbiamo iniziato a parlare e ci è venuto in mente questo progetto. Ha funzionato molto bene. Viviamo entrambe nello stesso complesso di appartamenti sulla spiaggia."

"Quella che sta lavorando in cucina sul retro è Susannah?" domandò Jill.

Melanie rise. "Sì, è Susannah, anche se chi ci incontra per la prima volta pensa che la cuoca sia io." Si accarezzò scherzosamente la pancia.

Jill non poté fare a meno di sorridere. Anche lei pensava lo stesso.

"Da quanto tempo avete il campo?"

"Questa è la nostra ottava estate. Abbiamo anche delle ore

di attività durante le vacanze e i fine settimana. Inoltre, in alta stagione, a volte gli alberghi vicini ci chiedono di tenere i figli dei loro ospiti."

"Avete del personale?" Jill non poté trattenere la curiosità. Le piaceva l'idea di due donne che creavano un'attività del genere. Le faceva capire che avrebbe potuto essere indipendente e liberarsi dal passato, se fosse riuscita a inventarsi qualcosa di creativo da sola.

"Oh, sì. Abbiamo altri quattro colleghi a tempo pieno. Stiamo cercando un quinto. E di tanto in tanto assumiamo personale part-time per attività speciali come musica, snorkeling e simili. Al momento abbiamo sessanta bambini di varie età iscritti per l'estate. Se ne aggiungeranno altri con il passare del tempo."

Jill fece un respiro profondo per calmare la propria mente agitata e poi confessò: "Sono un'insegnante di scuola materna nello Stato di New York. Ho insegnato anche in quarta elementare. Mi piacerebbe lavorare in un ambiente come questo."

Gli occhi di Melanie si ingrandirono e ai lati si crearono delle piccole rughe per la contentezza. "Mi permetta di darle un modulo per la domanda di assunzione. Mi interesserebbe molto approfondire l'argomento." Cercò in un cassetto a lato della scrivania e consegnò a Jill un foglio di carta. "Lo compili e poi ne parliamo. Siamo pignoli con le persone che assumiamo. Naturalmente la decisione spetta a me e a Susannah."

"Grazie mille." Jill piegò con cura il foglio e lo infilò nella borsa.

"Ora andiamo a vedere cosa ha fatto Kacy con quel biglietto," disse Melanie, alzandosi in piedi. Il buonumore le aveva acceso una scintilla negli occhi. "Non dovrei dirlo, ma credo che lei capisca se una parte di me è stata contenta che

Kacy abbia reagito. Deve solo trovare un modo nuovo e migliore di gestire le prese in giro."

"E il problema di fondo?" disse Jill.

"Il peso?" Melanie le rivolse uno sguardo pensieroso. "Ho la sensazione che meno se ne parli, meglio sia. Qui al campo lavoriamo con i bambini sulle scelte alimentari e sull'esercizio fisico in modi molto sottili. Kacy, se vuole, è abbastanza intelligente da capire come può funzionare per lei. Serve un po' di tempo, ma la maggior parte dei bambini ama i pasti sani di Susannah."

"Che pasti fornite?"

"Per alcuni la colazione, il pranzo per tutti. Spuntini sani. È solo uno dei vantaggi di un campo gestito da nonne all'antica."

Jill sorrise, incuriosita da tutto ciò che aveva sentito.

"Venga. Mentre usciamo, voglio presentarle Susannah."

Entrarono in cucina.

L'aspetto di Susannah sorprese Jill. Alta e magra, con lunghi capelli grigi legati dietro la testa, sembrava più una modella di una moderna rivista per nonni che la proprietaria di un campo scuola nonché responsabile della cucina.

Al momento della presentazione, gli occhi bruni di Susannah si posarono su Jill con uno sguardo di approvazione.

"Susannah, Jill è interessata a venire a lavorare qui. Le ho dato il modulo per la domanda d'assunzione. La compilerà e chiamerà per un appuntamento."

"Bello," disse Susannah. "Jill, lei ha un'aura incantevole. Credo che la sua presenza qui sarà un fatto positivo non solo per lei, ma per tutte noi."

Melanie si lasciò sfuggire una risata nervosa. "Susannah è una studentessa dell'universo, come le piace dire."

"Di solito non sono così esplicita riguardo alla mia capacità di vedere nel futuro, ma sapevo dal momento in cui l'ho vista che sarebbe finita a lavorare qui. A volte mi capita di pensare a situazioni del genere. Spero che questo non la scoraggi," disse Susannah, facendole un sorriso tranquillo.

In vita sua, Jill aveva messo in discussione così tante scelte che era sempre cauta nel parlare con persone come Susannah, che sembravano saper prevedere il futuro. Stranamente, però, Susannah la faceva sentire a suo agio, come se lavorare al Sunnyside fosse il suo destino e lei lo stesse scoprendo proprio in quel momento lì.

"Beh, anche se sembra che abbiamo già deciso, abbiamo bisogno che lei segua la procedura, compili il modulo e ci incontri," disse Melanie.

"Oh, sì, Melanie. Proprio così." Susannah passò un braccio intorno alla spalla dell'amica. "Melanie è la persona che fa sì che questa sia un'attività fiorente. Non so come farei senza di lei."

Mentre si sorridevano, Jill ebbe la sensazione che Susannah e Melanie si fossero salvate a vicenda da un futuro incerto. Erano persone davvero interessanti e l'idea di lavorare con loro era allettante.

Quando Jill seguì Melanie per andare da Kacy a un tavolo in un angolo lontano, la bambina alzò lo sguardo con sorpresa.

"Cosa ci fai *tu* qui?" disse Kacy, accigliata.

"La signora Melanie mi ha chiesto di venire a prenderti prima. Immagino che tu sappia perché," rispose Jill con calma.

"Perché non dici a Jill quello che è successo? È meglio essere sinceri fin da subito," chiese Melanie.

Kacy lasciò andare un sospiro esagerato. "Justin Kinley è un bullo e lo odio!"

Jill aspettò che Melanie parlasse.

"Odio è troppo drammatico," disse Melanie. "Pensa a

un'altra parola."

"Ok, è un bullo e non mi piace per niente," disse Kacy, con uno sguardo di sfida nei confronti di Melanie.

"Meglio," disse la donna. "Hai scritto il biglietto come ti ho chiesto?"

Kacy le passò un foglio di carta sul tavolo. "Ecco. L'ho fatto, ma non mi dispiace. Non è bello chiamare le persone con i nomignoli."

"Sono d'accordo," disse Melanie, "ed è per questo che dovresti ricevere un biglietto da lui. Ha da poco avuto un periodo difficile in famiglia, quindi spero che voi due riusciate a smettere di farvi male a vicenda. Quando tu o qualcun altro usate le parole per ferire, non potete ritirarle. I pugni non sono il modo migliore per gestire quelle parole. Giusto?"

Kacy guardò a terra e annuì.

"La signora Melanie mi ha chiesto di riportarti al cottage," disse Jill. "Tuo padre non è potuto venire."

"Grazie, Jill," disse Melanie. "Kacy, raccogli le tue cose. Grazie per il biglietto per Justin. Ci vediamo domani."

"Non tornerò," disse Kacy, lanciando un'occhiata laterale a Jill.

"Sono sicura che tu e papà troverete una soluzione," disse Jill. "Ora si sta facendo tardi e ti devo parlare dello zio Greg. Si è rotto il braccio. Dobbiamo assicurarci che al cottage sia tutto pronto per lui."

"Si è rotto il braccio? Davvero?" disse Kacy, distolta dal dubbio se sarebbe o meno tornata al campo scuola.

"Sì, ne sapremo di più appena torniamo a casa."

Jill aspettò mentre Kacy si preparava ad uscire. Quando andarono insieme verso l'auto, mantennero una tranquilla quiete tra loro. Jill controllò che Kacy, sul sedile posteriore, si fosse allacciata la cintura di sicurezza e poi fece il giro dell'auto fino al posto di guida.

"Non tornerò al campo," disse la bambina con uno sguardo di sfida, mentre Jill si allontanava.

Jill la studiò nello specchietto retrovisore. "Se non vorrai tornarci, lo capirò, ma non credo sia giusto abbandonare perché qualcuno ha ferito i tuoi sentimenti. Se non torni, farai credere a Justin di poterla fare franca con la sua brutta osservazione. Capisci?"

Kacy si accigliò. "Tu non sei mia madre!"

"No, tesoro, sono qui per l'estate ad aiutare un'amica, te, tuo padre e lo zio Greg."

"Oh." Kacy rimase in silenzio per un momento. "A volte papà ha delle amiche che pensano di diventare mia madre. Non mi piace."

"Posso immaginare, ma non preoccuparti. Come ho detto, sono qui solo per l'estate." Jill non fu affatto sorpresa di sapere che Brody aveva frequentato donne più che disposte ad assumere il ruolo di sua moglie. Era un uomo attraente, inoltre sembrava una brava persona e un padre preoccupato per la sua bambina.

Quando entrò nel vialetto del Seashell Cottage, c'era già il furgone di Brody. Ansiosa di vedere come stesse Greg, Jill parcheggiò l'auto e scese.

Kacy corse davanti a lei lungo la stradina che portava al portico d'ingresso e gridò: "Papà, non torno più al campo scuola!"

Brody le incontrò sulla porta. "Come mai?" Guardò prima Kacy poi Jill.

Kacy si precipitò all'interno.

"Propongo di parlarne più tardi," disse Jill. "Come sta Greg?"

Brody sospirò e scosse la testa. "Ha una frattura a un osso

dell'avambraccio e all'ulna, l'hanno ingessato. La buona notizia è che non si tratta di una frattura grave. La cattiva notizia è che di solito ci vogliono dai tre ai sei mesi perché l'osso guarisca completamente e fino ad allora non potrà lavorare molto."

"Oh, poverino! Greg si guadagna da vivere con i lavori manuali. E come farà con questa casa?"

"Domani ci siederemo tutti insieme per discuterne. Per ora sta prendendo degli antidolorifici e gli è stato detto di riposare. Il medico ha detto che cadute come questa sono molto difficili per le persone anziane."

"Sì, povero Greg. Vado a vedere se posso fare qualcosa per lui."

Stava per entrare quando Brody disse a bassa voce. "Possiamo parlare di Kacy adesso? È tornata a casa presto. Perché?"

All'espressione ansiosa che gli segnava il volto, lei disse: "Ok, sediamoci qui fuori. Ci sono molte cose che vorrei dirti." Si sedettero sulle sedie a dondolo e si girarono l'uno verso l'altro.

"Ho ricevuto una telefonata dal campo e mi hanno chiesto di andare a prendere Kacy in anticipo. Sembra che un ragazzo l'abbia chiamata *cicciabomba* e le abbia detto che si sarebbe rotta come un uovo se fosse caduta. Kacy si è giustamente arrabbiata, ma purtroppo gli ha dato un pugno e gli ha fatto uscire il sangue dal naso."

Jill ignorò il lampo di umorismo sul volto di lui e continuò. "Ho parlato con Melanie Heckinger, una delle proprietarie del campo, ha fatto scrivere dei biglietti di scuse sia a Kacy che al ragazzo che l'ha derisa."

"Kacy lo ha scritto?" chiese Brody con aria preoccupata.

"Sì, ma ci ha detto che non vuole tornare al campo."

"Mmmh. Odio l'idea che Kacy venga presa in giro," disse

Brody. "Sua madre la colpisce verbalmente per il suo peso. Non voglio che lo facciano anche gli altri bambini."

"Come insegnante che ha avuto a che fare con comportamenti simili, non credo che sarebbe saggio lasciarla andare via. Inoltre, Melanie mi ha parlato della filosofia del campo nel gestire bambini come Kacy e sono rimasta così colpita da questo pensiero e dal campo che ho intenzione di fare domanda per lavorare lì."

"Davvero? Pensavo che fosse la tua vacanza," disse Brody.

"Non vedevo l'ora di stare da sola," ammise Jill, "ma dopo aver visto il campo e aver parlato con Melanie e la sua comproprietaria, Susannah Magellan, mi ha incuriosito l'idea di fare qualcosa di diverso con i bambini. Non so dove porterà, ma sono disposta a fare un piccolo esperimento. Melanie e Susannah hanno istituito un programma minuzioso per far mangiare i bambini in modo sano. Penso che potrebbe aiutare Kacy. E l'atmosfera di gentilezza è qualcosa di cui tutti i bambini hanno bisogno."

"Ok, se ne sei convinta. Dirò a Kacy che deve tornarci. Soprattutto ora che Greg non è in grado di svolgere il lavoro qui, sarò più occupato di quanto speravo."

Quando si alzò per andarsene, Jill gli prese il braccio. "Per favore, non dirle che molto probabilmente lavorerò al campo. Avverte la mia presenza come una minaccia. A quanto pare, è preoccupata che altre donne diventino sua madre."

Il tono di disgusto di Brody fu sorprendente. "Un'altra idea che le ha messo in testa Allison. Una volta chiese a Kacy di dirle se io uscissi seriamente con qualcuno. Assurdo, ma vero."

"Capisco," disse Jill mentre realizzava quanto fossero complicati quell'uomo e la sua famiglia.

CAPITOLO CINQUE

La mattina successiva, dopo che Brody ebbe accompagnato Kacy al campo, lui, Greg e Jill si sedettero in cucina per discutere dell'infortunio di Greg e di come organizzarsi.

"Il medico ha detto che posso usare la mano per svolgere qualche lavoro leggero, a patto che non sollevi il braccio o lo sottoponga a grandi sollecitazioni," disse Greg. "Contavo su questo lavoro per passare l'estate. I miei clienti autunnali capiranno se sono un po' in ritardo nell'aiutarli ad aprire o chiudere certe proprietà. Posso ancora supervisionarli, ma non sarò in grado di fare lavori di ammodernamento o manutenzioni pesanti di nessun tipo almeno fino a settembre."

"O forse più tardi, Greg. Dipende da come recupera il braccio," gli ricordò Brody.

"E questo progetto?" Jill chiese con calma.

Greg lanciò un'occhiata a Brody.

"Avevo programmato di rimanere solo per due settimane, tre al massimo. Ma forse a Kacy farebbe bene passare l'intera estate qui e noi potremmo aiutarla a vedere una nuova prospettiva di vita. Puoi assistermi nelle riparazioni e negli altri lavori al cottage, Greg, ma il lavoro duro lo farò io. Non possiamo lasciare che la tua attività si disintegri. Ti sei creato un ottimo giro."

Gli occhi di Greg divennero lucidi. "Sarebbe fantastico, Brody. Ho venduto casa prima di venire qui, con l'idea di rimanere al cottage per l'estate e decidere in seguito dove vivere. Ho guardato un paio di condomini nelle vicinanze che mi piacciono."

Entrambi si voltarono verso Jill.

"Va bene se passiamo tutta l'estate qui con te al Seashell Cottage?" chiese Greg. "So che non è come avevi immaginato il tuo soggiorno qui."

Jill abbandonò l'idea che la sua estate sarebbe stata tranquilla e rilassante. "Non c'è problema. Non voglio che questo infortunio rovini i tuoi affari, Greg... e tu hai ragione, Brody: questa potrebbe essere un'estate preziosa per Kacy."

"Scriveremo un elenco di priorità da cui partire," disse Brody.

Greg fece un cenno di approvazione. "Va bene, allora. Farò del mio meglio per aiutarti."

"Seguirò Kacy il più possibile, ma come ho detto ieri, voglio fare domanda per lavorare al Campo Scuola Sunnyside. Inizierò con dei turni di mezza giornata e vedremo se funziona."

I tre si sorrisero l'un l'altro.

"Allora è deciso," disse Greg, con gli occhi sospettosamente umidi. "Lo apprezzo molto."

"C'è solo un ostacolo," intervenne Brody. "L'accordo con Allison prevedeva che io restassi in Florida per due settimane e poi tornassi in Pennsylvania, nel caso volesse vedere Kacy." Il sospiro di Brody la disse lunga. "È difficile riuscire a trovare un accordo con lei, ma ora la chiamo e vedo come si può fare."

Appena Brody ebbe lasciato la stanza, Greg chiese a Jill del campo.

Jill parlò della loro filosofia e di come vedere i bambini e alcune delle strutture avesse accresciuto in lei l'entusiasmo. "Penso che mi darà una nuova prospettiva sull'insegnamento, o persino degli spunti per fare qualcosa di diverso."

"Fantastico. Conosco Susannah. È una brava persona."

Jill non poté evitare il sorriso che le attraversò il viso.

Susannah e Melanie erano completamente diverse, sia nell'aspetto che nell'approccio. Susannah sembrava avere la testa tra le nuvole, mentre Melanie era un'anziana abituata a fare affari e ad avere il controllo. Eppure, in qualche modo, sembrava tra le due ci fosse una grande intesa.

Brody entrò nella stanza con un'espressione corrucciata. "C'è voluto un po', ma credo che Allison accetterà il mio progetto di passare tutta l'estate qui con Kacy. Per Allison è una questione di avere il controllo della situazione, non è preoccupata per Kacy. Credetemi, lo so."

"Per quanto possano avere dei conflitti, non ho mai sentito Kacy parlare male di lei," disse Jill.

"Sì, hanno una sorta di rapporto di dipendenza reciproca. Sto cercando di far capire a Kacy il significato di prendersi cura degli altri." Brody sollevò le spalle e poi le lasciò cadere. "Un passetto alla volta, giusto?"

Lei annuì e gli rivolse un sorriso incoraggiante. "Ogni piccolo traguardo è importante."

Greg si alzò. "La piscina sarà la priorità di oggi. Se è asciutta, la dobbiamo dipingere. Le giornate diventeranno sempre più calde e umide. Inoltre, a Kacy potrebbe piacere sguazzare in piscina appena i lavori saranno finiti."

"Ha bisogno di lezioni di nuoto," disse Brody. "Allison ha paura dell'acqua, per questo Kacy non è ancora una brava nuotatrice."

"È molto importante. È stato dimostrato che se i bambini non imparano a nuotare entro gli otto o nove anni, c'è un'alta probabilità che non imparino mai," disse Jill, dispiaciuta per lui. Nel sentirsi parlare, si fermò e si ricordò mentalmente che non doveva farsi coinvolgere. Se Kacy fosse rimasta in casa con lei per tutta l'estate e Jill si fosse comportata come se stesse cercando di sostituire la madre, non avrebbe funzionato. Kacy glielo aveva detto chiaramente.

Si alzò in piedi. "Compilo la domanda e vado al campo a parlare con Melanie e Susannah. Dovrei tornare in tempo per prepararvi un bel pranzo."

"Come ho detto prima, preparo degli ottimi panini," disse Brody. "Se devi lavorare, non preoccuparti per noi."

Jill si sentì sollevata. Jay si era sempre aspettato che lei cucinasse a ogni pasto, dicendole che era il suo lavoro. Non ci aveva pensato molto durante il loro breve matrimonio, ma in quel momento si stava rendendo conto di quanto lui fosse stato manipolativo e l'avesse tenuta sotto il suo controllo.

"Grazie," disse a Brody, mentre si chiedeva quali problemi avesse affrontato con Allison. Se lei era così difficile come Jill pensava, lui non aveva avuto vita facile.

Brody sorrise, prese il braccio buono di Greg e uscirono.

Jill andò in camera sua, contenta di potersi sedere alla piccola scrivania per avere un po' di privacy. Mentre compilava la domanda, iniziò a viaggiare con i pensieri.

Aveva sempre desiderato diventare un'insegnante, come suo padre. Per quanto la madre l'avesse inconsciamente messa in secondo piano per il fatto di avere le caratteristiche fisiche dei Davis, nessuno poteva negare che Jill e suo padre condividessero l'amore per l'apprendimento, lo stesso sottile umorismo e un legame d'affetto autentico e unico nella famiglia. Per il padre, Jill era una piccola principessa, e di quello la madre si era spesso lamentata.

Come sempre, quando Jill pensava al padre, il cuore le si stringeva di tristezza. Aveva dieci anni quando lui morì nel parcheggio della scuola per un aneurisma cerebrale. L'intera città pianse l'insegnante di inglese e l'allenatore di basket tanto amato. Ma nessuno aveva sofferto quanto lei.

Jill posò la penna, si alzò e dalla finestra fissò l'acqua che si scontrava sulla sabbia in un ritmo pacifico e senza tempo come il golfo stesso. Prese i sandali e si diresse verso la spiaggia, con il desiderio di sentire il bacio della natura sulle guance e la sabbia soffice tra le dita dei piedi. Suo padre sarebbe stato felice di sapere che lei si stava imbarcando in una nuova esperienza di insegnamento con i bambini di Sunnyside. Sentì gli occhi inumidirsi. Il padre era l'unica persona su cui Jill aveva sempre potuto contare per avere un sostegno. Aveva creduto che Jay avrebbe preso il suo posto. L'aveva incantata di amore e affetto quando si erano conosciuti e per un po' di tempo a seguire. Ma dopo pochi mesi di felicità coniugale, emerse il vero Jay, quello che cercava costantemente dei modi per screditarla, che ne estirpava l'autostima come un batterio mangia-carne.

Jill alzò il viso verso il sole, per permettere ai raggi caldi di scacciare il brivido che l'aveva riempita al pensiero del suo ex. Era stata una sciocca a sposarlo. *Stupida! Stupida! Stupida!*

Si prese il volto tra le mani, scrollò via la terribile sensazione e ricordò a se stessa che Jay non era più lì per farle del male.

Con passo deciso, si incamminò verso la spiaggia. Il passato era alle spalle e Jill non aveva intenzione di riviverlo. I suoi pensieri volarono su Brody e Kacy. Come si era già ripetuta molte volte, erano pericolosi per lei perché, con i suoi comportamenti, Kacy era una bambina che aveva bisogno di qualcuno che l'aiutasse a sentirsi bella per quello che era. E Brody? Era un bel ragazzo che non avrebbe avuto problemi a trovare una donna con cui uscire o anche da sposare.

Jill rallentò il passo. Si girò verso il mare e respirò l'aria umida e salata. Le grida dei gabbiani e degli altri uccelli riempivano il cielo. Le piaceva l'autenticità che quei suoni davano alla scena che la circondava. Intorno a lei, la gente sedeva sulla spiaggia, camminava o nuotava nell'acqua vicina. Rise quando vide un bambino trascinare dietro di sé un secchiello pieno di sabbia, mentre un altro spalava con grande concentrazione. Lavoratori edili in azione.

Rientrando in casa si sentì rinvigorita, raggiunse camera sua e andò in bagno per spalmarsi altra crema abbronzante sul viso. Si guardò allo specchio. La chioma le era diventata crespa, catturata dalla brezza salmastra. Aveva sempre tenuto i capelli lunghi perché Cristal li portava così. In quel momento però, si chiese come sarebbe stata con un taglio corto, facile da curare. Prima di cambiare idea, andò al computer, trovò un parrucchiere su internet e digitò il numero. Quando la segretaria le propose un appuntamento quella stessa mattina a causa di una cancellazione, accettò. Se voleva cambiare qualcosa nella sua vita, avrebbe cominciato da quello.

Chiamò Melanie e si accordò per incontrarla nel tardo pomeriggio.

Soddisfatta di aver fatto progressi, uscì a controllare i due uomini. Brody stava usando un rullo per applicare la vernice sulle pareti asciutte della piscina. Greg stava cercando di dipingere lungo il bordo superiore.

"Eccomi," disse Jill. "Lasciate che vi aiuti. Ho un po' di tempo prima di uscire.

Brody la guardò con sorpresa. "Hai intenzione di verniciare vestita così?" Indossava solo il costume da bagno. "Ho pensato che meno ci si veste, meglio è."

"Torno subito," disse Jill. Si precipitò in camera e indossò una vecchia maglietta e lo slip del suo bikini meno amato.

Mentre si affrettava a tornare in piscina, entrambi gli uomini fecero un sorriso di approvazione. "Così va meglio," disse Greg. "Questa resina può fare pasticci."

Jill prese un pennello da Greg e si mise al lavoro all'estremità opposta rispetto a Brody. Le piaceva dipingere. La vernice blu era più difficile da lavorare, ma continuò finché Brody non arrivò dietro di lei.

"Ottimo lavoro! Da qui in poi ci penso io. Grazie."

Fece un passo indietro ma inciampò sul lungo manico del rullo che Brody stava usando.

Una mano forte le afferrò il braccio per tenerla in piedi. "Presa! Non vogliamo altri incidenti in questa piscina."

Le dita calde intorno al braccio di Jill le mandarono delle sensazioni lungo il corpo. Per mascherarle, sorrise e si mosse verso Greg. "Niente più incidenti. Vero, Greg?"

Lui rise. "Giusto."

Uscì dalla piscina ed entrò nel cottage, ben consapevole che due paia di occhi seguivano ogni sua mossa.

Più tardi, seduta sulla poltrona del parrucchiere dell'Henri's Salon & Spa, Jill si chiese se avesse fatto un errore a prendere quell'appuntamento. I capelli lunghi e lisci erano la moda di molte giovani donne. Le era sempre piaciuto quel taglio su Cristal.

Il parrucchiere, un uomo di nome Frederick, girò intorno alla sedia per studiare i suoi lineamenti. Si mise di fronte a lei e sorrise. "Farei qualcosa di simile alle foto che ho visto di Jennifer Lawrence. Un accattivante taglio pixie. Può andare bene con i tuoi lineamenti delicati. Molto attuale. Ti si addice."

Jill sospirò. Sarebbe riuscita a farlo?

Frederick le fece un cenno con la mano. "Tesoro, sarà favoloso. Te lo prometto. Aggiungeremo qualche riflesso chiaro nei punti giusti e non crederai a quanto sarai favolosa."

Il sorriso del parrucchiere era tanto luminoso e incoraggiante che lei rispose: "Ok. Facciamolo."

Lui iniziò a tagliare velocemente i capelli, facendo girare la sedia da una parte all'altra. "Non guardare, tesoro. Non avrò finito fino a quando non avremo fatto lo shampoo e il risciacquo. Poi darò gli ultimi ritocchi." Girò la sedia lontano dallo specchio.

Canticchiava mentre continuava a tagliare e a dare i colpi di sole sui capelli. Più precisamente, canticchiava tra le parole che gli uscivano facilmente di bocca. Si scoprì che Frederick era un pozzo di informazioni. Conosceva tutti i ristoranti migliori dove mangiare.

Agitò il pettine in aria. "Gavin's al Salty Key Inn è uno dei miei preferiti. C'è una grande storia dietro quella proprietà. Il cibo è fantastico."

Jill prese nota. Non voleva finire l'estate senza essersi concessa qualche buona cena al ristorante.

Dopo aver letto in attesa che il colore agisse, Frederick le fece lo shampoo. Jill si sedette sulla sedia con le mani strette in grembo. Sembrava proprio... diversa. I capelli bagnati le si appiccicavano sulla testa. Lo stomaco le si contorse. Aveva fatto qualcosa di cui si sarebbe pentita?

"Non ti preoccupare," disse Frederick con voce rassicurante. "All'inizio è sempre uno shock. Fidati di me, tesoro. Ti piacerà."

Le asciugò i capelli e poi iniziò a rifinire la chioma per dare corpo, lavorando velocemente. Ogni colpo delle forbici la preoccupava ancora di più.

Quando ebbe finito, si tirò indietro e le sorrise. "Visto? Te l'avevo detto. Sei splendida."

Jill sbatté le palpebre per la sorpresa provocatale dall'immagine nello specchio di fronte a lei. I suoi occhi sembravano più grandi e gli zigomi più pronunciati. Aveva temuto che i capelli fossero troppo corti, ma il modo in cui Frederick li aveva acconciati li rendeva della lunghezza perfetta; il taglio le incorniciava il viso in modo splendido.

"Grazie, Frederick! Li adoro!"

Lui sorrise e annuì. "Ne ero sicuro." La abbracciò velocemente. "Alla prossima volta, tesoro."

"Sì," disse lei, mentre si accarezzava i capelli con

delicatezza. "Tornerò di sicuro."

Jill lasciò il salone sentendosi meglio non solo per il proprio aspetto ma, soprattutto, per il modo in cui stava iniziando a effettuare alcuni cambiamenti nella propria vita. D'impulso, chiamò Melanie per sapere se potevano rimandare l'incontro alla mattina successiva.

Sarebbe andata a fare shopping.

Quando Jill tornò a casa con le mani piene di borse, trovò Greg che sonnecchiava in camera sua con la porta aperta e Brody che metteva del nastro da imbianchino blu sugli angoli del soggiorno.

"La casa sarà in disordine per un po'," le disse, girato di spalle. "Domani inizierò a dipingere questa stanza." Sistemò una striscia di nastro e si girò verso di lei. "Dovrebbe piovere, quindi... Wow! Ma guardati! Che cosa è successo? Voglio dire, stai benissimo... "

Jill si sentì in evidente disagio e le sfuggì una risatina. "Grazie." Le guance le bruciavano. La reazione di Brody la imbarazzava e al tempo stesso la gratificava.

Lui distolse lo sguardo e si girò di nuovo di spalle. "Come ho detto, domani inizierò a verniciare il soggiorno. Spero che non sia un problema per te."

"Dovrebbe andare bene. Domani mattina vado a fare il colloquio di lavoro. Forse inizierò subito a lavorare. Sembrava che avessero parecchia fretta di assumere persone."

Lui la studiò. "Prima di iscrivere Kacy, mi sono informato tanto sul campo scuola. Mi piace molto e adoro l'idea che coinvolgano una persona come te che ha già insegnato a scuola. Che bel lavoro estivo! Una volta ho pensato di iniziare un'attività simile."

Jill sorrise. Brody aveva un atteggiamento molto positivo.

Non c'era da stupirsi che fosse bravissimo con i bambini.

Lei andò in camera per sistemare le borse. Aveva esagerato un po', ma erano anni che non comprava vestiti nuovi e aveva capito che era arrivato il momento di cambiare anche quell'aspetto. Aveva comprato capi moderni che si sposavano bene alla sua nuova immagine. Si era resa conto di comportarsi e vestirsi come una signora di una certa età, nonostante avesse solo trentadue anni. La commessa che l'aveva aiutata a scegliere era soddisfatta quanto lei degli indumenti che Jill aveva scelto.

Uno dei suoi articoli preferiti era un prendisole rosa tropicale con grandi fiori bianchi. Il colore bouganville dava un tocco nuovo allo stile classico. Jeans bianchi, pantaloncini in denim e altri articoli erano aggiunte necessarie al suo scarno guardaroba. Intraprendendo quel nuovo percorso di miglioramento del proprio aspetto, si chiese se il fatto di trovarsi in una situazione infelice l'avesse indotta a rinunciare a piaceri semplici come quello di avere un bel guardaroba. Si ripromise di cogliere qualsiasi opportunità che potesse aiutarla a ritrovare uno spirito positivo.

CAPITOLO SEI

La mattina seguente, Jill si guardò allo specchio un'ultima volta. Si era messa un po' di ombretto e mascara, l'effetto le piaceva. Come aveva fatto intendere Frederick, cominciava a vedersi in modo diverso: non più la sorella minore di Cristal, com'era stato per anni, ma una donna con una nuova prospettiva. Era una sensazione meravigliosa.

Salutò Greg e Brody e partì per il colloquio con rinnovato entusiasmo per il futuro.

Più tardi, mentre sedeva con Susannah e Melanie nel loro ufficio, Jill spiegò che le sarebbe piaciuto lavorare al campo con turni di mezza giornata, perché con il lavoro al cottage sentiva di aver preso un impegno.

Melanie e Susannah si guardarono l'un l'altra, poi le sorrisero.

"Nessun problema," disse Melanie. "Susannah mi aveva già avvertito di questa tua esigenza. A quanto pare, l'insegnante a cui abbiamo offerto un lavoro qualche giorno fa ha accettato la nostra proposta. Lavorerà a tempo pieno, quindi è perfetto. Sarai quella che noi chiamiamo un'*insegnante itinerante*, ti faremo passare da un progetto all'altro. Potresti anche essere chiamata in ufficio a dare una mano."

Jill sorrise. Nella mente le si era già formata un'idea che aveva messo da parte per un po'.

Dopo aver stabilito gli orari e il salario, tutte e tre le donne si alzarono. "Sono molto felice che farai parte della squadra," disse Susannah, abbracciandola. "Sapevo che ti saresti unita a noi, ma è sempre bello vedere le mie intuizioni realizzarsi."

Melanie la strinse con entusiasmo. "Quest'estate sarà la migliore di sempre. Ne sono convinta."

Susannah inarcò un sopracciglio verso Melanie, ma non disse nulla.

Si accordarono perché Jill iniziasse a lavorare il giorno successivo e le diedero una serie di oggetti che le sarebbero serviti per il lavoro, tra cui una borraccia d'acqua, una crema solare, un cappello da baseball con il logo del campo e tre magliette gialle con il logo sul davanti e la parola "staff" stampata in blu brillante sulla schiena.

"Ci piace essere sempre solari, da queste parti," disse Melanie, mentre accarezzava le magliette gialle piegate e le consegnava alla nuova assunta.

Jill sorrise. Come aveva detto Melanie, sarebbe stata l'estate più bella da molto tempo a quella parte. Quasi si sentiva di nuovo una bambina del campo scuola.

"Domani conoscerai Jed. È un ragazzo davvero fantastico, con una famiglia molto interessante," disse Susannah, ma Jill capì dal modo in cui la donna aveva chiuso gli occhi che c'era molto di più da raccontare, il che rendeva l'idea di lavorare lì ancora più intrigante.

Mentre si dirigeva verso la macchina, vide Kacy seduta con un ragazzo a un tavolo all'aperto. Si affrettò per la propria strada. Preferiva aspettare di avere un po' di privacy per darle la notizia del nuovo lavoro.

Al cottage, Greg e Brody erano in soggiorno che dipingevano i bordi della parete vicino alle finiture.

"Ciao Greg! Cosa fai? Pensavo che dovessi riposare il braccio."

Lui la guardò e sorrise. "Sta riposando bene. Ho trovato un modo per tenere il pennello senza stressare il braccio."

"Certo, ci sta mettendo una vita a fare il suo lato della stanza," lo prese in giro Brody.

Jill sorrise per la complicità che c'era tra loro. Era evidente che si volevano bene. Quando Brody tornò al lavoro, lei si chiese quale fosse la storia del nuovo amico.

"Hai ottenuto quel lavoro?" le chiese Greg.

"Sì, lavorerò al Sunnyside dal lunedì al venerdì, dalle undici alle sedici. Non vedo l'ora che arrivi domani per iniziare."

Brody si girò. "Congratulazioni. Ti sei organizzata benissimo."

"Dovevo assicurarmi di riuscire a tenervi d'occhio," aggiunse con ironia.

Sia Brody che Greg scoppiano a ridere.

"Non ci credo," ringhiò scherzosamente Brody con un'aria adorabile, mentre cercava a sua volta di stuzzicarla.

Jill si mise dei pantaloncini e una maglietta e andò sul lungomare a mettere in ordine i propri pensieri. Le piaceva l'idea di poter camminare sulla sabbia. A casa, la sua "spiaggia" era un piccolo parco sul lato opposto della città.

Si fermò a raccogliere una conchiglia e la studiò, stupita che un guscetto tanto bello restasse sulla sabbia in attesa che qualcuno lo scoprisse. Guardò l'acqua del golfo e mentre osservava il moto delle onde sentì una sensazione di calma. Una nuova vita, come la conchiglia che aveva trovato, aspettava di essere scoperta.

Non aveva più paura dell'idea di dover ricominciare. Una volta aveva letto una citazione che diceva: "Una donna forte può cambiare il proprio futuro." Con la speranza che le saliva dentro, pensò che quello fosse il momento perfetto per farlo. Allora capì che non voleva tornare nella sua piccola città. Cristal avrebbe potuto prendersi cura della madre, che del resto non aveva mai effettivamente apprezzato né avuto bisogno di quello che Jill aveva cercato di fare per lei. E la casa? L'avrebbe messa in vendita, cosa che avrebbe dovuto fare molto tempo prima. Alzò le mani al cielo e gridò: "Sì!"

I gabbiani e gli altri uccelli scapparono via.

Nel vedere come li aveva spaventati, Jill rise. Aveva sorpreso anche se stessa.

Camminò velocemente e la mente viaggiò in parallelo con i passi. Aveva molti progetti di cui occuparsi, nelle settimane successive, e non vedeva l'ora di iniziare.

Quando tornò al cottage, preparò da mangiare e si portò il panino in camera. Poi cercò su internet le scuole della zona e telefonò alla Pinellas County Schools. A New York insegnava all'asilo, ma era disposta ad accettare qualsiasi altra classe, pur di lavorare. Dopo aver esaminato i posti di lavoro disponibili, compilò una domanda online. Poi chiamò Sandra Dixon, un'amica che vendeva immobili. La casa di Jill era in ottime condizioni e poteva essere mostrata ai potenziali acquirenti nello stato in cui era. Se Sandra le avesse proposto di fare qualche piccolo investimento per modificarla in vista della vendita, lei non avrebbe avuto nulla in contrario.

Dopo che Jill spiegò i propri progetti, Sandra disse: "Mi hai davvero sorpresa, Jill, ma sono contenta che tu abbia deciso di cambiare vita. Anche se non pensavo che avresti lasciato la città."

"Allontanarmi anche solo per questo breve periodo mi ha dato la possibilità di riflettere. O forse è il fatto di poter uscire in spiaggia ogni mattina che mi ha dato una nuova prospettiva."

"Mi mancherai, Jill. Sei una delle poche persone su cui io e tutti gli altri possiamo contare per qualsiasi problema. Ci risentiremo quando avrò novità e cifre, così metteremo la casa in vendita rapidamente. Dobbiamo liberare la casa da oggetti di valore, documenti personali o simili?"

"In realtà, mi sono occupata di tutto prima di partire, in modo che mia madre non potesse curiosare mentre ero via. A Valerie Davis piace *raccogliere informazioni*, come dice lei."

Jill e Sandra risero insieme.

Si salutarono, poi Jill si sedette alla scrivania e iniziò a fare un elenco di lavori da fare. Si rese conto che vendere la casa avrebbe richiesto tempo. Sebbene fosse perfetta per una coppia o un piccolo nucleo familiare, non era adatta alle famiglie numerose che popolavano la cittadina.

Jill aveva un nodo allo stomaco mentre andava a prendere Kacy al campo, come le aveva chiesto Brody. Non aveva idea di come la bambina avrebbe reagito alla notizia che lei avrebbe lavorato lì.

Quando arrivò al campo, le auto erano allineate lungo il vialetto e si stavano lentamente dirigendo verso l'ingresso della struttura, dove Melanie e Susannah preparavano i bambini per il rientro a casa.

Kacy si accigliò quando Jill le si fermò davanti.

"Ecco il tuo passaggio, Kacy," disse Melanie. "Forza, sali. Gli altri stanno aspettando."

Kacy si mise in una posa ormai familiare, con le braccia incrociate sul petto. "Deve venire mio papà a prendermi. Non lei."

"Oggi è venuta Jill," disse Melanie con dolcezza, mentre apriva la portiera dell'auto e faceva avanzare delicatamente Kacy. Aspettò che la piccola si allacciasse la cintura sul sedile posteriore e poi si allontanò. "Ci vediamo domani!"

"Verrai a prendermi anche domani?" Kacy piagnucolò.

Jill sorrise e parlò con calma. "Lavorerò qui al campo, quindi probabilmente sarò io a portarti a casa quasi tutti i giorni."

"Non ti voglio. È il *mio* campo. Non il tuo!"

"È tuo come ospite e mio come membro dello staff, Kacy," rispose Jill. "È un posto fantastico per entrambe."

"Non è giusto," disse Kacy.

Jill non si preoccupò di rispondere. Non avrebbe fatto altro che dare a Kacy un'altra occasione per agitarsi.

"Cosa hai fatto ai capelli?" le chiese la bambina nel silenzio che seguì. "Li hai tagliati. Le ragazze dovrebbero avere i capelli lunghi."

"Davvero? Chi te l'ha detto?"

"Mia madre. Lei non mi lascia tagliare i capelli. Dice che la mia faccia è troppo grassottella per avere i capelli corti."

"Capisco," commentò Jill. Se avesse avuto abbastanza tempo, avrebbe cercato di convincerla ad apprezzarsi per quello che era. Se, per caso, le attività e la dieta del campo avessero aiutato Kacy a perdere un po' di peso, sarebbe stato fantastico, ma Jill non avrebbe mai e poi mai criticato ciò che la bambina faceva o non faceva. Non erano affari suoi.

Non appena Jill ebbe parcheggiato nel vialetto, Kacy si slacciò la cintura di sicurezza, scese dalla macchina e iniziò a correre verso la porta d'ingresso gridando: "Papà! Papà! Dove sei?"

Jill sospirò. Sapeva cosa stava per succedere. Quando entrò in casa, riuscì a sentire Kacy.

"No, papà. Sei tu che mi devi venire a prendere. Non Jill."

"Jill fa un favore a entrambi, quando viene a prenderti e passa del tempo con te prima di cena. Devo continuare a lavorare per aiutare lo zio Greg, in modo da poter stare con te la sera."

Quando Brody vide Jill, le fece cenno di avvicinarsi. "Ciao! Stavo dicendo a Kacy quanto sia importante che io abbia il tempo di finire i progetti per Greg."

Jill guardò Kacy e annuì. "Sì, io e tuo padre abbiamo fatto un accordo. Ci sono molti giochi divertenti che io e te possiamo fare. Stamattina ho controllato e ho trovato dei secchielli e delle palette di plastica per fare i castelli di sabbia e delle buste di rete per raccogliere le conchiglie."

"Castelli di sabbia?"

"O qualsiasi altra cosa vogliamo costruire. Non vivo vicino a una spiaggia, quindi vorrei fare questi giochi, finché posso."

Kacy la studiò per un attimo. "Ok."

"Fammi pensare a cosa preparare per cena, poi possiamo uscire." Jill sorrise. "Anzi, quando vuoi puoi darmi una mano a cucinare."

"Davvero?" Gli occhi di Kacy si illuminarono di eccitazione. "Mia madre non lascia mai che io la aiuti in cucina."

Jill e Brody si scambiarono uno sguardo pieno di significato.

"Finché sei con me, puoi imparare a cucinare con Jill," disse Brody. "Ricordi? Dobbiamo provare nuove attività."

"Ok," disse Kacy. "Voglio fare i biscotti."

"Adesso prepariamo la cena, ma la prossima volta potremo cucinare qualcos'altro," disse Jill. "Prima, però, è meglio approfittare della spiaggia. Mettiti il costume da bagno, ci vediamo all'ingresso con gli asciugamani e tutto il necessario."

Jill se ne andò prima che Kacy potesse mettere in discussione il piano. Prima, lei e Brody avevano parlato della necessità di Kacy di passare più tempo all'aria aperta.

Jill si cambiò rapidamente, prese gli occhiali da sole, la crema abbronzante e degli asciugamani, poi li mise in una grande borsa da spiaggia in cui aveva riposto anche gli attrezzi per costruire i castelli di sabbia. Entrò in cucina e si fermò.

"Ehi, Kacy! Cosa stai facendo?"

"Ho fame," disse la bambina, sgranocchiando un cracker.

"Va bene," disse Jill prima di allungare la mano verso il frigorifero. Si voltò e porse a Kacy un grappolo d'uva e due bottiglie d'acqua. "Mettiamo questi e un telo da spiaggia nella borsa e partiamo."

Kacy seguì Jill fino alla porta d'ingresso, la aiutò con la borsa e uscirono verso la sabbia.

"Aspettami!" gridò Kacy, affrettandosi per raggiungere Jill.

Jill si voltò e sorrise, felice che Kacy avesse accettato l'idea di stare all'aria aperta. Per essere una bambina di otto anni, passava troppo tempo a giocare ai videogiochi o a guardare la televisione.

Delle nuvole grigie aleggiavano all'orizzonte, parevano montagne lontane. Jill fece diversi respiri profondi e inspirò a pieni polmoni l'aria salmastra.

"Cosa fai?" le chiese Kacy con un'espressione perplessa.

"Sto respirando l'aria fresca," disse Jill. "Dai, prova anche tu."

Kacy sbuffò. "Non voglio."

Jill posò la borsa e stese il telo sulla sabbia: "Bene, vado a cercare delle conchiglie. C'è l'alta marea, quindi non è il momento migliore per andare a raccoglierle, ma possiamo provarci."

"Voglio la merenda," disse Kacy.

"Più tardi," disse Jill, che poi si diresse verso la spiaggia.

Alle sue spalle risuonò una voce di bambina: "Possiamo fare degli animali di conchiglie come quelli che ho visto in un negozio?"

Jill non riuscì a nascondere il sorriso. "Mi sembra divertente, Kacy."

Kacy si affrettò a raggiungere Jill. "Va bene, allora. Cercherò anch'io le conchiglie."

Si chinarono per vedere meglio e lentamente si spostarono lungo la riva dell'acqua alla ricerca di conchiglie regalate dalle acque del golfo.

"Guarda!" esclamò Kacy sorridendo, mentre teneva in mano una conchiglia di capasanta dalla forma quasi perfetta. "Possiamo usare questa."

"Certo," disse Jill. "È un ottimo inizio. Possiamo raccogliere molte conchiglie. Quando vorrai, ne incolleremo alcune per fare tante sculture." Tese la busta di rete e Kacy vi mise con orgoglio la conchiglia.

Dopo un po', Kacy disse: "Mi annoio e ho fame."

"Torniamo indietro," disse Jill. "Ti sfido a raggiungere il telo." Partì di corsa senza aspettare Kacy. Immaginava che Kacy non avesse intenzione di farle vincere alcuna gara.

Naturalmente la bambina sbuffò forte, ma raggiunse Jill e la superò di corsa quando lei rallentò il passo.

Quando la donna si avvicinò alla coperta, Kacy la fissò con un luccichio negli occhi. "Ti ho battuta!"

Jill rise di quel tono trionfale. Le andava bene così. Quella bambina aveva bisogno di un'occasione per eccellere. "Sì, è vero!"

"Possiamo fare merenda adesso?" chiese Kacy.

"Certo." Jill porse a Kacy il grappolo d'uva. "Prendi pure, ma lasciane un po' per me. Anch'io ho fame."

La quiete tenne loro compagnia mentre mangiavano l'uva e guardavano l'acqua.

Jill ruppe il silenzio. "Non sarò al campo tutto il giorno, Kacy. Ci sarò solo dalle undici del mattino alle quattro del pomeriggio, quando sarà ora di partire. E ti prometto che non ti darò fastidio con quello che fai. Sarò troppo impegnata ad aiutare altre persone. Volevo solo che lo sapessi."

Kacy la studiò e poi annuì. "Va bene."

Jill le porse una bottiglia d'acqua. "Tieni. Potrebbe servirti."

Kacy accettò l'acqua e si accigliò. "Perché sei gentile con me? Per mio papà?"

"Come? No. Cerco di essere gentile con tutti perché è il modo giusto di comportarsi. Sono sicura che tuo padre è un uomo molto rispettabile, ma mi interessa solo come amico.

Ho dei progetti per conto mio."

"Sì? E quali?" disse Kacy con aria sospettosa.

"Cavolo! Sei davvero preoccupata per lui, vero?" chiese Jill con simpatia.

"Mia mamma mi ha detto di dirle se papà ricomincia a uscire con delle donne. Non le piace quando esce con qualcuna che lei potrebbe conoscere."

"Oh capisco," disse Jill, nascondendo lo sgomento. *Forse Allison stava inducendo la figlia ad agire come una sorta di pedina tra i genitori divorziati?* "Beh, tua mamma non mi conosce e io non esco con tuo papà, quindi direi che sei al sicuro."

Kacy rimase in silenzio.

Jill le diede un colpetto sulla schiena. "Ho sentito dire da tuo papà che sarà un'estate diversa, per te. Forse non dovrai preoccuparti più di tanto di quello che fa mentre sei qui. Che ne pensi?"

"E non dobbiamo dirlo a mia mamma?" Un sorriso si allargò sul volto di Kacy.

Jill scosse la testa. "Non stiamo nascondendo nulla, ci divertiremo in modo semplice e amichevole mentre siamo al Seashell Cottage."

Kacy la studiò, poi un enorme sorriso le illuminò il volto e le fece brillare di felicità gli occhi azzurri.

A Jill pizzicarono gli occhi, ma lei respinse subito quelle lacrime. La gioia sul volto di Kacy valeva tutta la pazienza che ci sarebbe voluta perché quella fosse una grande estate per entrambe.

CAPITOLO SETTE

Quando tornarono al cottage, Greg e Brody le aspettavano seduti sul portico.

Kacy salì di corsa le scale e si avvicinò al padre. "Io e Jill faremo degli animali con le conchiglie." Alzò la busta di rete che aveva portato con sé. "Ho trovato la mia prima conchiglia."

Brody sorrise e prese Kacy in grembo per abbracciarla. "È fantastico. Non vedo l'ora che me le mostri."

"Sì," disse Kacy. "E non mi devo preoccupare perché Jill non vuole uscire con te."

"Ah?" disse Brody, alzando lo sguardo verso Jill.

"Abbiamo parlato," disse Jill, odiando il fatto di sentirsi le guance in fiamme. Con uno sguardo, gli mandò un messaggio affinché lasciasse cadere l'argomento.

Nel vedere il disagio di Jill, Brody fece un cenno di assenso con la testa. "Cosa preparate per cena?"

"Stasera non cucino. Sono troppo stanca," disse Kacy, mentre si sedeva sul dondolo del portico.

Brody e Jill si scambiarono uno sguardo. Jill immaginò che la bambina avesse sentito quella frase molto spesso, a casa.

"Beh, ho dei gamberi da cucinare. Perché voi due signori non vi rilassate con un bicchiere di vino o una birra mentre io mi cambio e inizio a preparare la cena. Non dovrei metterci molto."

"Non mi piacciono i gamberi," annunciò Kacy, che si dondolava avanti e indietro sul dondolo.

"Prova solo con un assaggio. Se non ti piacciono, potrai

mangiare riso e insalata." Jill lasciò il portico prima che Kacy potesse iniziare a fare i capricci.

Più tardi, in cucina, Jill stava preparando la tavola quando Brody entrò nella stanza.

"Quindi non vuoi uscire con me?" Le sorrise. "Questo mette fine a qualsiasi possibilità di convincerti che dietro questa persona noiosa ci sia un cavaliere dall'armatura scintillante che aspetta l'occasione per caricarti sul suo cavallo bianco."

Jill si mise a ridere, ma poi divenne subito seria. "A quanto pare, Allison è preoccupata che tu esca con qualcuno che lei conosce. Fa pressione su Kacy per molte cose. Per confortarla, le ho detto che non avevo intenzione di uscire con te, che avevo dei progetti per conto mio."

"Capisco," disse Brody. "Apprezzo quello che stai facendo per Kacy, ma non possiamo lasciare che sia una bambina di otto anni a decidere quello che faremo o non faremo." Scosse la testa. "Allison non è facile da gestire. Restare qui qualche settimana in più potrebbe essere vantaggioso per tutti." Le fece un sorriso e uscì dalla stanza.

Mentre Jill preparava la cena, iniziò a vagare con la mente. *Noioso?* Brody era tutt'altro che noioso, e aveva ragione. Jill non poteva lasciare che una bambina prendesse decisioni per lei. Tuttavia, non aveva intenzione di uscire con Brody o con qualsiasi altro uomo finché non si fosse sentita meglio dal punto di vista emotivo.

Dopo cena, Jill si sedette in veranda a parlare con Greg. La cena che aveva preparato con cura era diventata una battaglia, con Kacy che metteva continuamente alla prova il padre per il cibo che diceva di non gradire. Lui era rimasto irremovibile e lei, dopo aver dato un piccolo morso a un gambero, aveva mangiato docilmente il riso e l'insalata.

"Immagino che facciamo tutti parte di una nuova esperienza per Kacy," disse Greg a bassa voce. "Ma è importante che capisca che nessuno di noi ha intenzione di sopportare un cattivo comportamento."

"È un peccato che ogni pasto sia diventato un campo di battaglia," disse Jill. "Il cibo fatto in casa è un vero piacere. Ultimamente non ho cucinato molto per me stessa, ma ho intenzione di cambiare, ora che ho delle persone per cui farlo."

"La mia Annie era una cuoca eccellente. Cucina casalinga, niente di sofisticato, ma deliziosa."

La nota di tristezza nella voce di Greg spinse Jill ad avvicinarsi e a stringergli la mano. "Sembra una persona adorabile."

Lui annuì e poi parlò con voce burbera. "Era la parte migliore di me."

Jill sospirò dolcemente. Era il tipo di relazione che sperava di avere, un giorno: un marito che la amasse e che la trattasse con rispetto, qualcuno che non le urlasse mai contro, che non le desse soprannomi, né la minacciasse con un pugno alzato. Si dondolò sulla sedia e fissò le onde scure che si avvicinavano alla riva.

"Abitavi qui vicino? È così che hai conosciuto i genitori di Hope?" Jill chiese a Greg.

"Li ho conosciuti a un evento pubblico, molti anni fa. Io e Richard siamo andati subito d'accordo e sua moglie Rebecca e Annie sono diventate amiche. La sorella di Richard, Louise, ha lasciato il Seashell Cottage a Hope. Louise era una donna single che aveva perso il marito in Vietnam. Non si è mai risposata."

"Che splendida eredità," disse Jill. La sua famiglia aveva sempre avuto abbastanza soldi per vivere dignitosamente, ma non molto di più.

"Sì, amo questo posto. Un tempo pensavo che potesse

diventare una casa di famiglia. Brody e Hope si sono frequentati per un po'. Poi è arrivata Allison ed è cambiato tutto."

"Come mai?" Jill sapeva di essere indiscreta, ma non riuscì a trattenersi dal chiedere.

"Allison è una donna straordinaria, una che sa quello che vuole e lo ottiene. Voleva Brody dal momento in cui lo ha visto. Io e Annie eravamo lì mentre succedeva. Abbiamo provato a parlarne a Brody, ma loro due erano decisi a sposarsi subito. Lui non si era dato abbastanza tempo per capire quanto fosse egocentrica Allison. Quando quella donna ha capito che essere il dottor Campbell non significava avere molti soldi, se n'è andata in fretta e furia e ha preso con sé Kacy. A Brody si è spezzato il cuore quando ha dovuto cominciare a vedere Kacy solo in determinati giorni e orari, per lasciarla con la madre."

"A volte è difficile vedere le persone per quello che sono," disse Jill ricordando quanto anche per lei fosse stata avventata la scelta di sposarsi.

Un rumore alle loro spalle impedì a Jill di dire altro. Si voltò e trovò Brody e Kacy che stavano entrando nel portico.

"La storia è finita, quindi Kacy vorrebbe dare la buonanotte a tutti," disse lui in modo pacato.

Kacy si aggrappò alla mano del padre e disse: "... 'notte." Si girò e disse con un forte sussurro: "Va bene, papà?"

"Sì, va bene, Kacy. Ora a letto."

Se ne andarono insieme, e qualche minuto dopo Brody tornò in veranda da solo.

"L'hai messa a letto?" chiese Greg.

"Sì, sto cercando di instaurare una nuova routine con lei. Ci vorrà un po' di tempo perché si abitui, ma ha bisogno di un programma regolare. Allison non ne ha nessuno." La sua voce cambiò, divenne triste. "Mi ha detto che è troppo impegnativo."

Greg alzò il braccio rotto con il gesso. "Forse il mio incidente si rivelerà molto utile. Passare più tempo qui con Kacy potrebbe essere proprio quello di cui hai bisogno."

"Vedremo," rispose Brody. "Kacy è una bambina fantastica, quando si lascia andare. Ma sua madre l'ha fatta sentire così inadeguata che sarà difficile superare i muri che si sta costruendo intorno, muri che non dovrebbero mai esistere, per una bambina della sua età. Potete immaginare quanto mi faccia infuriare."

"Soprattutto per il lavoro che fai con i bambini del distretto scolastico," disse Jill. Ripensò alla propria infanzia e riconobbe il muro che aveva costruito intorno a sé in presenza di Cristal.

Brody si girò verso di lei e sorrise. "Grazie per aver passato del tempo con Kacy. Significa molto per lei."

"Non c'è di che. Si diverte un sacco a fare animali di conchiglie e costruiremo anche castelli di sabbia. Penso che sarà divertente."

La studiò per un attimo. "Sei una persona molto gentile. Sono felice che tu sia qui."

Lei non riuscì a impedire al calore insinuarsi sulle proprie guance. Lo sguardo che Brody le rivolse disse molto più di tante parole. Jill sperò che i sentimenti che lui le suscitava non si manifestassero anche sul volto.

Quando Jill si svegliò, la luce del sole penetrava dalle persiane creando strisce paglierine sul pavimento. Un nuovo senso di eccitazione la riempì mentre immaginava la giornata che l'aspettava. L'idea di lavorare con Melanie e Susannah la faceva sentire più sicura delle recenti scelte. Si sistemò i capelli e si alzò dal letto, sentendosi più libera e felice dopo tanto tempo.

Indossò un paio di pantaloncini e una maglietta ed entrò in cucina. I due uomini stavano lavorando all'aperto, ma Brody aveva lasciato la caffettiera elettrica accesa e l'aroma del caffè giocava con i sensi di Jill in modo piacevole. Dopo essersi versata una tazza di caffè, si diresse verso la veranda e si sedette a guardare ciò che la circondava.

Il sole scintillava sulle creste delle onde con una luminosità che creava scintille nel mare. Lì vicino, le fronde di una palma sussurravano nella brezza. Delle nuvole bianche e gonfie come panna montata fluttuavano nel cielo.

Jill sospirò con piacere. Sorseggiò il caffè e si sentì sicura più che mai del fatto che allontanarsi dalla città natale fosse la decisione giusta. Amava già la Florida: le spiagge, la temperatura, lo stile di vita. Anche se non avesse trovato subito il lavoro di insegnante che desiderava, aveva la certezza di poter lavorare fino a quando non si fosse liberato un posto.

Quel momento di pace fu interrotto dal suono del cellulare. Controllò lo schermo e sentì una stretta allo stomaco. *Sua madre.* Con riluttanza, cliccò sulla chiamata.

"Ciao."

"Jillian Elizabeth Davis Conroy, come ti viene in mente di vendere la tua casa? Che spiacevole sorpresa! Sei impazzita? Dove hai intenzione di andare? Cosa farai? Non me ne hai parlato. Come pensi che mi sia sentita l'altro giorno, quando Barbara Becker ha cominciato a fare domande dopo aver visto il cartello 'Vendesi' nel tuo giardino?"

Jill lasciò che la madre sproloquiasse per qualche istante, ma intanto si chiedeva perché mai avesse sopportato un simile comportamento per tanto tempo. Il destino le aveva concesso una tregua da un marito dispotico e violento. Stava a lei sfuggire a un comportamento simile da parte della madre. Strano, non l'aveva mai considerato un atteggiamento molesto, ma in quel momento capì che lo era. Ecco perché aveva sopportato Jay. Era abituata a essere trattata come se i propri pensieri non avessero importanza. Era una donna adulta. Non aveva bisogno di rispondere alla madre o a chiunque altro riguardo alla decisione di trasferirsi, scelta che si stava rivelando sempre più intelligente.

"Hai finito?" chiese Jill con la massima calma possibile, mentre la rabbia le ribolliva dentro.

"Dovresti considerare attentamente una mossa del genere, Jill. Sei partita da meno di due settimane. Come pensi di trovare un lavoro? Non puoi andartene così. Diversi genitori contano su di te per insegnare ai loro figli. Sai quanto sei rispettata in quella scuola. Devi considerare la responsabilità che hai nei confronti di quelle famiglie."

"Mamma, fermati. Ascoltati. Mi stai trattando come una bambina. Sono un'adulta in grado di prendere delle decisioni. Ho scelto di trasferirmi ed è quello che farò."

"Ma che ne sarà di me?" gridò sua madre. "Tu sei l'unica su cui posso contare se ho bisogno di qualcosa. Cristal è così impegnata che non torna mai a casa."

"Beh, forse è ora che lo faccia," disse Jill, "perché io non cambierò idea." Guardò i gabbiani che volteggiavano nel cielo. Le loro grida stridule assomigliavano molto alla voce acuta della madre.

"Verrò al cottage per farti ragionare," disse la madre.

"Mi dispiace, ma tutte le camere sono occupate," disse Jill con soddisfazione.

"Cosa? Pensavo che saresti stata lì da sola."

"A mia insaputa, Cristal ha fatto in modo che io cucinassi e facessi le pulizie per i due operai che vivono in casa e per una bambina di otto anni."

"Oh, non mi ero resa conto... " disse la madre.

"Dovevo immaginare che sarebbe venuta fuori una

situazione del genere, ma questa volta non mi dispiace. Sono persone gentili e credo di poter aiutare la bambina a risolvere alcuni problemi. Sembra che io e lei abbiamo molto in comune."

"Dovresti riconsiderare quello che stai facendo. Hai vissuto tutta la tua vita qui a Ellenton. Altrove potresti essere infelice."

Jill controllò la rabbia. "Non vedo l'ora di cambiare, mamma. È il momento di prendere in mano la mia vita."

"Lo stai facendo per Jay?"

"Lo faccio perché ho bisogno di liberarmi dal passato, da Jay e da tutti gli altri."

"Bah!" La madre sbuffò. "Sono sempre stata al tuo fianco, Jillian. Forse è ora che tu stia dalla mia parte."

"Forse, invece, ho bisogno di stare da sola," disse Jill. In passato, di solito aveva eseguito gli ordini della madre. "Ora devo andare. Parleremo un'altra volta." Prima che la madre potesse protestare, Jill chiuse la telefonata.

Tornò sulla sedia a dondolo e fece dei respiri profondi per rallentare il cuore che le batteva forte. Come aveva spiegato alla madre, era arrivato il momento di fare dei cambiamenti. Sorpresa da quella determinazione ritrovata, Jill sorrise. Accidenti! Era una sensazione fantastica tenere testa alla propria madre. Riusciva quasi a immaginare il padre che le faceva il segno del pollice in su.

Jill posò la tazza di caffè e uscì sulla spiaggia, che davanti alla casa era vuota. Entrò in acqua e lasciò che le scorresse intorno alle caviglie. Quando le onde si ritirarono, portarono con sé un po' di sabbia e le fecero un morbido massaggio ai piedi. Chiuse gli occhi e guardò il cielo, per lasciare che il calore del sole le distendesse la fronte. Inspirò ed espirò lentamente, cercando di sincronizzare il respiro con il ritmo delle onde. Ben presto l'angoscia che le aveva stretto il nodo allo stomaco si attenuò.

Permettere alla natura di intromettersi nella propria vita le infuse energia positiva, tanto che quasi si commosse. Comunicare con l'universo in quel modo le dava una grande consapevolezza di sé, una nuova definizione del destino. Si ricordò di una frase di Shakespeare, che un amico le aveva detto una volta. "Non è nelle stelle il nostro destino, ma in noi stessi." *Sì, ce la farò.*

Camminava lungo la spiaggia con una nuova primavera nei propri passi. *Se avessi le ali, volerei*, pensò, sentendosi come in grado di farlo.

Quando tornò al cottage, andò in camera e chiamò l'agente immobiliare.

"Come vanno le cose, Sandra?" le chiese Jill. "So che il mercato ha subito un certo rallentamento. Questo si ripercuote sulla vendita della mia casa?"

"In realtà non è così. Il fatto che la tua casa si trovi su un lotto così grande è un fattore importante. È perfetta per una coppia che conosco e che al momento è fuori città, ma hanno promesso di darci un'occhiata appena ritornano."

"Oh, sembra promettente."

Sandra rimase in silenzio e poi disse: "Mi ha chiamato tua madre. Non sapeva che stai cercando di vendere la casa."

"Sì, per lei è stata decisamente una sorpresa," rispose. "Ma le ho detto che non ho intenzione di cambiare idea... e quando qualcuno farà un'offerta, per quanto possibile, sarò flessibile sui tempi. Francamente, voglio solo andarmene da lì."

"Sento nell'aria grandi cambiamenti, Jill," commentò Sandra. "Sono felice per te. Lo sono davvero."

"Grazie," rispose Jill. Sandra era rimasta in contatto con lei dopo la morte di Jay, ma nemmeno lei conosceva i segreti che Jill si era tenuta dentro.

CAPITOLO OTTO

Jill era emozionatissima quando uscì dall'auto nel parcheggio del Sunnyside. Per molti versi, quello era per lei l'inizio di un nuovo stile di vita. Se fosse andato tutto bene, non avrebbe aspettato oltre per chiamare la sua vecchia scuola e dare le dimissioni.

Appena varcò la porta, Melanie le si avvicinò. "Per fortuna sei qui. I bambini sono irrequieti stamattina. Voglio presentarti Jed Carter. Potrai lavorare con lui alle attività in spiaggia e aiutarlo con le lezioni di nuoto."

"Perfetto. Sembra divertente."

Melanie sorrise. "Jed è un ragazzo fantastico. Insegna storia ed è allenatore di baseball in un liceo locale."

Susannah si avvicinò a loro. "Credo che amerai anche la sua famiglia. Anzi, so che sarà così."

"Bene," disse Jill, chiedendosi che futuro vedesse Susannah in quel momento. Aveva parlato con tanta sicurezza.

Melanie condusse Jill davanti all'edificio e poi sulla spiaggia. Un uomo alto e magro le vide, salutò con la mano e si avvicinò con andatura disinvolta.

"Tu devi essere Jillian," disse sorridendo. Le tese la mano e lei la strinse, sorpresa di quanto fosse grande. Lo scintillio negli occhi di Jed e un rapido sorriso diedero vita al volto ordinario.

"Jill, lui è Jed Carter, il nostro nuovo direttore sportivo," disse Melanie raggiante.

Jed rise. "È un titolo importante per il lavoro che faccio, ma amo i bambini e questa è una bella pausa dal liceo."

"Sei allenatore di baseball?"

Sì. Ero un lanciatore nelle squadre minori e non sono mai arrivato in Major League. Ma ho imparato molto sul gioco e vorrei condividerlo."

"Papà! Papà!"

Jill si voltò nella direzione da cui proveniva la voce e fu sorpresa di vedere Kacy inseguire una ragazza dai riccioli rosso vivo che correva verso di loro.

"Ah, ecco mia figlia Emily," disse Jed sorridendo.

Si avvicinò a loro. "Papà, ti presento la mia nuova amica Kacy. È qui per l'estate."

Kacy le raggiunse e si mise al fianco di Emily. In piedi, spalla a spalla, le due bambine erano adorabili. Gli occhi azzurri di Emily scintillavano quando sorrideva al padre e donavano bellezza a un volto dai lineamenti altrimenti piuttosto anonimi.

"Ciao, Kacy. Da dove vieni?" chiese Jed.

Kacy lanciò un'occhiata a Jill e poi disse: "Sono di Philadelphia, PA."

"PA come Pane?" disse Emily.

"Sì, pane, burro e marmellata!" ribatté Kacy, poi le bambine ridacchiarono.

Jill e Jed sgranarono gli occhi e risero.

"È meglio che torniate al vostro gruppo, ragazze," disse Melanie, ridacchiando a sua volta. "Adoro quando fate nuove amicizie."

Le ragazze corsero via tenendosi per mano. Mentre le guardava, il cuore di Jill si riempì di tenerezza. Sapeva quanto fosse speciale trovare un'amica.

"Che carina. Chi è?" domandò Jed.

"Kacy è la figlia di uno dei due operai che soggiornano con me al Seashell Cottage per l'estate," spiegò Jill. "Li ho appena conosciuti. Greg Campbell ha un'attività nella zona. Suo nipote Brody, che è il padre di Kacy, lo sta aiutando con il progetto."

"Ho capito. Sono felice che Emily e Kacy vadano d'accordo. Anche noi siamo abbastanza nuovi della zona ed Emily ha avuto difficoltà a trovare amici, anche perché a casa regna il caos e noi non siamo stati in grado di aiutarla."

Melanie si rivolse a Jill. "Jed e sua moglie Niki, hanno tre gemelli che hanno da poco compiuto un anno."

"Oh, cielo! Sì, la situazione dev'essere *molto* caotica a casa."

Jed rise. "La famiglia di Niki è qui. Ecco perché ci siamo trasferiti dal nord. Ogni volta che qualcuno viene a trovarci, finisce per prendersi cura di uno dei gemelli. I vicini e i nuovi amici li adorano. Soprattutto i pensionati e i nonni del quartiere."

"Bene, vi lascio a controllare le attività. Ho saputo che hai organizzato un torneo di beach volley, Jed." disse Melanie.

"Per i bambini più grandi," precisò lui. "I più piccoli stanno prendendo lezioni di nuoto in piscina." Si rivolse a Jill. "Ho pensato che ti sarebbe piaciuto aiutare Kelly in questo."

"Le presenterò Jill," propose Melanie.

"Grazie," disse Jed. Fece un piccolo saluto e si allontanò verso il campo da pallavolo allestito sulla sabbia.

"Hai detto che la sua famiglia era interessante, ma... tre gemelli? Non so come possa gestire una situazione del genere," disse Jill a Melanie.

"Sia Jed che Niki sono persone tranquille. Sono sicura che questo aiuta molto," commentò Melanie.

In piscina, Melanie presentò a Jill una giovane donna alta e robusta, con i capelli scuri tagliati molto corti e gli occhi castani che si illuminarono di piacere quando la direttrice del Sunnyside disse: "Eccola. Kelly Summers, ti presento Jill

Conroy."

"Piacere di conoscerti," disse Kelly. "Ho sentito dire che oggi avrei avuto un'aiutante."

Melanie le guardò sorridendo. "Jill si è appena unita al team, fa turni di mezza giornata; lavorerà dalle undici alle quattro durante la settimana."

"Meraviglioso! Ti piacerà molto qui. Ora sto lavorando con bambini di otto anni che hanno bisogno di imparare a nuotare o migliorare la loro tecnica."

Jill lanciò un'occhiata alla piscina. Kacy era una delle otto ragazze in costume da bagno allineate sul ponte della piscina. "Sono pronta in qualsiasi momento. Ho il costume da bagno sotto i vestiti."

"Perfetto. Andrà bene," disse Kelly. "Ho altri asciugamani con me, ma potrai asciugarti più tardi perché dopo il nuoto ci siederemo per parlare. Una specie di terapia, si potrebbe dire, per far sì che tutti si sentano parte del gruppo."

"Ottima idea," disse Jill, che apprezzava sempre di più il campo scuola.

"A dopo," disse Melanie. "Vado a nascondermi in ufficio. Jill, nel pomeriggio parleremo di come puoi aiutarmi."

Jill ricambiò il saluto di Melanie e si tolse i pantaloncini e la maglia. Il costume che indossava era uno di quelli che aveva comprato ai saldi di fine estate un anno prima. All'epoca le era sembrato audace il costume intero rosa acceso con le scollature, ma in quel momento lo trovò adatto al clima quasi tropicale.

Kelly condusse Jill verso il gruppo. "Ciao, ragazze. Questa è la mia nuova aiutante, Jill. Facciamole un bel saluto?"

Jill si sentì sollevata quando Kacy si unì al coro di benvenuto. Non aveva intenzione di far sapere a nessuno dei bambini che lei e Kacy vivevano insieme. Era una notizia che avrebbe condiviso Kacy, se avesse deciso di farlo. Al momento, la piccola stava cercando in tutti i modi di ignorarla.

Quando finì la sessione di nuoto, Jill era esausta. Aiutare una bambina a superare la paura di bagnarsi la testa aveva richiesto molta pazienza. Poi Emily volle che Jill la guardasse nuotare, mentre Kacy teneva il broncio in disparte.

Jill uscì dalla piscina insieme agli altri e si avvolse in un asciugamano. Il sole emanava un calore gradito che le ricopriva il corpo.

"Ok, ragazze. Avvicinatevi, mentre riprendiamo fiato," disse Kelly, invitandole con un cenno a raggiungerla e a mettersi in cerchio. "Ho anche dei bastoncini di carota per chi ha bisogno di uno spuntino."

"Niente biscotti?" chiese una delle ragazze.

Kelly sorrise. "Non dopo esserci allenate duramente. E, ragazze, assicuratevi di bere molta acqua."

Le ragazze, molte delle quali stavano già sgranocchiando i bastoncini di carota, si sedettero in cerchio come da istruzioni. Seduta con loro, Jill notò che Kacy non aveva preso una carota finché non lo aveva fatto Emily. Poi, come Emily, ne prese una seconda.

"Oggi abbiamo un nuovo membro del gruppo. Emily, vuoi raccontarci qualcosa di te?"

Le guance chiare di Emily diventarono rosa, ma annuì. "Mio padre è il responsabile di tutti i giochi. È per questo che sono qui. Ho due fratellini e una sorella. Sono tre gemelli e possono dare molto fastidio. Il mio cane, Mollie, ha appena avuto quattro cuccioli. Tre femmine e un maschio." Scosse la testa. "Non voglio altri bambini a casa mia."

"Hai dei cuccioli! Posso vederli?" squittì Kacy.

"Sì!" gridarono le altre ragazze.

"Mia mamma ha detto che devono stare con la madre. Ora

sono troppo piccoli. Ma alla fine dell'estate mio papà forse me li lascerà portare qui."

"Ottimo," disse Kelly, interrompendo i gemiti che seguirono. "Vediamo. Chi altro vuole raccontarci qualcosa di sé?"

Jill aspettava che Kacy dicesse qualcosa, ma la piccola abbassò lo sguardo a terra e rimase in silenzio.

Il tintinnio di una campana squarciò il silenzio.

"Si mangia!" gridò una delle ragazze. "Andiamo!"

Le otto ragazze si dissero verso il padiglione all'aperto come uno stormo di oche in fuga.

"Grazie per l'aiuto," disse Kelly. "Ricevere attenzioni è prezioso per ciascuna delle ragazze. È molto di più di una semplice lezione di nuoto."

"Sì, lo penso anch'io. Anche alla loro giovane età, le bambine possono essere così crudeli tra loro."

Kelly guardò in lontananza e annuì. "Puoi immaginare che tipo di prese in giro io abbia ricevuto. Essere di queste dimensioni e per di più gay... Che combinazione micidiale."

"Posso immaginare quanto sia stato difficile per te," disse Jill con sincera comprensione. Poteva essere ferita e frustrata dai continui paragoni tra lei e Cristal, ma non era nulla in confronto a quello che Kelly doveva aver passato da bambina.

"Grazie per averlo detto. Il tempo sta cambiando le cose, ma a volte è ancora difficile. Per fortuna, ho una partner meravigliosa che mi ha aiutata a capire che vado bene così come sono." Gli occhi di Kelly si inumidirono. "È stata una benedizione."

"Mi piacerebbe incontrarla prima o poi," disse Jill. "Sto pensando di trasferirmi qui e voglio conoscere più persone possibili. Sono già una fan di Melanie e Susannah."

Kelly scoppiò a ridere. "Sono molto diverse tra loro. Susannah era la proprietaria di questa struttura, finché

Melanie non l'ha comprata con l'ingente somma che ha ottenuto con il divorzio. Per fortuna ha vinto la causa, perché il marito di Susannah l'ha lasciata con una montagna di debiti. Immagino fosse un giocatore d'azzardo."

"Oh, non se l'aspettava?"

Kelly sorrise, poi si rabbuiò. "A volte riesce a prevedere il futuro, ma di sicuro questa le era sfuggita. Conosco Susannah da quando ero piccola. Lei e mia madre sono amiche. Per questo so tante cose su di lei."

La mente di Jill stava girando. Sembrava una comunità molto piccola. Era quello che lei voleva?

"Forza. Andiamo a pranzo. Susannah è bravissima con il cibo, rende meravigliosi i piatti più semplici."

"Un po' di magia, forse?" disse Jill, inarcando un sopracciglio.

Kelly ridacchiò. "Forse sì. Forse sì."

Si incamminarono insieme verso il padiglione.

Mentre osservava il gruppo di bambini che ridevano, parlavano e mangiavano, a Jill si riempì il cuore. Lì si sentiva a suo agio. Anche se con Jay non aveva avuto figli, voleva passare del tempo a insegnare ai bambini. Domani mattina avrebbe chiamato la scuola a New York, per avvisare che aveva deciso di trasferirsi, poi avrebbe fatto domanda di lavoro in Florida.

Alla fine del pranzo, Jill era in piedi con altri due membri dello staff che aveva appena conosciuto e con cui chiacchierava tranquillamente. Jennifer era l'insegnante di arte e tecnica e Mike era responsabile degli sport in acqua, sotto la direzione di Jed.

Lui le si avvicinò. "Ti va bene se Kacy si ferma a casa mia prima di tornare a casa? Così può vedere i cuccioli. Emily l'ha invitata." Fece un sorriso. "Inoltre, credo che tu e Niki andreste molto d'accordo."

"Certo, che bella idea." La cena che aveva programmato poteva aspettare. Quella sera avrebbero mangiato hamburger per cena e forse Brody o Greg sarebbero stati disposti a grigliarli all'aperto.

Perfetto!

CAPITOLO NOVE

A pochi chilometri dalla spiaggia, in una zona residenziale dove vivevano molte altre famiglie con figli, si trovava la casa di Jed e Niki. Era un edificio a due piani che spiccava tra tante abitazioni di un solo piano. L'esterno in stucco marrone era abbellito da un'ampia porta d'ingresso dipinta di turchese.

Jill si fermò davanti alla casa, spense il motore e si rivolse a Kacy. "Non possiamo fermarci troppo tempo. Sono sicura che la madre di Emily è impegnata con i bambini."

Kacy mise il broncio. "Voglio vedere i cuccioli."

"Sì, lo so."

Si avvicinarono alla porta d'ingresso e passarono accanto a un passeggino triplo e a una piccola bicicletta parcheggiata accanto al vialetto. Prima che potessero suonare il campanello, la porta si spalancò e apparve Emily, con un cucciolo che le si dimenava tra le braccia.

"Ciao, venite pure. Mamma e papà sono in cucina."

Jill e Kacy entrarono.

Emily chiuse la porta dietro di loro. "Sbrigati, Kacy. I cuccioli stanno giocando vicino alla piscina. Vieni con me."

Mentre le seguiva, Jill osservava il grande spazio aperto su un lato, che sembrava essere un'enorme soggiorno. Dall'altra parte del corridoio, notò un bagno e forse uno studio con scaffali pieni di libri ai lati di una grande televisione.

Emily le condusse in cucina e poi continuò a camminare con Kacy fino a una stanza sul retro della casa, accanto a porte scorrevoli in vetro che si aprivano su una piscina circondata da un ampio patio.

"Ciao," disse Jed. "Sono contento che siate venute." Si mise di fronte a Jill, teneva in braccio una bambina con i capelli biondo rossiccio che aveva sicuramente preso dalla madre e stava sollevando un bambino da un seggiolone.

La madre di Emily si voltò verso Jill. Di altezza media, era una bella donna, con morbidi riccioli rossi, occhi color nocciola e un sorriso luminoso.

"Ciao, io sono Niki." Strofinò la pancia del bambino. "Lui è Luke. Jed tiene in braccio Nina e quello nel seggiolone centrale laggiù è Mark. Farà i capricci se non gli do da mangiare. Ecco, puoi tenere in braccio Luke?"

Prima di poter spiegare che non aveva molta esperienza con i bambini, le fu consegnato Luke. Jill lo tenne in braccio con imbarazzo, poi disse: "Non sono abituata a bambini di questa età."

Niki le sorrise. "Credimi, stai andando benissimo. Appena avrò finito con Mark, potremo mettere i bambini nella sala dei giochi e sederci a parlare."

Luke cominciò ad agitarsi. Siccome non sapeva cos'altro fare, Jill lo dondolò tra le braccia e iniziò a fargli dei versi stupidi. Il viso del piccolo si illuminò di piacere. Jill rise quando lui si avvicinò e le strinse il naso.

"Meglio stare attenti," avvertì Jed. "Luke ama stuzzicare i nasi. A volte fa male."

Jill prese il braccio di Luke e fece dei cerchi nell'aria, tenendo la piccola mano il più lontano possibile dal proprio naso. Anche se aveva messo la crema abbronzante, il sole del pomeriggio le aveva scottato il viso. Luke urlò di gioia e agitò in aria il braccio libero, preso dal gioco che Jill stava facendo con lui. Dal seggiolone, Mark imitò il rumore e Nina si unì a lui, felice di unirsi al coro di grida.

Poi Jill immaginò come dovesse essere la vita quotidiana con tre gemelli e si mise a ridere. "Come fate?" chiese, spostando lo sguardo da Niki a Jed.

I due si scambiarono un'occhiata divertita e si rivolsero a Jill. "Un minuto, un'ora, un giorno alla volta," disse Niki. "Quando è nata Emily, ero attenta a ogni piccolo dettaglio. Con questi tre, ho imparato che i bambini sono molto più adattabili di quanto pensassi."

Kacy entrò in cucina e trotterellò verso Jill. "Posso avere un cucciolo?"

"Non posso rispondere. La decisione spetta ai tuoi genitori, non a me. Ma diamo un'occhiata." Jill si rivolse a Niki. "Va bene se porto Luke a vedere i cuccioli?"

"Certo," rispose Niki, "ma tienilo forte. Si contorcerà e cercherà di scendere."

Jill seguì Kacy nella stanza accanto e osservò quattro piccoli fagotti di pelliccia bianca e grigia che si azzuffavano tra loro mentre la madre li guardava.

"Che cuccioli adorabili." Jill si chinò per dare un'occhiata più da vicino e fu quasi sbilanciata dal bambino che si agitava tra le sue braccia. "Ehi! Fermo, Luke."

Jed entrò nella stanza dietro di lei. "Ecco, lo prendo io. I genitori di Niki arriveranno presto per dare una mano. Vai pure a vedere i cuccioli. Se ne vuoi uno, ti faccio un ottimo prezzo." Prese Luke in braccio e le sorrise.

"Porterai a casa un cucciolo?" chiese Kacy, con la voce acuta di eccitazione. "Posso aiutarti a sceglierne uno?" Indicò uno dei cagnolini, che erano intenti ad azzuffarsi. "Quello. Voglio quello."

"Piano," disse Jill, ridacchiando dolcemente. "Prima devo trovare un lavoro e un posto dove vivere."

"Stai cercando un lavoro da insegnante?" domandò Jed, con le sopracciglia alzate per la sorpresa.

"In effetti sì. Ho deciso di fare dei cambiamenti nella mia vita e sto cercando un posto come insegnante in una scuola elementare. Lavoro alla scuola materna, ma ho insegnato anche in quarta elementare. Conosci qualche scuola in cerca di personale?"

"Forse," disse Jed. "Lascia che ci pensi, poi ti farò sapere. Se non dovesse saltare fuori nulla, suggerirei di firmare come supplente."

"Sì, ho pensato anche a quello." Aveva già provato a fare la supplente, ma non le era piaciuto.

Niki entrò nella stanza. "Sono arrivati i miei genitori, Jed. Potresti portare Luke da loro, così parlo un po' con Jill?"

Dopo che Jed se ne fu andato, Niki disse a Emily: "Perché non mostri a Kacy la tua stanza? Io e Jill saremo fuori in piscina, se avete bisogno di noi."

I cuccioli, ormai esausti, si accoccolarono l'uno accanto all'altro in un mucchio soffice e si sistemarono per un pisolino vicino alla madre, che sembrava tranquilla con Jill quanto Niki lo era con i propri figli.

Uscirono insieme verso un tavolo protetto da un ombrellone e si sedettero su due delle quattro sedie che lo circondavano.

"Ufff! Finalmente un attimo di respiro," disse Niki con un sorriso. "Ora raccontami tutto di te. Jed mi ha già accennato di averti conosciuta e ha pensato che ci saremmo piaciute a vicenda. È stato difficile per me fare nuove amicizie, con tutto quello che c'è da fare in famiglia."

"Sono stata insegnante per diversi anni nella città in cui vivo, a nord di New York. Sono stata sposata per due anni, finché mio marito non è rimasto ucciso in un incidente automobilistico."

"Mi dispiace tanto," disse Niki con dolcezza.

Jill fissò la sua espressione comprensiva, inspirò profondamente e lasciò uscire l'aria lentamente. Aveva smesso di nascondersi. "In realtà, era molto violento con me."

Fu una bella sensazione essere stata onesta, la liberò dal passato e dal brutto segreto che aveva nascosto.

Niki girò intorno al tavolo e le strinse la mano. "Sono felice che ti sia sentita di dirmelo."

"Grazie. L'ho tenuto nascosto per molto tempo. Ora sto facendo del mio meglio per essere onesta al riguardo. Soprattutto perché ho deciso di trasferirmi qui e ricominciare da capo."

"Ammirevole," disse Niki. "Noi vivevamo fuori Boston, in una piccola città lungo la costa meridionale. Pensavo che la Florida non mi sarebbe piaciuta, ma la adoro. È un posto fantastico per crescere i bambini ed è salutare anche per loro poter stare all'aria aperta ogni giorno."

"Jed mi ha detto che sei qui perché i tuoi genitori vivono vicino."

Niki si lasciò scappare un sorriso ironico. "Mia madre mi ha assillata finché non sono rimasta incinta di Emily. Poi, quando abbiamo provato senza successo ad avere un altro figlio, mi ha incoraggiata a fare la fecondazione in vitro." Niki ridacchiò. "Ora le dico che è il minimo che io conti su di lei per aiutarmi. Le piace molto."

"Sei figlia unica?" le chiese Jill.

"Ho un fratello di un paio d'anni più grande di me." I suoi occhi castani brillarono. "In effetti, mi piacerebbe che un giorno lo conoscessi. Ho la sensazione che voi due possiate essere compatibili. Anche lui è stato sposato ma ora è single. Sua moglie era molto difficile, molto egoista. Per quanto possa sembrare terribile, sono felice che si sia liberato di lei."

Jill stava per commentare quando fu fermata da Kacy ed Emily che correvano verso di loro.

"Kacy può restare a cena?" Emily chiese alla madre.

Nel vedere l'esitazione sul volto di Niki, Jill disse: "Facciamo così, ragazze, perché invece non invitiamo Emily a cena da noi?"

Niki sorrise. "Sarebbe bello."

"Riporterò Emily a casa verso le otto."

Il volto di Niki si illuminò di piacere. "Forse Jed e io possiamo cenare insieme in tranquillità mentre i miei genitori mettono a letto i bambini."

Jill si rivolse alle ragazze. "Ok, Kacy, è deciso. Emily verrà a casa nostra e resterà per cena."

Kacy spalancò gli occhi. "Dici davvero, Jill? Emily può venire a cena?"

"Sì. Forse questa sarà la prima di molte altre volte," disse Jill, rendendosi conto che la madre di Kacy non avrebbe permesso alle amiche della piccola di restare a cena; quindi rivolse alla bambina un sorriso incoraggiante e si alzò.

"Credo che dovremmo andare. So che ci sono due uomini affamati che aspettano la cena."

"Prima di andartene, vieni a conoscere i miei genitori," disse Niki alzandosi dalla sedia.

Dopo averli presentati, Jill apprese che Dave Beachum aveva lavorato nel settore assicurativo e che, dopo essere stato tanto impegnato, stava trovando la vita da pensionato un po' noiosa. Sua moglie, Carolyn, amava partecipare alle attività sociali e si teneva occupata con la famiglia mentre il marito giocava a golf. Entrambi adoravano i loro nipoti.

Alla fine della loro breve conversazione, Niki disse: "Jill si trasferirà qui. Penso che Charlie dovrebbe conoscerla."

Due paia di occhi si rivolsero verso Jill.

Invece di sentirsi a disagio come faceva di solito quando qualcuno le proponeva di conoscere un uomo, Jill si rilassò. Con una sorella come Niki e dei genitori tanto simpatici, Charlie non poteva essere un cattivo ragazzo. E se Jill voleva davvero cambiare la propria vita, doveva avvicinarsi a nuove persone.

Carolyn posò lo sguardo su Jill. "Sì, dovrebbe conoscerlo," disse con una decisione che Jill trovò lusinghiera. "Potrebbero andare d'accordo."

Kacy strinse la mano di Jill. "Possiamo andare ora?"

Jill sorrise all'impazienza di Kacy. "Emily, sei pronta?"

Emily diede un bacio alla madre prima di abbracciare i nonni. "Vado a cena a casa di Kacy," annunciò loro con orgoglio. "È la mia nuova migliore amica."

"Molto bene. Per tutte e due." Carolyn sorrise alla nipote e fece un rapido occhiolino a Jill.

Le due bambine uscirono di casa correndo e raggiunsero l'auto di Jill. Nel guardarle, il cuore di Jill si riempì di felicità. Era contenta che Kacy, che sembrava tanto simile a lei, avesse già trovato un'amica. Anche lei ne aveva trovata una.

Jill entrò nel vialetto del Seashell Cottage preoccupata all'idea che Brody potesse considerare l'invito a Emily come un oltrepassare i limiti.

Parcheggiò l'auto e rise con dolcezza mentre Kacy ed Emily correvano intorno alla casa verso il portico.

Quando si avvicinò alla facciata del cottage, entrambe le ragazze stavano chiacchierando con Brody e Greg.

Brody la guardò con occhi interrogativi.

"Spero che non ti dispiaccia... ." Jill iniziò.

"È fantastico che tu abbia invitato Emily qui," disse Brody prima che lei potesse finire. Lo scintillio negli occhi dell'uomo le disse quanto lui fosse toccato dal gesto.

"Mostrerò a Emily le mie conchiglie," annunciò Kacy. "E poi ne cercheremo altre. Va bene, Jill?"

Sorpresa ma soddisfatta del fatto che la bambina avesse rivolto a lei quella domanda, Jill lanciò un'occhiata a Brody e disse: "Sembra perfetto. Ci vorrà un po' prima che la cena sia pronta."

Le ragazze si precipitarono dentro e lasciarono Jill da sola con gli uomini.

"Non ricordo l'ultima volta che ho visto Kacy così eccitata," disse Brody con tenerezza. "Non potrò mai ringraziarti abbastanza."

"Emily e i suoi genitori sono persone squisite. Si sono trasferiti qui diversi mesi fa dalla zona di Boston e con tre gemelli in casa, né Jed e Niki né i genitori di lei, hanno avuto molto tempo per socializzare al di fuori della famiglia."

"Tre gemelli?" chiese Greg. "È un bel fardello."

Jill si sedette sul dondolo. "È incredibile. Sia Jed che Niki sembrano genitori così calmi ed esperti."

"Mi piacerebbe conoscerli un giorno o l'altro. Soprattutto se le ragazze continueranno a frequentarsi," disse Brody.

"Forse potremmo invitarli a cena una sera, quando i genitori di Niki si prenderanno cura dei tre gemelli." Appena lo disse, Jill si rese conto di quanta strada avesse fatto. Erano anni che non aveva ospiti a casa. Jay aveva dichiarato che non gli piacevano gli amici di Jill e, dopo la morte del marito, lei si era sentita incapace e inutile; non era riuscita a liberarsi dall'immagine che Jay aveva di lei.

"Cosa c'è per cena? Abbiamo tempo per un bicchiere di vino?" chiese Greg, alzandosi in piedi.

"Sì, certo. Mangeremo degli hamburger. Spero che qualcuno di voi sia disposto a cuocerli alla griglia mentre io preparo il resto. Chi ne ha voglia?"

Brody alzò la mano. "Lo farò io. Ti devo molto per aver reso Kacy così felice."

Anche se lo avrebbe fatto per qualsiasi bambina bisognosa di amicizie, Jill fu attraversata da una scarica di piacere quando lo sguardo di approvazione di Brody si posò su di lei.

CAPITOLO DIECI

I giorni successivi passarono in fretta, mentre tutti a casa si abituavano alla nuova routine. Kacy aveva ancora dei momenti di testardaggine e a volte cercava il conflitto, ma con un'amica come Emily capì che essere scontrosa non era il comportamento giusto e a casa che nessuno in casa le avrebbe permesso di farla franca.

Al lavoro, Jill scoprì che le piaceva aiutare Melanie in ufficio. Quando l'anziana signora si offrì di prestarle una serie di libri sulla psicologia infantile, Jill accettò volentieri. Una sera, mentre era seduta in veranda, decise di chiedere a Brody cosa ne pensasse del libro che stava leggendo. Susan B. James aveva scritto un testo meraviglioso sui fratelli e sui problemi che potevano incontrare vivendo in una famiglia alla quale non si sentivano di appartenere. Jill ne era rimasta colpita e aveva bisogno di parlarne con qualcuno.

Quando Brody la raggiunse in veranda, Jill approfittò di quel momento per avvicinarsi a lui. "Ti dispiace se ti faccio qualche domanda sul libro di Susan B. James che sto leggendo?"

"È quello sui fratelli?" chiese con aria molto interessata.

"Sì. Melanie mi sta prestando diversi libri molto intriganti. Questo è uno. Lo conosci?"

"In effetti sì. È uno dei miei preferiti. Le famiglie sono affascinanti. A volte sono un supporto, a volte no. Se ci pensi, si nasce in una famiglia. Ma non significa sempre che piaccia farne parte o che si sceglierebbe un fratello come amico."

"Quello che dici ha senso, ma pensarla così mi ha sempre

fatto sentire in colpa. Pensi che sia salutare riconoscere questi fatti, o credi che alimentino in chi ne ha coscienza qualcosa di non necessariamente bello?"

Brody la studiò. "Credo che sia giusto provare certi sentimenti. Con alcuni dei ragazzi con cui lavoro a scuola, ho scoperto che molti di loro hanno dei motivi per sentirsi così. La disintegrazione della famiglia come unità è un problema molto reale."

"La società è cambiata," commentò Jill.

"Sì, è cambiata molto. Parlo di famiglie in cui i genitori sono troppo occupati, troppo pigri o troppo poco lucidi per trovare il tempo di occuparsi dei figli in modo adeguato."

Jill capì quanto Brody fosse sincero dal modo in cui lui aveva stretto i pugni. "Hai mai dovuto affrontare i genitori o denunciare abusi su minori?"

Brody annuì. "Ho telefonato ai servizi sociali per alcuni bambini e di tanto in tanto ho cercato di parlare con i genitori. Per lo più, ascolto e consiglio i ragazzi dell'ultimo anno di liceo sulle scelte da prendere. Ma tu volevi parlare di fratelli e sorelle. Ne hai?"

"Una sorella maggiore che è tanto diversa da me quanto possono esserlo due sconosciuti," disse Jill, ma odiò il tono di sconfitta nella propria voce. "Dopo aver letto il libro, mi chiedo se sia meglio far emergere queste differenze e affrontarle, oppure andare avanti sapendo che nessuna di noi due sarà mai vicina all'altra."

"Mmmh. Penso che sia sempre saggio tirare fuori i sentimenti e affrontare le conseguenze in modo sicuro." Sorrise. "Allora, questa tua sorella è brutta e stupida, eh?"

Jill rise. "È solare e bella."

"... E?"

"... Ed è tutto ciò che dirò, per il momento. Ma penserò alla nostra conversazione e quando sarà il momento, vorrei potermi sedere e parlare con lei di una serie di argomenti."

"Mi sembra giusto," disse Brody tranquillamente. "Non ho fratelli e ho sempre desiderato averne uno. Sono nato tardi e, purtroppo, entrambi i miei genitori sono deceduti. Si può dire che sono un solitario."

"È per questo che volevi altri figli?"

"In parte. Ma Allison non lo avrebbe mai preso in considerazione."

"Un tempo pensavo di volere molti bambini. Ma quando ho scoperto il lato oscuro dell'uomo che ho sposato, ho capito che non volevo figli da lui." Jill fece una pausa, ci ripensò e sbottò: "Ora ho ricominciato a pensarci."

Lo sguardo di Brody rimase su di lei, tanto che Jill si pentì di essere stata così aperta.

"Il matrimonio è un'istituzione interessante," disse Brody. "Pensi di conoscere una persona e, dopo averci vissuto insieme per un po', ti rendi conto di non conoscerla affatto."

Jill rimase in silenzio. Sapeva che Brody stava pensando al proprio matrimonio.

Lui scosse la testa. "Una volta mi è bastata. Non voglio passarci di nuovo."

Quelle parole le diedero sollievo. Sarebbero rimasti nella casa per le settimane a venire, ma Jill non avrebbe dovuto preoccuparsi di fare bella impressione, né di presentarsi come una persona diversa. Brody aveva espresso il proprio punto di vista con un tono pacato ma enfatico che lei riconobbe.

Qualche giorno dopo, Emily e Kacy si stavano asciugando dopo il bagno nella piscina del cottage quando Kacy disse: "Voglio i capelli corti come quelli di Emily."

Sorpresa, Jill si raddrizzò sulla sedia a sdraio su cui stava riposando. "Pensavo che ti piacessero lunghi."

Kacy scosse la testa. "Non più. Me li taglieresti?"

"Se li vuoi tagliare, devi andare da un parrucchiere. Ma non si può fare nulla senza l'approvazione di tuo papà."

"Ok, glielo chiedo subito," disse Kacy. Lei ed Emily si precipitarono in casa.

Pochi istanti dopo, Brody e le ragazze si diressero verso di lei.

"Digli di sì, Jill," gridò Kacy, mentre saltava su e giù per l'eccitazione.

"Cosa ne pensi, Jill? So che ad Allison piacciono i capelli lunghi di Kacy, ma vedo quanto sia difficile prendersene cura dopo che Kacy ha fatto il bagno, tipo adesso."

"La decisione non spetta a me, ma sono d'accordo con te. È difficile gestire quei riccioli quando sono bagnati o appiccicati dall'aria salata." Mosse lo sguardo da Kacy a Emily e viceversa. "È anche una questione di amicizia," disse a Brody con dolcezza.

"Ok, Kacy, dico di sì. Jill, conosci qualcuno che possa tagliare i capelli a una bambina?"

"Sono sicura che Niki può darci un consiglio. Glielo chiederò." Prese il telefono e selezionò il numero. Dopo averle spiegato ciò di cui Kacy aveva bisogno e aver ottenuto il numero di telefono di una donna specializzata nel taglio dei capelli dei bambini, Jill ringraziò Niki e si rivolse a Brody. "Niki dice che Ronnie di Kids' Kuts fa un ottimo lavoro."

Brody le fece un piccolo cenno. "Ok, grazie. Li chiamerò."

Mentre rientrava, le due bambine gli si misero dietro come pulcini pigolanti che seguono la chioccia.

Jill e Niki rimasero al telefono a chiacchierare, finché la mamma non fu richiamata dal suono di un pianto.

Ma anche dopo la fine della telefonata, Jill si sentì colma di calore. Niki sembrava apprezzare la loro crescente amicizia tanto quanto la apprezzava lei.

###

Il pomeriggio successivo, Jill era seduta al Kids Kuts in attesa che Ronnie finisse di sistemare i capelli di Kacy. Le istruzioni di Brody erano di fare tutto il necessario perché fossero facili da gestire. Jill osservò le lunghe ciocche cadere a terra e il modo in cui i capelli rimasti si arricciavano dolcemente intorno al viso di Kacy, al che si rese conto di quanto il nuovo stile fosse adatto a lei. Il piccolo viso, diventato più magro a causa dei pochi chili persi, era splendidamente incorniciato dai riccioli schiariti dal sole.

"Ecco fatto," annunciò Ronnie, che girò la sedia in cerchio in modo che Kacy potesse guardarsi allo specchio. "Ti piace?"

Gli occhi di Kacy si illuminarono. "Sì, ma mia madre si arrabbierà con me."

"Ricorda, questa è una decisione che avete preso sia tu che tuo padre. Finché vivi in Florida, vuole che tu sia felice."

Sul viso di Kacy apparve un sorriso che scacciò lo sguardo preoccupato. Si accarezzò i capelli. "Mi piacciono. Ora io ed Emily siamo gemelle."

Ronnie e Jill si scambiarono uno sguardo divertito, ben sapendo che le due bambine non si somigliavano affatto.

"I capelli ti stanno bene," disse Ronnie. "Sarai molto felice di averli tagliati. Saranno molto più facili da gestire."

"Mi piacciono," disse Jill, sorridendo a Kacy. "Sono sicura che piaceranno anche a papà."

Kacy saltò dalla sedia al pavimento e fissò i mucchi di riccioli. Quando alzò lo sguardo, gli occhi erano di nuovo lucidi.

Jill si avvicinò e diede una pacca sulla spalla di Kacy. "Non preoccuparti. Sono sicura che la mamma capirà."

Kacy scosse la testa. "No, si arrabbierà." Raddrizzò la schiena. "Ma non mi interessa."

Il viaggio di ritorno al cottage fu tranquillo. Kacy fissava fuori dal finestrino persa nei suoi pensieri. Jill lasciò perdere. Brody si sarebbe occupato delle preoccupazioni della figlia. Lei aveva detto tutto quello che poteva per rassicurare Kacy.

Pochi istanti dopo che Jill aveva parcheggiato nel vialetto, Kacy era scesa dall'auto ed era corsa verso l'ingresso. Jill uscì sul vialetto. Incapace di resistere, si avvicinò a una delle piante di bouganville vicine e si chinò ad ammirare un fiore rosa. Le piacevano tutti i fiori colorati e il verde di quella zona subtropicale. Le palme alte erano le sue preferite. Le piaceva ascoltare il suono delle loro fronde che sussurravano nella brezza, come se si stessero confidando segreti l'una con l'altra. Le piaceva anche quando quel suono si trasformava in un rumore irritato per il disturbo che creavano i temporali pomeridiani.

Alzò lo sguardo mentre Brody e Kacy si avvicinavano a lei.

Sorridendo, disse: "Che ne pensi, Brody? Kacy non è adorabile?"

"Sì, infatti." Avvolse un braccio intorno a Kacy. "Ora la mia bambina li vorrebbe mostrare alla sua migliore amica." Un sorriso sbilenco gli illuminò il volto. "Andiamo a casa di Emily, ma tornerò in tempo per la cena. Non vedo l'ora di passare una bella serata rilassante. Abbiamo finito di dipingere l'interno della casa. Presto inizieremo fuori."

"Come se la cava Greg con tutto questo lavoro?"

"Sta facendo del suo meglio per essere utile, ma non gli è facile con il braccio ingessato. Sta cercando di convincermi a fare pratica qui e ad aiutarlo part-time con la sua attività in crescita."

"Davvero?" L'idea la sorprese.

"Gli ho detto di no, forse in futuro, ma non ora. Non prima di aver sistemato alcune faccende." Lanciò un'occhiata a Kacy.

Comprendendo il messaggio nascosto, Jill annuì.

"Andiamo, papà." Kacy prese la mano del padre e la strattonò.

"Meglio sbrigarsi," disse Jill. "So che una ragazza ansiosa sta aspettando di vedere il nuovo look della sua amica."

Si mise a ridere. "Le donne! Cominciano già così giovani."

"E lo facciamo solo per voi uomini," lo stuzzicò, condividendo con lui la risata che ne seguì.

Jill li salutò e si avviò verso la spiaggia, si tolse i sandali ed entrò nel bordo spumoso dell'acqua riscaldata dal sole. Le onde si sollevavano e si ritiravano, accarezzandole le caviglie con il loro tocco salato. Guardò la distesa d'acqua blu e si sentì come se fosse all'inizio della sua nuova vita.

Mentre la natura continuava a circondarla, Jill lasciò che i pensieri andassero alla deriva. Per quanto potesse sembrare strano agli altri, misurava i progressi nella propria vita con quelli di Kacy. Una madre dominante e critica poteva fare molti danni. Giurò a se stessa che sarebbe stata una madre gentile se un giorno avesse avuto dei figli.

"Attenzione!" Una voce acuta la sottrasse a quelle fantasticherie in tempo per schivare un frisbee diretto proprio verso di lei.

"Mi dispiace," disse un ragazzo adolescente.

"Non c'è problema," rispose, ricordando quanto velocemente tutto potesse cambiare. Tornò a casa, chiedendosi quali cambiamenti le riservava il futuro.

Brody tornò a casa da solo. "Kacy rimane a cena dai Carter."

"Com'è andata?"

Lui sorrise e alzò il pollice. "A Emily è piaciuto il nuovo stile di Kacy. Ha prontamente accettato l'idea che lei e Kacy fossero sorelle speciali, se non gemelle."

"È meraviglioso che abbiano legato subito in questo modo. Spero che rimarranno amiche. Sono adorabili insieme."

"Sì. Emily è una bambina fantastica. Jed e Niki sono genitori meravigliosi. Ho parlato un po' con Niki. Le piaci molto, Jill."

"Anche lei mi piace," rispose Jill. "Abbiamo già deciso di trovare il tempo per vederci. Anzi, come ho suggerito prima, forse potremmo invitare Jed e Niki qui a cena."

Brody si accarezzò lo stomaco. "A proposito di cena... "

Jill rise. "Non ti preoccupare, cowboy. Non ho ancora deciso cosa preparare. Pensavo a una bistecca... "

"La faccio alla griglia," disse Brody, interrompendola.

"Va bene," disse Jill. "Siamo d'accordo. Fammi controllare con Greg."

"Dov'è?" chiese Brody mentre si guardava intorno.

"Nella sua stanza. Ha detto che doveva darsi una ripulita."

Lasciò Brody in cucina, andò alla porta di Greg e bussò.

Greg aprì la porta con un colpo secco e rimase lì a sorridere.

Jill osservò i suoi pantaloni kaki appena stirati, la maglietta da golf e i capelli bagnati dalla doccia. "Caspita! Stai benissimo! Esci?"

"In effetti, sì. Spero di non rovinare i tuoi programmi per la cena, ma una mia amica mi ha chiamato per invitarmi a casa sua. Ho detto di sì."

"Che dolce! Certo, non mi dispiace. Brody sta per grigliare una bistecca che ho comprato in offerta. Ne avanzerà un bel po', se cambi idea."

Lui le diede un rapido abbraccio. "Starò bene. Voi tre godetevi la cena."

"Kacy è da Emily."

Gli occhi di Greg si accesero di malizia. "Allora è perfetto se esco. Tu e Brody potrete passare una bella serata insieme."

"Sai che tra noi non c'è niente," protestò Jill.

"Oh, sì. Me ne ero dimenticato," disse Greg, accennando una risatina mentre si allontanava.

Lo seguì in cucina.

Greg porse a Brody una bottiglia di vino. "Questo è un ottimo cabernet, perfetto con le bistecche alla griglia. Godetevi una serata tranquilla insieme. Io devo incontrare un amico per cena."

"Un'amica," disse Jill, che restò a chiedersi perché Greg fosse tanto diretto nel riferirsi alla serata che attendeva lei e Brody come a una specie di appuntamento. Sapeva benissimo che lei aveva bisogno di tempo per guarire prima di pensare a una relazione con un altro uomo. E Brody aveva detto chiaramente di non volere una relazione seria con nessuno.

"Un'amica donna, eh? Stai parlando di Barb Mitchell?" Brody disse a Greg.

"Proprio lei." Il colore salì sulle guance di Greg. "Lei e Annie erano vecchie amiche."

"Sì, ma credo che voglia qualcosa di più con te, zio Greg. Meglio stare attenti."

"Siamo amici. Tutto qui. Ma non sono uno che rinuncia a un pasto gustoso. È una cuoca meravigliosa."

"Oh!" A Jill sfuggì un leggero rantolo. Si era impegnata a fondo per migliorare la propria cucina, ma aveva bisogno di più pratica.

Greg le sorrise. "Non preoccuparti, Jill, anche tu sei un'ottima cuoca. Ho solo bisogno di una serata fuori."

"Beh, allora è meglio che tu vada," lo stuzzicò Brody. "Ho in programma una serata divertente proprio qui."

Sorridendo ai due, Greg fece un piccolo saluto e uscì dalla stanza.

Brody si girò verso di lei. "Allora? Iniziamo? Non ricordo l'ultima volta che ho avuto il tempo di passare una serata con una bella donna."

Jill decise di stare al gioco. "Nemmeno io ricordo quando sono stata con un uomo bello e gentile."

Brody aprì il vino e lo versò in due bicchieri. Ne prese uno e glielo porse. L'altro lo portò al naso. "Mmmh. Odora di frutti di bosco. Sentiamo."

Jill bevve un sorso e lasciò che il liquido setoso le scivolasse lentamente in gola. Non era un'intenditrice, ma sapeva riconoscere un vino eccellente quando lo assaggiava. Quello era delizioso.

"Cosa ne pensi?" le chiese Brody.

"È ottimo. Forse è meglio cambiare un po' la cena. Se ti occupi di salare la bistecca, possiamo lasciarla riposare mentre io preparo un condimento francese per l'insalata. E magari preparo delle patate arrosto al limone e aglio. È una vecchia ricetta e credo che sarebbe perfetta per un pasto come questo."

"Perfetto," disse Brody. "Sediamoci in veranda e rilassiamoci. È stata un'altra lunga settimana e non è ancora finita."

"Dammi il tempo di infornare le patate e ti raggiungerò."

Poco dopo, Jill uscì nel portico e si sedette su uno dei dondoli. Come sempre accadeva quando si dondolava dolcemente in veranda, sentì sciogliersi le preoccupazioni. Il mondo sembrava in pace.

"Grazie per avermi aiutato con Kacy oggi," disse Brody, seduto accanto a lei. "Sei stata bravissima a passare del tempo con lei. Credo che i nostri sforzi stiano dando dei frutti. È già una ragazza molto diversa da quella che è arrivata qui. Spero che continui così. Ho deciso di chiedere ad Allison di lasciare che Kacy viva con me."

"Ma Allison la terrebbe qualche volta, giusto?"

"Certamente," affermò Brody. "La presenza di una madre è importante. E man mano che cresce, diventerà importante per lei e Kacy condividere tutti quei lati femminili di cui noi ragazzi non sappiamo nulla."

Jill insistette con una domanda che le pungolava la mente. "Che cosa è successo ad Allison? È sempre stata così difficile come sembra? Kacy ha vissuto un momento di grande emozione quando si è vista per la prima volta con i capelli tagliati. Aveva paura che sua madre si sarebbe arrabbiata con lei."

Brody sospirò. "Allison è cresciuta in povertà e ha idee particolari su come certe persone dovrebbero apparire e comportarsi, idee che non facevano parte della sua vita. Il denaro e gli oggetti materiali sono importanti per lei. Ha conosciuto Marcus a una riunione medica a cui abbiamo partecipato e, credimi, quando ha capito quanto fosse ricco, non ha esitato a seguirlo. Lui ha colto al volo l'occasione. È una donna bellissima."

"Kacy sta attraversando una fase difficile, ma un giorno anche lei sarà bellissima."

"Sì, ma spero che sarà una persona molto diversa da sua madre." Brody fissò l'acqua. "Questo non dice molto su come io mi sia messo in testa che noi due avremmo potuto stare insieme. E poi avrei dovuto capire che non sarei mai stato in grado di darle tutto quello che voleva."

"È una valutazione piuttosto severa di te stesso," disse Jill, ricordando la facilità con cui si era fatta abbindolare da un uomo che si era poi rivelato l'esatto contrario di ciò che lei pensava.

Brody la guardò e sorrise. "Sono felice che possiamo parlare apertamente del nostro passato. È raro che io mi apra su questo tema ed è una sensazione esaltante."

"Facciamo una passeggiata? Trovo che anche questo sia utile."

Brody posò il bicchiere di vino e le porse la mano.

"Signorina, vuole camminare con me?"

Jill rise, si alzò, fece un piccolo inchino e gli prese la mano. "Grazie, gentile signore."

Camminarono sulla sabbia ancora calda del sole pomeridiano. Mentre si muovevano facilmente l'uno accanto all'altra, a passi uguali, non si parlarono. Jill non si era mai sentita tanto a suo agio con un uomo. Non ci si aspettava da lei nulla che andasse oltre l'amicizia.

Brody si girò verso di lei e sorrise. "Bello, eh?"

"Molto bello," rispose lei con tutto il cuore.

CAPITOLO UNDICI

Mentre tornavano a casa, il sole all'orizzonte cominciava ad abbassarsi. Le nuvole erano color giallo pallido, ma al momento del tramonto sarebbero diventate di un rosa e un arancione più accesi. "Oggi è così umido che mi tuffo in piscina prima di preparare la cena. Ti va bene?" Jill disse a Brody.

"Ottimo per rinfrescarti. Io farò uno sforzo e proverò a risolvere qualche problemino."

Jill lo guardò uscire, ne osservò l'andatura disinvolta e il sedere sodo e si chiese come sarebbe stato fare l'amore con lui. Sorpresa da quei pensieri inaspettati, accantonò l'idea oltraggiosa.

In camera sua, si tolse i vestiti e indossò il costume da bagno rosa. La sua nuova vita lì le avrebbe dato l'opportunità di fare una cosa tanto semplice: una nuotata in piscina dopo una passeggiata sulla spiaggia.

Le squillò il cellulare mentre prendeva un asciugamano. Si fermò per recuperarlo e vide un numero che non riconobbe.

"Pronto? Parlo con Jillian Conroy?" disse una voce profonda.

"Sono io."

"Salve, sono Charlie Beachum, il fratello di Niki Carter. Sarò in città e Niki dice che dovremmo incontrarci. Mi chiedevo se ti potessi portare a cena venerdì prossimo."

Le dita di Jill si raffreddarono. Aveva avuto solo due appuntamenti nell'ultimo anno ed erano stati entrambi dei disastri, con i ragazzi che chiedevano più di quanto lei fosse pronta a dare. Non era sicura di potersi fidare di nuovo.

"Mi piacerebbe andare al ristorante di Gavin al Salty Key Inn. Il loro cibo è ottimo ed è un bel posto dove sedersi e parlare," continuò lui.

Jill ricordò a se stessa quanto fosse importante la nuova amicizia con Niki e deglutì a fatica. "Sembra una buona idea. Grazie."

"Passo a prenderti alle sette, se per te va bene." Lui sembrò felice e Jill fu improvvisamente contenta di aver detto di sì.

"È perfetto. Sarò pronta. Grazie."

"No, grazie a te! Niki mi avrebbe rinfacciato a vita se non ti avessi chiamato. E tutti noi vogliamo bene a Niki," disse con una voce affettuosa.

"Questo è vero. Ci vediamo venerdì."

Jill chiuse la chiamata, sperando di non aver commesso un errore.

Fuori, seduta in piscina, mentre chiacchierava con Brody, la tensione per l'appuntamento imminente si allentò. Se poteva parlare in quel modo con Brody, non doveva preoccuparsi della serata con Charlie. Le aveva solo chiesto di uscire a cena, santo cielo.

"Come va la ricerca della casa?" le chiese Brody in quel momento.

"Non ho ancora parlato con un agente immobiliare locale. Sto solo consultando gli annunci sui giornali. Quando avrò venduto casa mia, inizierò a indagare seriamente. L'estate è un ottimo periodo per cercare."

Lo sguardo di Brody si posò su di lei con aria interrogativa. "Hai davvero intenzione di continuare? Un grande cambiamento come questo? È una mossa piuttosto coraggiosa."

Lei si fermò e poi si raddrizzò. "Sì, è vero, ma devo. Probabilmente avrei dovuto fare una cosa del genere anni fa."

"Comprensibile. È così facile rimanere bloccati in una situazione e pensare che non ci sia via d'uscita."

Brody si alzò dai gradini della piscina e partì, nuotò per tutta la lunghezza della vasca e poi fece un altro giro con bracciate lunghe e fluide. Nel guardarlo, Jill si chiese come facesse a far sembrare tanto facili i compiti più difficili. Era un mago nel sistemare la casa, lavorava tranquillamente accanto a Greg e faceva un lavoro perfetto con naturalezza.

"Credo sia meglio che esca e accenda la griglia. Io ho fame. Tu?"

"Sì... e avrei bisogno di un altro bicchiere di vino. Come ci ha detto Greg, è delizioso."

Uscì dalla piscina, consapevole del proprio corpo non perfetto. Ma quando si voltò, Brody la stava studiando con occhi pieni di ammirazione. I loro sguardi si incontrarono. Il calore le inondò le guance. Non si era mai sentita particolarmente attraente, soprattutto dopo il matrimonio. A vedere la reazione di Brody, si sentì come un'adolescente timida che cercava un modo per restare indifferente mentre il capitano di football le passava accanto nel corridoio della scuola. Prese un asciugamano per coprirsi.

Lui le rivolse un sorriso malizioso mentre usciva dalla piscina. "Ho deciso che mi piace il rosa. Tu con quel costume... " La frase si interruppe bruscamente allo squillo del cellulare. Sollevò il telefono. "Pronto?"

Mentre Jill si asciugava, non poté fare a meno di ascoltare la conversazione. "Certo. Passo a prenderla domattina. Forse a Emily piacerebbe passare la giornata qui. Io mi prendo il pomeriggio libero, così le porto al cinema. Kacy me ne ha parlato. Ok, ci vediamo allora. Grazie."

Brody chiuse la chiamata e si girò verso di lei con un grande sorriso. "Sembra che avremo tutta la serata per noi. Kacy passerà la notte da Emily." Lo sguardo che le rivolse le fece capire che era felicissimo.

A Jill si agitò lo stomaco, tanto tanto che le sembrò di avere dentro uno stormo di farfalle che cercavano di liberarsi. In piedi, con solo il costume da bagno, Brody era adorabile... e molto sexy. Jill si schiarì la gola, che era diventata secca. "Se accendi la griglia, inizierò il resto della cena non appena mi sarò cambiata."

"Affare fatto." Si avvolse un asciugamano intorno alla vita e la seguì all'interno.

Davanti allo specchio del suo bagno, Jill contemplò l'immagine che aveva davanti. Il suo corpo non era magro, né grasso, ma piacevolmente arrotondato. Secondo alcuni standard, avrebbe dovuto perdere peso, ma era improbabile che diventasse una modella e, francamente, non aspirava a diventarlo. Si chiese per quale ragione le donne avessero cominciato a sentirsi a disagio per il proprio aspetto. Sembrava che agli uomini non importasse non essere "perfetti".

Si tamponò i capelli con un asciugamano e li lasciò andare in tutte le direzioni. Frederick li aveva definiti "arruffati". Mise un po' di mascara e di ombretto, che, sempre a detta del parrucchiere, completavano il look. La sua pelle, notò, stava diventando di un marrone tenue per via del sole. Non si era mai sentita meglio.

Vestita con pantaloncini e canottiera, si infilò in cucina, impaziente di passare del tempo con un uomo che le piaceva.

Quando entrò nella stanza, lui la guardò e sorrise. "Ho versato un altro bicchiere di vino ciascuno e la griglia è accesa. Quindi, il resto è nelle tue mani."

"Grazie. Una semplice insalata va bene? Le patate arrosto dovrebbero essere pronte a breve."

Dopo aver controllato la teglia, sembrò naturale che entrambi si dirigessero verso la veranda. Per quanto la spiaggia fosse invitante per passeggiare o correre, il portico era il luogo perfetto per sedersi a guardare gli altri e godersi l'ambiente lussureggiante.

"Cosa penseresti se un giorno io fossi interessata a creare un campo estivo tutto mio?" disse Jill. "Potrei insegnare durante l'anno scolastico e gestire un campo per bambini speciali durante i mesi estivi."

Brody corrugò la fronte perplesso. "Cosa intendi per 'bambini speciali'?"

"Ragazzi che sono stati vittime di bullismo, ragazzi che hanno bisogno di una maggiore sicurezza in se stessi, ragazzi che hanno bisogno di vivere alcune esperienze che li aiutino a costruire la loro fiducia."

"Proveresti ad appoggiarti al sistema scolastico locale?"

"Sì, è quello che ho pensato."

Brody si strinse il mento con la mano destra e guardò il golfo dove volteggiavano i gabbiani, con le ali bianche contro il cielo che si stava oscurando. "Qualcosa del genere potrebbe essere di grande aiuto per certi ragazzi. Io lavoro con i più grandi attraverso la scuola, ma per conto mio sto con i più piccoli mentre assisto uno dei miei amici che allena a calcio. A loro piacerebbe molto un'opportunità del genere. Si potrebbe anche fare domanda per una sovvenzione che contribuisca al finanziamento."

Il battito di Jill accelerò per l'emozione. Quel progetto avrebbe dato un senso alla propria vita. Avrebbe aiutato gli altri mentre guariva se stessa.

Il timer del forno fece scattare Jill in piedi. "Le patate sono pronte. Che ne dici di cucinare la bistecca mentre io riempio i bicchieri d'acqua e preparo l'insalata?"

"Certo." Brody si alzò in piedi e la seguì all'interno.

"C'è un profumo delizioso," commentò mentre si dirigevano in cucina.

"Le patate al forno sono un classico per le cene a casa," aggiunse Jill.

Brody andò al bancone dove aveva lasciato la bistecca a marinare. "Credo che ci vorranno circa dieci minuti, minuto più minuto meno. La griglia è bella calda."

"Sarò pronta," disse lei, colpita dal modo in cui lui aveva accettato il ruolo di mastro grigliere.

Vivendo nella stessa casa con Greg e Brody, Jill si era fatta un'idea più chiara di come avrebbe dovuto essere il proprio matrimonio. Entrambi gli uomini erano gentili e solidali con lei e non cercavano di portarle via pezzi di autostima.

Quando Brody tolse la bistecca dalla griglia, la tavola era già apparecchiata, l'insalata pronta e le patate ancora calde. Dopo averla lasciata riposare, tagliò la carne e la servì.

Seduta al tavolo della cucina, di fronte a Brody, e intenta a condividere un pasto meraviglioso, Jill recuperò vaghi ricordi di serate come quella, quando era bambina.

"Bella cena tranquilla stasera," commentò Brody.

Jill sorrise. "Stavo pensando lo stesso, mi ricordo com'era quando ero piccola. A quei tempi, i bambini agitati non erano ammessi a tavola. Era un momento di pace per tutti noi."

"Kacy sta facendo progressi, ma a tavola fa ancora i capricci. Io proporrei di servire un piatto sano e lasciare che sia lei a scegliere se mangiarlo o meno. Ovviamente è diventato un gioco tra lei e la madre."

"Al campo scuola sta facendo un buon lavoro, spesso mangia quello che le viene messo davanti," rispose Jill. "Susannah è un'ottima cuoca e prepara cibi sani ed equilibrati."

"Ho notato che Kacy ha già perso peso," disse Brody. "Sono contento che l'abbia perso in modo naturale."

"Sì. La pressione sui bambini affinché abbiano un certo aspetto è sbalorditiva. Non c'è da stupirsi che alcuni di loro si ribellino a queste aspettative."

Lo sguardo di Brody scivolò su di lei. "Lo hai fatto anche tu, da bambina?"

"No." Scosse la testa. "Non ci ho nemmeno provato. Sapevo che non sarei mai stata all'altezza di mia sorella e, invece di ribellarmi, mi sono nascosta nella mia stanza. Quando sono diventata più grande, ho fatto del mio meglio per ignorare i rimproveri di mia madre e ho fatto finta di niente." Si mise una mano sulla bocca. "Cavolo! Devo sembrare la più grande perdente di sempre."

Brody superò il tavolo, le prese la mano e la studiò con un sorriso comprensivo. "No, sembri una persona che è stata ferita dai paragoni di cui parli. Il peccato è che, a prescindere dall'aspetto o dal comportamento di tua sorella, non avresti dovuto preoccuparti. Tu sei perfetta così come sei, sei una donna bellissima."

Per nascondere le proprie emozioni, Jill prese un respiro tremante. "Oh! Sei così abile nel tuo lavoro. Scommetto che i tuoi studenti ti adorano."

Lui si sedette di nuovo. "Grazie. Significa molto."

"Sono seria. È davvero facile parlare con te."

"Sembra semplice, giusto? Basta sedersi e parlare con qualcuno. Il fatto è che dietro ogni parola c'è un'esperienza, una preoccupazione, a volte un dolore che deve essere affrontato. Può essere necessario molto tempo per risolvere certi problemi."

"Oddio! Pensi che abbia bisogno di molto aiuto?"

Lui rise. "No, non è così. Penso che tu sia già sulla buona strada per affrontare il tuo passato e andare avanti con un nuovo futuro per te stessa. Devo dire che ti invidio. A volte mi sento bloccato, ma non voglio allontanarmi da Kacy. Se solo Allison mi lasciasse tenere Kacy per la maggior parte del tempo, lei potrebbe viaggiare di più e partecipare alla vita sociale di suo marito."

"Ha sposato un medico, giusto?"

"Sì, è un chirurgo plastico." La bocca di Brody si strinse. "Il suo lavoro è rendere le persone perfette. Allison ha già subito uno o due interventi. Si può capire come questo si leghi alle sue insicurezze e perché faccia così tanta pressione su Kacy. È inquietante, davvero."

Finirono il pasto in silenzio.

"Che ne dici di un caffè?" propose Jill, alzandosi dalla sedia.

"Sarebbe fantastico," disse Brody, che si mise in piedi e prese il proprio piatto. "Hai bisogno di aiuto? I Tampa Bay Rays giocano una partita stasera. Ti va di guardarla con me?"

"Certo. Vai pure davanti alla televisione, ti porto il caffè."

Accese la macchinetta e si mise a caricare la lavastoviglie. Dopo aver condiviso un pasto con un uomo che la apprezzava, non le dispiaceva affatto pulire.

Versò due tazze di caffè e andò in salotto. Brody le sorrise e accarezzò il posto sul divano accanto a lui. "Sono in vantaggio per tre a due. Dovrebbe essere una partita emozionante."

"Tifi per loro?"

"Di solito sono un fan dei Phillies, ma finché sono in Florida tifo per i Rays."

"Molto corretto da parte tua," lo stuzzicò Jill.

Lui si mise a ridere. "Perché no?"

Restarono seduti in silenzio finché il battitore dei Rays non fece un fuoricampo. A quel punto, entrambi erano in piedi a gridare. Presa dall'eccitazione del momento, Jill si girò verso

Brody.

Lui la tirò a sé e la abbracciò. "Bella partita, eh?"

Il cuore batteva a una velocità allarmante, ma Jill poteva solo annuire. Si sentì tremare tra le braccia forti di Brody, inebriata dal profumo sexy e speziato del suo dopobarba. Per un attimo si appoggiò al suo ampio petto, desiderando di poter conservare quel momento. Lui la faceva sentire sicura e audace allo stesso tempo.

Brody le sollevò il mento finché lei non lo guardò negli occhi, il cui colore verde era pieno di desiderio.

Si chinò per baciarla.

Jill si bloccò, poi si sciolse quando le sue labbra incontrarono quelle di lui. Sapeva che quel bacio sarebbe stato speciale, ma il calore che la attraversò e si fermò nel suo nucleo femminile era qualcosa che non aveva mai conosciuto.

Quando lui si tirò indietro, sembrava stordito tanto quanto lei.

Scossa, si allontanò. "Ho un appuntamento, venerdì," sbottò, per non reagire al momento magico che si era appena creato tra loro.

"Davvero?" Brody le rivolse un sorriso malizioso, di modo che Jill capisse che lui era consapevole di come lei si sentiva.

Jill gli rivolse un debole sorriso. "Ho pensato che fosse meglio dirlo apertamente. Non sono interessata a nessuna relazione."

"Ma andrai a un appuntamento," disse a bassa voce.

"È un favore. Per Niki."

"Capisco," rispose lui. "Non credo che un bacio tra di noi possa rovinare l'incontro, vero?"

Jill si ricompose. "No, certo che no... e come ho detto, sto facendo solo quello che mi ha chiesto Niki."

"Bene." Il bel viso di Brody si illuminò.

Jill rimase immobile e si chiese se lui avrebbe cercato di

baciarla di nuovo. Quando Brody si sedette sul divano, la delusione la attanagliò.

Lui le sorrise. "La partita non è finita."

"Oh, giusto." Jill si abbassò sul divano accanto a lui, con il cuore che batteva talmente forte da indurla a chiedersi se lui avesse potuto sentirlo.

Si voltò verso di lei con un'espressione tenera. "Sono felice di aver passato questa serata con te." I suoi occhi divennero specchi verdi di desiderio mentre si chinava verso di lei.

"Anch'io," gli rispose Jill, prima che le loro labbra si incontrassero in un altro bacio che le scatenò un'ondata di emozioni.

CAPITOLO DODICI

Dopo una notte inquieta passata a immaginare cos'altro avrebbe potuto fare Brody con quelle labbra, Jill si svegliò di cattivo umore. Si alzò e si spruzzò dell'acqua sul viso, con la speranza di lavare via le turbolenze che aveva nella mente. Si disse che se avesse voluto costruirsi una nuova vita, non avrebbe potuto avvicinarsi a un uomo che stava affrontando una difficile situazione familiare e che sarebbe tornato in Pennsylvania dopo un paio di settimane. Inoltre, si ricordò che aveva promesso a Niki di incontrare suo fratello con una mente aperta.

Più tardi, quando entrò in cucina, trovò Greg seduto al tavolo.

"Buongiorno!" cinguettò con sforzo. "Com'è andato l'appuntamento di ieri sera?"

Sorridendo, scosse la testa. "Cenare con Barb Mitchell non è un appuntamento. Ma lei mi ha incoraggiato a uscire con un'altra donna."

"Oh, davvero? Qualcuno che conosci?"

"Non ha voluto dirmi chi è, ma ho accettato di andare a casa sua la prossima settimana, per un incontro con un gruppo di suoi amici." Gli scintillarono gli occhi. "Alla mia età e tutto solo, come potrei rifiutare?"

"Sembra molto interessante. Dov'è Brody?"

"È andato a prendere Kacy ed Emily. Stamattina dipingeremo il piccolo capanno della piscina. Si prenderà il pomeriggio libero."

"Prendo una tazza di caffè e vado a fare una passeggiata

sulla spiaggia."

Mentre versava il liquido fumante nella tazza, Jill ricordò con quanta innocenza aveva bevuto il caffè la sera prima e quanto meravigliosamente sorprendente si era rivelato quel momento. Brody Campbell incarnava tutto ciò che lei cercava in un uomo. Ma era un chiaro caso di posto sbagliato nel momento sbagliato. Sospirò. Il suo tempismo aveva sempre fatto schifo.

Posò la tazza e si appoggiò al bancone per stabilizzarsi. Per quanto potesse desiderare una semplice storia d'amore estiva, non poteva permettersi di farsi coinvolgere da Brody.

"Stai bene, Jill?" chiese Greg dietro di lei.

Si voltò verso di lui, annuì e fece un sorriso forzato. "Sì. Grazie."

Prese la tazza di caffè e la portò fuori, dove gli uccelli, i fiori e il movimento costante dell'acqua del golfo l'avrebbero tranquillizzata.

Un paio di giorni dopo, Jill entrò al Camp Sunnyside desiderosa di iniziare il turno. Era da molto tempo che non si sentiva così emozionata per un lavoro.

Melanie la salutò con un sorriso e le fece cenno di entrare in ufficio. "Che ne dici di aiutarmi con le finanze? Susannah pensa che sarebbe una saggia idea per te imparare tutto sul lato commerciale della gestione del campo. Così io avrei più tempo da dedicare a me stessa."

Jill si allarmò di colpo. "Stai bene? Susannah non vede qualcosa di terribile nel futuro, vero?"

Melanie rise. "Al contrario. Sta prevedendo che incontrerò un uomo. Non che mi fidi del suo intuito. Credimi, non ho alcun interesse a risposarmi. Ma credo che insegnarti le procedure d'ufficio sia utile per il funzionamento del campo scuola."

Sollevata, Jill annuì. "Va bene, volentieri. Per quanto mi piaccia lavorare con i bambini, mi interessa tutto il lavoro dietro le quinte."

"Inizieremo subito dopo pranzo. So che Kelly conta sul tuo aiuto per il corso di nuoto. A proposito, credo che Kacy stia andando molto bene. Un gesto semplice come un taglio di capelli può fare la differenza a quell'età." Melanie ridacchiò. "Mi ha detto che lei ed Emily sono vere sorelle, che volevano essere gemelle e invece sono sorelle di cuore. Adorabile, vero?"

"È molto dolce. Posso solo immaginare quello che ha passato a casa e faccio il tifo per lei."

"Sì," disse Melanie, prima di posare lo sguardo su di lei. "Vedo come sei gentile e incoraggiante con tutti i bambini. È una bella caratteristica."

"Grazie. Ci vediamo dopo pranzo."

Appena uscita, si affrettò verso la piscina. La lezione per le bambine di otto anni stava per iniziare. Kelly, un'istruttrice esperta, non aveva davvero bisogno dell'aiuto di Jill, ma le due avevano stretto un legame di amicizia che a Jill piaceva, inoltre sedersi con le ragazze a chiacchierare dopo la lezione si era rivelato molto utile.

Quel giorno le ragazze si stavano preparando per una gara tra di loro.

"Ricordate," disse Kelly, "questo è un modo per verificare i vostri progressi, non se siete belle, o intelligenti, o qualsiasi altra cosa. State migliorando tutte, e questo è l'importante. Alcune di voi saranno più veloci di altre. Sarà divertente vedere come la situazione cambierà nel tempo. Capito?"

Le ragazze annuirono e dondolarono avanti e indietro sui piedi in modo irrequieto.

"Ok, inizieremo con quattro di voi e poi faremo la seconda

metà della lezione con altre quattro. Jill misurerà i vostri tempi con il cronometro."

Kelly consegnò a Jill un cronometro, una cartellina e una penna, poi la condusse verso l'estremità della piscina.

Jill era rimasta fedele alla propria parola di non interagire troppo con Kacy, ma non poteva evitare un filo di nervosismo. Kacy non era una delle migliori nuotatrici della classe, ma stava cercando di migliorare. Vivendo con lei, conoscendola attraverso i momenti trascorsi insieme sulla spiaggia, Jill si era affezionata alla dolce bambina che a volte si nascondeva dietro un comportamento difficile.

In piedi in fondo alla piscina, Jill gridò: "Ai vostri posti! Pronte! Via!!!"

Tre bambine e Kacy si tuffarono in acqua. Roteando le braccia e scalciando, tutte e quattro si diressero verso di lei. Emily guidava il gruppo e Kacy era in fondo.

"Forza, Kacy!" Jill gridò. Come se l'avesse sentita, Kacy si lanciò in avanti ma rallentò rapidamente e arrivò ultima.

"Ottimo lavoro!" disse Kelly. "Chi è la vincitrice, Jill?"

"Emily è arrivata prima, Jenna seconda, Amy terza e Kacy quarta."

"Eccellente. Ora sbrigatevi a uscire, così potrete fare il tifo per le ragazze nella seconda gara."

Tutte e quattro uscirono dalla piscina e corsero a prendere i loro asciugamani. Riunite, guardarono il secondo gruppo che si tuffava in piscina. Tutte, tranne Kacy, facevano il tifo per loro.

Jill se ne accorse, ma era troppo impegnata per dirle qualcosa al riguardo.

Dopo l'annuncio del secondo gruppo di vincitrici, Kelly riunì le ragazze e le invitò a sedersi in cerchio.

"Ottima gara, ragazze," disse Kelly sedendosi accanto a Jill. "Il primo premio va a Kacy e Skye."

"Ma io sono arrivata prima," disse una ragazza di nome Molly.

"Sì, certo, e naturalmente riceverai un premio. Ma la gara di oggi non era incentrata su chi arrivava prima, bensì sull'impegno e sul fare del proprio meglio. Chi arriva ultima non è una perdente. È una vincitrice per aver fatto del proprio meglio. Capite cosa sto dicendo, ragazze?"

"Significa che non dobbiamo essere le prime?" disse Molly, con aria confusa.

Kelly rise. "No, sei un'eccellente nuotatrice e dovresti sempre cercare di fare del tuo meglio. Se questo significa che arrivi prima, è fantastico. Ma non significa che gli altri non meritino un riconoscimento. Anzi, riceverete tutti lo stesso premio. Perché? Perché ho notato che ognuna di voi si è impegnata a fondo. Se non lo aveste fatto, non avreste ricevuto nulla."

Jill consegnò a ciascuna di loro una barretta di cereali. "Congratulazioni, ragazze!"

"E ora distribuirò i nastri," disse Kelly. "Il primo premio è blu. Ecco a voi Molly ed Emily." Distribuì tutti i nastri.

Jill osservò Kacy che studiava il suo nastro giallo per poi metterlo da parte. Quando suonò la campanella per il pranzo, Jill notò che Kacy lo aveva abbandonato.

Senza fare commenti, lo raccolse e lo infilò in tasca. Sperava di avere la possibilità di restituirlo a Kacy in privato e di poterle parlare.

Dopo il consueto pranzo a buffet, Jill si diresse nell'ufficio di Melanie, contenta di avere l'opportunità di imparare. Ultimamente aveva pensato di non tornare a insegnare in una scuola, ma di fare qualcosa di diverso con i bambini, magari anche gestire un campeggio tutto suo, come aveva accennato a Brody.

Melanie aveva dedicato del tempo a mostrare a Jill la disposizione dell'ufficio, dove si trovavano le pratiche e quali moduli erano necessari per ogni procedura. "Nel mondo di oggi, dobbiamo stare molto attenti alle informazioni private che ci vengono fornite via stampa e online. Visto che offriamo borse di studio, le informazioni finanziarie sono particolarmente riservate."

Jill studiò il cassetto aperto, dove i fascicoli erano stati disposti in ordine alfabetico.

"Noterai che alcune cartelle sono più spesse di altre. Questo perché le famiglie i cui figli hanno successo qui di solito mandano anche i fratelli." Melanie sorrise. "Questo aiuta a mantenere alto il numero delle iscrizioni. Infatti, a volte abbiamo una lista d'attesa."

"L'ho dimenticato. Da quanto tempo è aperto il Sunnyside? Sembra tutto così ben organizzato."

"Quasi otto anni," rispose Melanie. "Ma ho un po' di esperienza nel mondo degli affari e questo mi ha aiutato."

"Kelly mi ha parlato di come è nato il campo. È davvero impressionante vedere come siete riuscite a unirvi per fare un progetto del genere."

Melanie scosse la testa. "Non so come abbiamo fatto. Io e Susannah siamo totalmente opposte. Anche adesso, tutte le sue idee inquietanti riguardo alla previsione del futuro mi preoccupano. E che il cielo ci aiuti se mai cercasse di gestire l'azienda. Ma è una delle persone più dolci e gentili che conosca, questo per me è molto importante."

"È anche una cuoca favolosa," aggiunse Jill.

"Anche questo," concordò Melanie. "E molto di più."

Mentre Jill esaminava il materiale, scoprì che alcune informazioni promozionali erano obsolete. "Dobbiamo procurarci fotografie nuove e informazioni più aggiornate per questi?"

Melanie prese uno degli opuscoli e si accigliò. "Sì, in effetti. Forse è qualcosa su cui puoi lavorare per noi. Dovremmo anche pensare a un nuovo tema. 'Giorni di sole e strade per i bambini' non rende bene l'idea."

"Ok, ci lavorerò. Mi piace usare la mia creatività."

"Sono molto contenta che tu abbia deciso di unirti a noi," disse Melanie. "Ti lascio qui a familiarizzare con la routine dell'ufficio. Domani lavoreremo sui dati finanziari. Ti ho dato molto su cui riflettere. Ora vado, ho promesso di controllare lo spettacolo estivo."

"Spettacolo estivo?"

"Sì, alla fine dell'estate organizziamo una giornata e chiediamo ai ragazzi del Sunnyside di dimostrare alcune delle abilità che hanno imparato e abbiamo anche un talent show per gli iscritti e i membri dello staff che vogliono partecipare. Ha un ruolo importante nel riunire tutti." Melanie sorrise. "Anche tu sei la benvenuta."

Jill rise. "Grazie."

"Prima magari parlane con Susannah," disse Melanie con aria disinvolta mentre usciva dalla stanza.

Jill sentì la pelle d'oca sulle spalle e rabbrividì. Non le piaceva che Susannah sapesse tutto in anticipo. Inoltre, Jill sapeva di essere stonata come una campana quando cercava di cantare.

Quando arrivò al cottage, Jill notò che mancava il furgone di Brody e sospirò di sollievo. Sapeva di essersi comportata da sciocca, ma non era ancora sicura di come gestire i sentimenti che lui le aveva rivelato. A volte era imbarazzante stargli vicino. Jill capì che lui stava aspettando un segnale su come procedere, ma lei era troppo confusa per mandarglielo.

Inoltre, quella sera sarebbe uscita con Charlie. Greg era in cucina quando lei entrò.

"Hai fame?" gli chiese con un sorriso.

"Quasi. Ho pensato di sedermi in veranda per un po'. Ti unisci a me?"

"Certo, sembra delizioso. Charlie Beachum verrà a prendermi alle sette. Sarà bello rilassarsi un po' prima di dovermi preparare per l'uscita."

"Un'uscita? È un grande passo per te, vero?" Il suo sorriso era gentile.

"Sì, lo è. Ho evitato di uscire con qualcuno per tanto tempo, ma se voglio dei cambiamenti, devo ricominciare."

"Mi sembra che una certa persona qui possa essere interessata," commentò lui.

Jill aggrottò le sopracciglia e guardò fuori dalla finestra, in cerca delle parole giuste.

Quando si voltò verso Greg, lui sorrise. "Un po' imbarazzante, vero?"

Contenta che lui avesse capito, annuì. "Brody ha molti problemi familiari e tornerà verso Philadelphia tra un paio di settimane."

"Capisco," disse Greg, ma Jill ebbe l'impressione che avesse trattenuto molto più di quanto si fosse permesso di dire.

"Vado a prepararmi un bicchiere di tè freddo. Ne vuoi un po'?" propose Jill, felice di chiudere la conversazione su Brody.

"Grazie. Volentieri."

Jill versò due bicchieri del tè freddo che teneva in frigorifero, ne porse uno a Greg e lo seguì fino alla veranda, dove si sistemò su una delle sedie e sospirò.

"Giornata piena?" le chiese Greg.

"Sì, stamattina le bambine del corso di nuoto hanno fatto

una gara. Kacy ha conquistato il quarto posto e non ne era felice." Jill tirò fuori il nastro dalla tasca dei pantaloni. "Infatti ha lasciato questo."

"Immagino che non fosse abbastanza appariscente."

"Ma Kacy si è impegnata molto e ha migliorato il suo stile di nuoto. Sono davvero orgogliosa di lei."

Jill sobbalzò quando sentì una voce alle sue spalle. "Sei orgogliosa di Kacy? Per cosa?"

Kacy seguì il padre sulla veranda.

"Mi hai spaventato," disse Jill. "Non ti ho sentito aprire la porta."

"Sì, immagino che fossi impegnata a parlare," disse Brody mentre si abbassava sul dondolo. "Cosa stavi dicendo di Kacy?"

Kacy scivolò sul sedile accanto al padre e rivolse a Jill uno sguardo interrogativo.

Lei decise di fare di quel momento un'occasione per insegnare qualcosa a Kacy. "Stavo dicendo a Greg quanto sono orgogliosa di Kacy." Si alzò e tese il nastro giallo alla bambina. "Credo che tu l'abbia dimenticato." Poi si rivolse ai due uomini, "Stamattina Kacy ha partecipato a una gara di nuoto ed è andata bene."

"No, non è vero! Sono arrivata ultima," gridò lei, piegando le braccia davanti a sé e rifiutandosi di prendere il nastro.

"Due gruppi di quattro ragazze hanno nuotato per tutta la lunghezza della piscina," spiegò Jill a Brody. "Lo scopo era quello di vedere i miglioramenti di tutte. E Kacy è andata molto bene. Ha imparato tanto ed è una nuotatrice molto più brava di quanto non lo fosse prima. In effetti, sono andate tutte così bene che Kelly sta pensando di fare un po' di danza nell'acqua con loro."

Gli occhi di Kacy si illuminarono. "Danza?"

Jill sorrise. "Proprio così. Puoi essere orgogliosa di te

stessa, Kacy. Di te e di tutte le bambine."

Kacy prese il nastro. "Non vedo l'ora di fare danza. La mamma non mi lascia prendere lezioni."

"È diverso dalle normali lezioni di danza classica," disse Jill. "Ma credo che ti piacerà."

"Lo metterò in camera mia. Va bene se uso il computer?" chiese Kacy al padre, mentre si alzava in piedi.

Brody annuì. "Sì, poi porterò te e lo zio Greg fuori a cena. Jill ha un appuntamento."

Kacy alzò lo sguardo su Jill, sconfortata. "Davvero?"

Toccata da una dimostrazione di premura, Jill annuì. "Con lo zio di Emily."

"Oh," disse Kacy, prima di entrare in casa di corsa.

Nel silenzio imbarazzante che seguì, Brody disse: "Grazie per aver aiutato Kacy a capire che non è necessario essere la numero uno per essere una vincitrice."

"Non c'è di che," disse Jill, pensando che fosse una buona lezione anche per se stessa.

CAPITOLO TREDICI

Man mano che si avvicinavano le sette, Jill sentì l'agitazione salire. Ricordò a se stessa che si trattava solo di un appuntamento che aveva accettato per fare un favore a un'amica. Quando finalmente sentì suonare il campanello, i suoi nervi fecero una danza di tip tap in tutto il corpo. Era contenta che Brody, Greg e Kacy non fossero in casa per vedere quanto fosse terrorizzata. Si guardò di nuovo allo specchio. Il vestito turchese senza maniche le stava bene e si intonava perfettamente con la pelle abbronzata. Le ciocche di capelli, schiarite dal sole, le accarezzavano il viso e mettevano in risalto gli occhi color nocciola. I suoi nuovi orecchini di zirconi scintillavano appesi ai lobi.

Con un respiro regolare, si diresse verso la porta.

Attraverso il vetro, vide un uomo alto e magro dai capelli ramati che la aspettava pazientemente. Sentì un sorriso attraversarle il viso mentre apriva la porta.

Quando lui la vide, gli si illuminarono gli occhi. "Salve, sono Charlie Beachum. Mi ha mandato qui mia sorella," scherzò.

Jill sentì i nervi a fior di pelle e rise. "Mi ha telefonato un'ora fa per assicurarsi che fossi pronta."

"Tipico di lei," ridacchiò. Il suo sguardo la travolse. "Hai un aspetto magnifico. Spero che tu abbia fame perché la cucina di Gavin dovrebbe essere fantastica."

"Ne ho sentito parlare benissimo. Sto morendo di fame."

Sorrise. "Sono contento che tu non sia una di quelle donne

che non amano cenare fuori."

Jill gli restituì il sorriso. "Prendo la borsa e andiamo."

Charlie aspettò accanto alla porta mentre lei si affrettava a raggiungere la camera da letto. L'attesa per una piacevole serata insieme sostituì il nervosismo. Charlie sembrava un uomo molto gentile, rilassato e con cui era facile parlare. Non era nemmeno brutto. Lui e Niki condividevano alcuni tratti: lei aveva i capelli rosso vivo, mentre quelli del fratello erano di un castano scuro ed erano tagliati a spazzola. Il suo corpo magro era ben modellato, con le spalle larghe.

Jill si chiuse la porta alle spalle e si lasciò accompagnare verso una decappottabile grigia. "Ho messo la capote per evitare che il vento ti scompigli i capelli."

"Grazie. Un altro suggerimento di Niki?"

Sorrise. "Vuole che questo appuntamento vada bene. A Niki piaci molto."

"È stata fantastica con me. Un giorno, quando avrò il coraggio, vorrei concedere a lei e a Jed una serata libera."

"Triplo guaio più Emily? Spaventoso," commentò Charlie, facendo ridere Jill.

Poco dopo, Jill e Charlie attraversarono l'ingresso del Salty Key Inn e raggiunsero il parcheggio posteriore di Gavin.

"Ho cercato informazioni sul ristorante," confessò Jill. "La storia delle tre sorelle che lo possiedono è molto bella. E forse vedremo il pavone Petey, che si aggira nella proprietà del Salty Key Inn."

Charlie scese dall'auto, ci girò intorno e tenne la portiera mentre lei faceva del suo meglio per uscire con grazia dal lato del passeggero.

Lui le prese il gomito e insieme si avviarono verso l'ingresso. Le luci scintillanti tra i cespugli aiutavano a farsi strada. I tronchi delle alte palme vicine erano avvolti dallo stesso tipo di luci scintillanti e creavano un bagliore soffuso intorno a loro.

Quando entrarono, Jill si soffermò a osservare i pannelli di legno, i lampadari di cristallo, i portacandele da parete e gli arredi eleganti.

Una direttrice di sala li accolse e li condusse a un tavolo intimo accanto a una finestra che si affacciava su un piccolo giardino di ibiscus colorati, bouganville, oleandri e altre piante tropicali.

"Che bello," mormorò Jill una volta che fu seduta.

"Il vostro cameriere sarà subito da voi," disse la ragazza prima di allontanarsi.

"Sì, se il cibo è all'altezza dell'ambiente, ci aspetta una bella sorpresa," disse Charlie. "Ordino del vino?"

"Sarebbe bello," disse Jill. "Greg, uno dei miei coinquilini, mi ha fatto conoscere dei buoni vini e me li sto godendo."

Il cameriere si avvicinò e si presentò. "Buonasera, sono Mike. Qualcosa da bere oltre all'acqua? Abbiamo acqua in bottiglia, liscia o gassata, o acqua del rubinetto."

Charlie la guardò.

"Preferirei acqua gassata."

"Anche per me, ma vorrei anche una bottiglia di vino," disse Charlie.

Il cameriere consegnò a Charlie un libretto rilegato in pelle. "Manderò il sommelier. Nel frattempo, potrebbe dare un'occhiata al nostro menù per aiutarsi nella scelta del vino. Come già detto, proponiamo un fuori menù tutte le sere, quindi non ci sono piatti speciali."

Jill accettò la lista dal cameriere e si lasciò rapidamente trasportare dalla selezione dei cibi.

"Cosa ne pensi? Pesce o carne?" chiese Charlie. "Sembra tutto delizioso."

Jill sorrise. "Scelgo il branzino con glassa orientale e salsa al burro e zenzero. Sembra delizioso."

"Io prenderò le capesante. Credo che sceglierò un vino bianco."

Il sommelier si avvicinò al tavolo. "Come posso aiutarvi?"

Mentre Charlie gli parlava della scelta dei vini, Jill distolse l'attenzione per osservare il giardino. Le mini lucine che si intrecciavano tra i rami e le piante trasformavano l'ambiente in una specie di paese delle fate. Sospirò con soddisfazione. Aveva dimenticato com'era andare a mangiare fuori in quel modo. Jay considerava una cena in un posto elegante come quello uno spreco di denaro.

Stava ancora sorridendo quando si rivolse a Charlie. "Scusami. Stavi dicendo?"

"Volevo solo farti sapere che mi sto già godendo questa serata. Cibo da gourmet e ottima compagnia. Non c'è niente di meglio."

Il sommelier portò il vino che lui aveva ordinato, glielo fece assaggiare, attese la sua approvazione e poi ne versò un po' in un bicchiere per Jill, prima di mettere la bottiglia in un secchiello per il ghiaccio sistemato su un supporto accanto al posto di Charlie.

"Buona serata," disse con un piccolo inchino. "È un bel sauvignon blanc di Chateau Ste. Michelle, a Washington."

Charlie alzò il bicchiere per brindare. "A una bella serata."

Jill bevve un sorso di vino e sorrise con apprezzamento. "Delizioso. È un piacere per me uscire così."

"Niki mi ha detto che ti trasferirai qui da New York. C'è una bella differenza."

"Lo spero," rispose Jill con sincerità. "Sono pronta per un cambiamento. E tu? Dove vivi?"

"Sono nella zona di Boston dove lavoro per una società di consulenza informatica. Amo vivere lì, sulla costa a nord della città. È casa mia, anche se la mia famiglia ora vive qui in Florida. Boston ha qualcosa di speciale." Sorrise. "Ed essendo un tifoso dei Red Sox, come potrei andarmene?"

Lei rise con lui. "L'altra sera io e Brody abbiamo tifato per i Tampa Bay Rays."

"Brody? È il ragazzo che vive in casa con te?"

"Uno di loro, sì. Suo zio, Greg Campbell, è stato assunto dal proprietario del cottage per lavorare ad alcuni lavori di ristrutturazione. Dopo che Greg si è fatto male al braccio, Brody ha dovuto sostituirlo, ma il fatto di rimanere in Florida per un po' di tempo in più è ottimo per sua figlia Kacy."

"Ah, Kacy, l'amica di Emily. Ho sentito dire che sono carine insieme. È bello che Emily abbia un'amica quando i 'T', come chiamo i tre gemelli, prendono così tanto tempo ai suoi genitori."

"Sia Niki che Jed sono genitori fantastici. Hanno molta più pazienza di quanta ne avrei io nelle stesse circostanze."

"Niki ha sempre voluto molti figli, ma sono sicuro che non pensava di ritrovarsi con tre gemelli."

"E tu? Ne vorrai un giorno?"

Charlie aggrottò le sopracciglia. "Io e la mia ex moglie ci abbiamo provato, ma non ha funzionato. Non è mai successo. Al momento, non voglio nemmeno pensarci."

"È comprensibile," disse Jill, poi cambiò argomento. "Niki mi ha detto che sei un vero marinaio."

L'inquietudine sul volto di Charlie fu immediatamente sostituita da un sorriso. "Sì, faccio parte dell'equipaggio di una barca a vela, un ketch di quarantatré piedi di Marblehead. È il modo migliore che conosco per rilassarmi completamente."

"Sono stata a Boston solo una volta. Era bellissima."

Charlie le fece l'occhiolino. "Dovrai venire a trovarmi qualche volta."

Jill sorrise, ma non era esattamente sicura del significato

dell'invito. "Quando partirai per tornare al nord?"

"Domani. Domenica abbiamo una regata e non posso mancare. Sono venuto qui per vedere i miei genitori e per controllare Niki. Volevo essere sicuro che fosse tutto a posto."

Arrivarono gli antipasti.

Jill aveva ordinato la torta di pomodori alle erbe mentre Charlie aveva optato per il carpaccio di manzo.

La conversazione si concluse quando si concentrarono sul cibo.

Dopo aver assaggiato i pomodori conditi con una crema al gorgonzola su un triangolo di pasta croccante, Jill non riuscì a trattenere un gemito di piacere.

"Anche il mio è delizioso," disse Charlie ridacchiando.

Poco dopo che i piatti degli antipasti furono sparecchiati, arrivarono le portate principali.

Jill mangiò un boccone e sorrise. "Questo branzino è fantastico. Che meravigliosa miscela di sapori! Grazie."

"Anche le capesante sono deliziose," disse Charlie. "Il vino ci sta perfettamente."

Mentre Jill continuava a mangiare e a chiacchierare con Charlie, si sentì avvolta da una sensazione di benessere quasi tangibile. Sapeva che, in ogni caso, non sarebbe tornata a vivere a New York. Si segnò mentalmente di chiamare Sandra per vedere quali fossero le eventuali novità sulla vendita della propria casa.

La conversazione tra loro rimase semplice. Del tutto innocua, pensò Jill. Le piaceva Charlie ed era grata che fosse un compagno tanto dolce.

Condivisero la crème brûlée e ordinarono il caffè.

"Che cena perfetta," commentò Jill. "Mi ha ispirato a essere un po' più avventurosa a casa. Dopo la morte di mio marito, non cucinavo quasi più. Ora preparo da mangiare a due uomini affamati che non fanno i capricci e a una bambina a cui non piace nulla."

"Mia madre è un'ottima cuoca. Abbiamo sempre mangiato bene," disse Charlie. Le sorrise. "È bello stare con qualcuno a cui piace la buona cucina." Fece segno al cameriere di portare il conto.

Jill si scusò per andare alla toilette. Mentre passeggiava tra i tavoli dei commensali, le orecchie si riempirono di allegre conversazioni.

All'interno del bagno delle donne ammirò le piastrelle e i rubinetti in ottone a forma di pesce. Dall'esterno, Gavin's poteva anche non dare nell'occhio, ma l'interno era splendido.

Quando uscì dal bagno, vide Charlie in piedi vicino alla porta che parlava con la direttrice di sala, una ragazza bionda giovane e graziosa. Si girò e sorrise quando Jill si avvicinò a lui.

"Pronta?" le chiese.

Lei annuì. "Possiamo andare, se vuoi."

"Sì." Le prese il braccio. "Stavo giusto chiedendo alla direttrice di sala se qualcuna delle sorelle Sullivan lavora qui al ristorante."

"E cosa ti ha risposto?"

"A quanto pare, sì. Soprattutto per le grandi feste."

"Mi piacerebbe conoscerle. Hanno rinnovato questo posto in modo meraviglioso."

Il viaggio di ritorno al cottage fu tranquillo. Jill si agitò al pensiero di come sarebbe potuta finire la serata. Charlie l'avrebbe baciata? Avrebbe dovuto invitarlo a entrare? E Brody? Quelli e altri pensieri le ronzavano nella mente, come un fastidioso moscerino che non riusciva a scacciare.

In un baleno, Charlie entrò nel vialetto e parcheggiò accanto al furgone di Brody. Si girò verso di lei. "Mi sono divertito molto. Posso chiamarti di nuovo quando sono in città?"

"Mi farebbe piacere," disse Jill con sincerità. Esitò. "Vuoi entrare? È una serata così bella."

"Grazie, ma è meglio che vada. Ho il volo presto."

Si chinò e le diede un breve e dolce bacio sulla guancia.

Jill lo guardò sorpresa.

Lui le rivolse un sorriso audace. "Immagino di essere un po' timido. Vieni qui." La attirò a sé e la seconda volta le sue labbra calde e sicure incontrarono quelle di Jill in un bacio che le confermò quanto gli importasse. Quando lui si ritrasse, la studiò per un attimo e sorrise. "Ti accompagno alla porta. E la prossima volta farò in modo di restare qui più a lungo."

Jill aspettò che Charlie si affrettasse a fare il giro dell'auto per aprirle la portiera.

Sulla veranda, si rivolse a lei. "Buonanotte. Ti chiamo quando torno in città."

Aspettò che lei entrasse in casa, le fece un piccolo saluto e se ne andò.

Jill si chiuse la porta alle spalle e vi si appoggiò, incerta sui sentimenti che provava nei confronti di Charlie. Voleva assolutamente rivederlo. Forse, quando sarebbe successo, avrebbe avuto le idee più chiare.

Entrò in salotto e si fermò. Brody era sul divano davanti alla televisione e dormiva profondamente.

In punta di piedi, si avvicinò a uno dei tavolini della sala e prese il telecomando.

Mentre lo spegneva, Brody si agitò e aprì un occhio. "Che ora è?"

"È ora di andare a letto," disse dolcemente. Per alcuni era ancora presto, ma Brody lavorava duramente ogni giorno ed era abituato a svegliarsi presto.

Si mise a sedere e si strofinò gli occhi. "Com'è andato

l'appuntamento?"

"Bene," rispose lei.

Lui la guardò e sorrise. "Sono contento che non sia stato formidabile."

Sorridendo tra sé e sé, si allontanò, ritirandosi nell'intimità della propria stanza per riordinare i sentimenti.

CAPITOLO QUATTORDICI

La mattina dopo, mentre Jill si versava una tazza di caffè, Brody entrò in cucina.

"Ehi, grazie per avermi svegliato ieri sera. Probabilmente avrei passato lì la notte. Immagino che tutto questo lavoro fisico mi stia dando alla testa."

"Nessun problema. A cosa stai lavorando adesso?"

"Abbellire il giardino. Dobbiamo tagliare alcuni cespugli vicino al muro per poter dipingere. Greg pensa che dovremmo anche sostituire alcune piante." Le lanciò un'occhiata ironica. "Strano quanti progetti gli vengano in mente. Immagino che voglia davvero che io rimanga."

Jill deglutì il sorso di caffè. "Prenderesti in considerazione l'idea di trasferirti qui?"

"Al momento giusto, forse. Ma dovrei assicurarmi che non ci siano problemi con i diritti di custodia di Kacy. È davvero migliorata da quando è qui e non voglio che torni alle sue vecchie abitudini."

"Sì, sarebbe un peccato."

Prese una bottiglia d'acqua dal frigorifero e un fazzoletto di carta per pulirsi la fronte. "È meglio che torni al lavoro prima che si faccia ancora più caldo."

Jill finì il caffè e uscì a passeggiare sulla spiaggia. Le piaceva molto quel momento della giornata. La spiaggia non si era ancora riempita di gente e lei poteva camminare lungo il litorale senza dover continuamente incrociare altre persone.

Le squillò il cellulare.

Lo tirò fuori dalla tasca posteriore dei pantaloncini e

controllò chi chiamava. *Niki.*

"Ehi, ciao!" disse Jill. "Hai un attimo lontano dalle 'T', come le chiama Charlie?"

"Sì, la babysitter è appena arrivata. A proposito del mio caro fratello, credo che Charlie abbia un debole per te. Non l'ha detto apertamente, ma quando gli ho chiesto com'è andato l'appuntamento, ha fatto il tipo di sorriso che significa un grande 'Sì'."

"È molto gentile. Usciremo la prossima volta che sarà in città."

"E...?" Niki insistette.

"... e mi piace molto. Ma sembra essersi sistemato bene nella zona di Boston."

"Sì, lo so, ma io e i miei genitori speriamo che si trasferisca qui. Per questo volevo che ti conoscesse."

"Oh, cara, è una bella sfida," disse Jill. "Siamo usciti solo una volta."

"Lo so, lo so. Jed mi ha detto di farmi da parte, ma sarebbe perfetto se voi due vi metteste insieme."

Jill rise. "Sei proprio una romanticona. A proposito, ricordati che mi sono offerta di fare da babysitter ai bambini se tu e Jed volete andare al cinema o altro."

"Grazie. Potremmo chiamarti all'ultimo minuto qualche volta."

"Andrà bene," disse Jill. "Fino ad allora, magari ci possiamo incontrare un pomeriggio per un caffè o un bicchiere di vino."

"Vediamo come va," disse Niki. "Se la babysitter è ancora viva, un giorno, a breve, glielo chiederò."

Jill rise mentre riattaccava. La vita a casa Carter era una giungla.

###

Due giorni dopo, quando Jill entrò al Sunnyside, Susannah si affrettò a salutarla. "Jill! Proprio la persona con cui ho bisogno di parlare. C'è Melanie al telefono. Seguimi in cucina."

Jill la seguì e inspirò il delizioso aroma dei biscotti sfornati. "Posso?" chiese.

Susannah sorrise. "Uno, non di più. I bambini grandi e piccoli amano questi biscotti al cioccolato e non ho tempo di farne altri."

Sotto l'occhio vigile di Susannah, Jill si portò un biscotto alla bocca e diede un morso. "Mmmh," mormorò. L'impasto al cioccolato era delizioso, morbido e croccante allo stesso tempo.

"Accomodati," disse Susannah, indicando una sedia al tavolo della cucina.

Osservando la sua espressione seria, Jill fu presa dal terrore. Susannah stava per darle una brutta notizia? Qualcosa che riguardava il futuro?

Susannah si sedette di fronte a Jill e la studiò per un momento. "So che può sembrare strano, ma appena ti ho vista ho capito perché eri qui. Melanie vorrà passare meno tempo al campo scuola e ho bisogno di sapere se sei disposta a prendere il suo posto."

Jill deglutì a fatica. "È successo qualcosa di brutto?"

Susannah sorrise e scosse la testa. "No, al contrario. Inoltre, Melanie non ha bisogno di soldi e non vede l'ora di avere più tempo per sé. Ma, come sicuramente ti avrà detto, non posso occuparmi della parte burocratica. Avrò bisogno di qualcuno come te per aiutarla."

Jill si sedette sulla sedia e prese un lungo respiro. "A dire la verità, stavo pensando di fare un campo tutto mio. Qualcosa per i bambini che hanno bisogno di sostegno, quelli che sono stati vittime di bullismo, quel genere di disavventure."

"Esattamente," disse Susannah. "E non solo per l'estate."

"Vorrei ancora insegnare a scuola finché il campo non decolla seriamente. Saresti disposta ad accettarlo?"

"Certo, perché so che avremo successo," disse Susannah.

"Perché lo vedi nel futuro?"

Susannah rise. "No, perché so quanto talento hai. Melanie ha detto che te la caverai benissimo."

"Ma ho appena iniziato a imparare... ."

Susannah alzò una mano per fermarla. "Non c'è bisogno di preoccuparsi. Mi fido della parola di Melanie."

"Beh, significa molto. Tuttavia, vorrei esaminare i numeri e il resto dei dettagli prima di darti una risposta. Quanto tempo ho?"

Susannah sorrise. "Non ne ho la minima idea."

A Jill uscì uno sbuffo. Non era la risposta che si aspettava.

Kelly entrò in cucina. "Eccoti qui, Jill. Sei pronta ad aiutarmi?"

Jill saltò in piedi. "Arrivo subito."

Quando il suo turno al campo scuola fu terminato e lei e Kacy stavano tornando a casa, Jill capì di aver bisogno di passare un po' di tempo in spiaggia.

"Andiamo a conchiglie oggi?" chiese a Kacy.

"Sì, ne voglio trovare una per fare un cane."

"Ah, hai letto il libro che ti ho regalato."

Kacy sorrise. "Ora conosco molti nomi di conchiglie."

"Bene, allora potrai insegnarmi."

Il volto di Kacy si illuminò. "Va bene. Tu chiedimi e te li dirò."

"Perfetto," disse Jill, entusiasta dell'interesse di Kacy per le conchiglie.

###

A casa, Jill trovò Greg e Brody distesi sulle sedie a sdraio a bordo piscina.

"Giornata impegnativa, eh?" disse lei, rivolgendo loro un sorriso provocatorio.

"Molto," rispose Greg. "Brody ha finito di piantare. Ho fatto del mio meglio per aiutarlo, ma questo maledetto braccio mi sta facendo impazzire. Non sono affatto d'aiuto."

Jill lanciò un'occhiata a Brody. Sembrava esausto come Greg. "Che ne dite di fare una passeggiata sulla spiaggia con me e Kacy? È un modo meraviglioso per rilassarsi."

"Non contate su di me," disse Greg, "ma a Brody potrebbe piacere."

"Che ne dici?" propose Jill, pensando che l'aria fresca e il relax sulla spiaggia avrebbero potuto fargli un gran bene.

Brody gemette e si alzò in piedi. "Ok, ci vediamo fuori."

Jill si affrettò a entrare per mettersi il costume da bagno.

Kacy era già in piedi davanti alla porta d'ingresso, in costume, con in mano il libro delle conchiglie e la borsa a rete per raccoglierle.

"Cavolo! Sarà meglio che mi sbrighi. Tuo papà viene con noi."

Kacy spalancò gli occhi. "Davvero?"

"Sì, meglio aggiungere un asciugamano per lui quando prendi il tuo."

Jill la lasciò e andò in camera, contenta che Brody fosse coinvolto in qualcosa di speciale per Kacy.

Si cambiò, si spalmò altra crema abbronzante sul corpo e indossò un leggero copricostume. Mise un asciugamano nella borsa da spiaggia e prima di uscire prese tre bottiglie d'acqua dal frigorifero.

Brody e Kacy la stavano aspettando.

Si avviarono a piedi tutti insieme.

"Posiamo le nostre borse qui e camminiamo verso nord,

lontano dalla folla. Avremo più possibilità di trovare conchiglie intatte," suggerì Jill.

"Voglio trovare una conchiglia oliva," annunciò Kacy. Aprì il libro che le aveva dato Jill e indicò la conchiglia al padre.

"Ok, la cercherò anch'io," disse lui. "E se trovassi qualcos'altro? Mi diresti cos'è?"

"Sì. Sto imparando tutto sulle conchiglie," disse Kacy con orgoglio.

"Eccellente," rispose Brody sorridendo, poi si rivolse a Jill. "È fantastico che stiamo diventando tutti amici. Mi piace."

Kacy lo guardò accigliata. "Ma, papà, lei sposerà lo zio Charlie. Lo ha detto Emily."

A Jill mancò il fiato all'improvviso. "Cosa?"

Kacy le rivolse uno sguardo compiaciuto. "Emily mi ha detto che piaci molto a suo zio Charlie e che sua madre vuole che tu lo sposi."

"È la prima volta che ne sento parlare," disse Brody, con lo stesso sguardo sorpreso che aveva Jill. "È vero?"

Lei sospirò. "La parte vera è che Niki vorrebbe che accada. Non significa che succederà."

"Quando tornerà Charlie in città?" chiese Brody.

"Non lo so. D'estate passa molto tempo ad aiutare un amico sulla sua barca a vela. Per questo è dovuto partire presto la mattina dopo il nostro appuntamento." Lei sorrise. "Sembra un hobby così eccitante. Non sono mai stata su una barca a vela."

"Andiamo a cercare le conchiglie o no?" disse Kacy con impazienza.

"Oh, tesoro, scusa. Andiamo subito," rispose Jill.

Si avviarono verso la spiaggia e osservarono con attenzione le numerose conchiglie disseminate lungo la riva dalle onde che si muovevano avanti e indietro sulla sabbia.

Poco dopo, Kacy gridò: "Ne ho trovata una!" e corse verso

Jill e Brody che erano chini sul bagnasciuga.

Jill si raddrizzò. "Vediamola."

Kacy sollevò una conchiglia. "È quasi perfetta!"

Jill e Brody la guardarono con attenzione.

"Mi piace il fatto che abbia qualche segno. La rende reale," commentò Brody.

"Anche a me," disse Kacy. La porse a Jill. "Me la tieni tu?"

"Certo. Vuoi continuare a guardare o vuoi fare un castello di sabbia? La marea è bassa ed è un momento perfetto per farli."

"Castello di sabbia!" gridò Kacy. "Prendo i secchi e le palette."

Mentre Kacy correva avanti, Brody si rivolse a Jill. "È meraviglioso vederla così."

"Sì, sono passate solo un paio di settimane, ma ha fatto grandi passi avanti. Sono felice che Kacy sia potuta rimanere qui con voi."

Brody fece una smorfia. "Ha chiamato Allison. Lei e suo marito hanno litigato. Non so bene il motivo, ma Allison è preoccupata per il loro futuro. Le ho detto di affrontare un giorno alla volta."

"Cosa significa tutto questo per te e Kacy?"

Scosse la testa. "Non lo so. Allison è così imprevedibile che è difficile stare dietro a tutte le sue richieste."

"Beh, come hai detto tu, bisogna affrontare un giorno alla volta. Immagino non ci siano alternative."

"Sì, ho molte cose a cui pensare." La tristezza nella sua voce toccò Jill.

Si avvicinò e gli prese la mano. "Sei un ragazzo fantastico. Le cose migliori sono destinate a succedere."

"Se la vita fosse così semplice."

Jill stava per dire di più, quando Kacy tornò con i due secchi di plastica e le quattro palette che Jill aveva comprato.

"Voglio un castello grande, grande, grande, papà," annunciò Kacy.

"Ok, so molto di costruzioni. Faremo in modo che sia il miglior castello di sempre. Anche Jill ci aiuterà."

Lo sguardo di Kacy si mosse dal padre a Jill e la piccola si accigliò.

"Inizierò a delineare l'area. Voi due riempite i secchi," disse Brody allegramente, arruffando i riccioli di sua figlia. Lei prese un secchio e si allontanò.

Jill e Brody si scambiarono un sorriso. Jill capì perché Kacy era preoccupata di dover competere per il tempo del padre. Era quello che aveva provato lei stessa con la madre, quando c'era la sorella. Avrebbe voluto dire a Kacy di non preoccuparsi, rassicurarla che lei e suo padre non si sarebbero messi insieme, ma pensò ai baci che si erano scambiati e decise di non dire nulla.

Qualche istante dopo, quando Jill si inginocchiò sulla sabbia accanto a Brody e picchiettò per dare alla sabbia la forma che lui voleva, si chiese come sarebbe stato vivere con lui. Quel periodo nella stessa casa, lì in Florida, si era rivelato molto più facile di quanto lei avesse pensato all'inizio.

Brody le diede una piccola gomitata. "Qualunque cosa tu stia pensando, deve essere bella perché stai sorridendo. Ma abbiamo bisogno che torni al lavoro."

Jill sentì sulle guance una sensazione di bruciore che non aveva nulla a che fare con il sole. "Scusa, stavo solo sognando a occhi aperti, credo."

"Voglio creare una stanza speciale per me. Una stanza da principessa," disse Kacy. "E una per te, papà."

"E Jill? Anche lei sta lavorando al castello."

Kacy si morse il labbro e la studiò. "Forse potresti avere una stanza fuori dal castello. Così non dovrei dirlo alla mamma."

Jill notò la rabbia che balenò sul volto di Brody e disse rapidamente: "Certo. Potrei stare in una dépendance della proprietà."

Il volto di Kacy si illuminò. "Sì, è così. La faremo anche bella."

Mentre Kacy tornava al lavoro, Jill inviò a Brody un messaggio silenzioso affinché non dicesse nulla a Kacy su quella dépendance. Più tardi, lei e Brody avrebbero potuto parlarne.

Kacy modellò un cumulo di sabbia in una collina rotonda. "Ecco! Ecco dove sei, Jill. Emily e i tre gemelli saranno nel castello con me. E ci starà anche uno dei cuccioli."

"Io dove sarò?" chiese Brody. "Da qualche parte dentro?"

"Sì, io, te e la mamma vivremo nella parte grande del castello." Kacy guardò suo padre con un sorriso.

Brody si acciglió. "Non credo che funzionerà, Kacy. Io e la mamma non viviamo più insieme, ricordi?"

Kacy abbassò lo sguardo. "Mi ricordo," borbottò. "Vorrei..."

"Va bene. Capisco. Ma la mamma ora vive con il dottor Henderson." Brody parlò con voce tranquilla e rassicurante.

"Non mi piace il caro Marcus."

Jill e Brody si scambiarono uno sguardo di sorpresa.

"È così che lo chiami?" Brody chiese a Kacy.

Lei scosse la testa. "No, la mamma lo chiama così."

"Beh, se vuoi mettere mamma e Marcus nel castello, sono sicuro che c'è posto," disse Brody.

Il labbro inferiore di Kacy si sporse in uno sguardo di sfida. "No, li lascerò fuori."

"Che ne dite se vi aiuto a mettere le gocce di sabbia sul castello per decorarlo?" propose Jill. "Mi vuoi aiutare, Kacy?"

"Gocce di sabbia? Cosa sono?"

"Riempiamo i secchi d'acqua e riportiamoli qui, così ti faccio vedere," rispose Jill, felice di poter distogliere l'attenzione di Kacy. Dallo sguardo sollevato di Brody, capì che anche lui era contento.

Quando Kacy la vide raccogliere la sabbia molto bagnata tra le mani e lasciarla gocciolare tra le dita per dare un tocco decorativo alle torri di sabbia, rimase incantata dall'idea. Man mano che venivano aggiunti altri tocchi, i cumuli di sabbia si trasformavano, diventando creazioni fantasiose.

Jill osservò la gioia sul volto di Kacy mentre la piccola lavorava duramente per decorare il castello, al che il suo cuore si riempì di affetto. Kacy stava lottando con il divorzio dei suoi genitori e con il trattamento che la madre le riservava, ma aveva ancora un'innocenza da bambina che commuoveva Jill.

Quando finalmente Kacy fu pronta a lasciare la spiaggia, Brody e Jill raccolsero gli attrezzi mentre Kacy correva avanti. Rimasti soli, Brody si rivolse a Jill e le posò una mano sulla spalla. La guardò negli occhi e disse: "Sei una donna molto dolce. Lo sai?"

Improvvisamente timida, lei non seppe dove guardare.

Quando le labbra di Brody si posarono sulle sue, Jill si irrigidì, poi rispose al bacio, incapace di resistere alle sensazioni che la attraversavano.

"Ehi! Cosa state facendo?" La voce di Kacy infranse il momento.

Jill si allontanò da Brody.

"Ringrazio Jill per averci aiutato a costruire il castello," disse Brody con dolcezza. "Ci sono altre domande?"

"No," disse Kacy. "Possiamo andare a nuotare in piscina, adesso?"

"Certo," disse Brody e si girò verso di lei. "Pronta, Jill?"

Cercando di non notare il modo in cui il corpo di Brody aveva risposto, Jill annuì. Anche lei aveva bisogno di rinfrescarsi.

CAPITOLO QUINDICI

La mattina seguente, Jill ricevette una telefonata dall'istituto scolastico del quartiere, con la richiesta di un colloquio per un posto da insegnante in una terza elementare. Entusiasta, fissò un incontro per quella stessa mattina e chiamò subito Melanie per avvisarla che sarebbe arrivata un po' in ritardo.

Stampò una copia del curriculum e lo esaminò. Mentre leggeva le informazioni, era orgogliosa del lavoro che aveva svolto con i bambini, ma le sembrava un po' patetico essere passata dall'infanzia all'età adulta, dal matrimonio all'essere rimasta vedova, tutto nello stesso posto. Gli ultimi anni erano stati davvero infelici. Ricordava quanto si fosse sentita giù, quanto si fosse sentita intrappolata in un'esistenza priva di gioia. Nelle settimane trascorse in Florida, la sua vita era completamente cambiata. Si riempì di gratitudine. Per una volta, sua sorella le aveva fatto un vero favore.

Mentre si stava vestendo per il colloquio, squillò il cellulare. *Sandra.*

"Ehilà," disse Jill alla sua agente immobiliare. "Buone notizie, spero?"

"Una notizia buona e una cattiva. Quale vuoi per prima?"

"Iniziamo da quella brutta," rispose Jill. "Così l'altra sembrerà meravigliosa."

"Ok, la cattiva notizia è che quando è stata fatta un'ispezione sul tuo immobile, hanno trovato un'area che mostrava tracce della presenza di termiti."

"Termiti? Oddio! La mia casa sta crollando?"

"No, no, niente del genere. Ma il portico posteriore deve

essere ricostruito. Ormai le termiti sono entrate in profondità. Tutto il resto si può sistemare facilmente. Non sono stati trovati altri segni della presenza degli insetti ."

Jill deglutì a fatica. "Quanto costerà ricostruire il portico?"

"Questa è la buona notizia. La coppia interessata all'acquisto della casa è disposta a inserire questo aspetto nell'accordo di vendita. Lui è un falegname e può fare il lavoro da solo, ma vuole essere ricompensato in modo equo. Ho suggerito di vendere la casa a un prezzo inferiore, così anche il loro mutuo sarebbe più basso. Questo li aiuterebbe e sarebbe un modo semplice per risolvere la questione. Che ne pensi?"

"Quanto più in basso?" domandò Jill.

"Quindicimila dollari. Sarebbe comunque il giusto valore di mercato. I prezzi sono scesi. Ti suggerisco di accettare subito l'offerta. Con la riduzione del prezzo si occuperebbero di qualsiasi altro problema associato a ciò che hanno trovato."

"Facciamolo!" L'eccitazione di Jill era sincera. La casa rappresentava l'ultima traccia del matrimonio.

"Va bene, allora. Preparo i documenti e te li mando via fax, se ce l'hai."

"Aspetta. Ti darò il numero di fax del campo scuola dove lavoro." Jill prese il biglietto da visita di Camp Sunnyside e le lesse il numero. "Tra quanto tempo vogliono trasferirsi?"

"Questa è un'altra fortuna. Sono flessibili, ma suggerirei di spostare le tue cose il prima possibile. Se necessario, possiamo proporre loro di accettare un affitto da te fino, diciamo, alla metà di settembre, così avrai il tempo per svuotare tutto quello che rimane e pulire la casa."

"Va bene. Presto avrò un'idea più precisa dei tempi. Stamattina ho un colloquio di lavoro e poi dovrei saperne di più."

"Congratulazioni, Jill. Sembra che tutto stia andando per il verso giusto. Ci sentiamo più tardi."

Senza attendere una risposta, Sandra riattaccò, lasciando Jill sbalordita per la velocità con cui le cose sembravano muoversi.

Si affrettò a fare la doccia. Con un po' di fortuna, la giornata sarebbe continuata in quel modo.

Più tardi, con la testa piena di idee, Jill lasciò l'edificio scolastico, soddisfatta di come era andato il colloquio. Cosa altrettanto importante, le andavano a genio il sovrintendente, il vicepreside della scuola elementare in cui avrebbe insegnato e un'insegnante di terza elementare che lavorava lì. Anche se non avrebbe avuto molto tempo per sistemare la propria classe, l'insegnante precedente aveva lasciato l'aula più organizzata di quanto pensasse.

Si precipitò al Sunnyside per dirlo a Melanie e a Susannah.

Quando Jill entrò nell'ufficio del campo scuola, Melanie disse: "Sono arrivati dei documenti per te. Sembra che tu abbia venduto casa." Passò a Jill alcuni fogli che erano vicino al fax.

"È di questo che devo parlarvi," disse Jill rivolta verso di loro. "Ho bisogno di un po' di tempo libero per sistemare le mie valige. Pensavo di partire venerdì e tornare domenica."

"Cielo! È abbastanza tempo?" sbottò Melanie. "A me ci vorrebbero mesi per impacchettare le mie cose."

In quel momento, Jill prese una decisione. "Impacchetterò solo oggetti personali, niente mobili o scatoloni ingombranti. Ricomincerò da zero qui."

Susannah sorrise e annuì. "Credo che si rivelerà una scelta molto saggia."

Jill alzò una mano. "Non voglio sapere perché lo dici."

"Nessun problema," disse Susannah. "A volte riesco a

vedere il futuro, altre volte no."

Melanie rise. "Devi amarla. Di sicuro mi tiene sulle spine."

Jill si unì alle risate e poi divenne seria. "Devo anche dirvi che stamattina ho ottenuto un posto da insegnante. Sarò alla Palm Creek Elementary, insegnerò in terza. Se volete che continui a lavorare per il campo scuola, posso continuare a farlo."

"Sì, lo vorremmo," disse Susannah. "Proprio come avevamo discusso."

Melanie rivolse a Susannah uno sguardo interrogativo, poi aggiunse: "Sono d'accordo."

"E dove starai?" chiese Melanie. "Dovrai trovare un posto dove vivere, vero?"

"Non ne sono sicura," rispose Jill. "Potrei affittare una casa finché non deciderò esattamente dove vivere."

"Questo dovrebbe darti abbastanza tempo per trovare qualcosa di adatto a lungo termine," disse Susannah.

"Perché non ti prendi il resto della giornata libera per organizzarti?" suggerì Melanie. "Domani potrai tornare al tuo programma abituale. E poi potrai partire per New York." Abbracciò calorosamente Jill. "Sono davvero felice che si stia risolvendo tutto. Ci piace averti come parte della squadra. Vero, Susannah?"

"Verissimo." Susannah la salutò con un sorriso e si strinse a Jill in un rapido abbraccio.

Una donna alta e attraente, con i capelli grigi tagliati a caschetto, accolse Jill con un sorriso caloroso non appena lei entrò nell'ufficio immobiliare Palm Rentals & Realty. "Salve, Jill. Sono Kay Branson. Melanie mi ha chiamato per chiedermi di prendermi bene cura di te. So che hai bisogno di un appartamento in affitto mentre decidi dove acquistare.

Questo è uno scenario perfetto per noi, perché ci occupiamo sia di affitti che di vendite."

"Ottimo. Al momento abito al Seashell Cottage, ma dovrò andar via alla fine dell'estate." Aveva pensato di chiedere a Hope se poteva rimanere più a lungo al cottage, ma aveva scartato l'idea.

"Perché non vieni nel mio ufficio? Possiamo parlare lì. Caffè? Tè? Acqua? Limonata?"

"Sono a posto, grazie," disse Jill, mentre seguiva in fretta Kay che stava percorrendo un lungo corridoio. Entrarono in un ufficio d'angolo con vista sul giardino dell'edificio. Mentre si accomodava sulla sedia che Kay le aveva offerto e aspettava che l'altra si sedesse alla scrivania, Jill fissò fuori dalla grande vetrata, ammirando l'abbondanza di fiori e cespugli tropicali colorati.

"Bene," disse Kay, che si sistemò sulla sedia e studiò Jill: "Da dove cominciamo?"

"Hai qualche richiesta per una custode?" chiese Jill. "Non ho i mobili e spero di non comprarne finché non avrò una casa tutta mia."

"Capisco. Quando hai parlato del suo soggiorno al Seashell Cottage, mi è venuto un pensiero. Molte delle proprietà che trattiamo appartengono a turisti che trascorrono qui solo alcuni brevi periodi durante i mesi invernali. Ce n'è una in particolare che è molto bella. È piccola: due camere da letto, ufficio, soggiorno o sala da pranzo, una grande cucina, un patio con una piccola vasca idromassaggio; la posizione è incantevole, si trova in un quartiere dove ci sono un campo da golf e un paio di piscine pubbliche che offrono molte attività all'aperto. Il proprietario è estremamente esigente nei confronti degli affittuari. Se compili il nostro questionario di affitto, ci penseremo noi."

"Tra un paio di settimane inizierò un nuovo lavoro come

insegnante di terza elementare alla Palm Creek Elementary. Ho bisogno di un posto vicino alla scuola."

"Se il proprietario ti approva, questa sarà una posizione perfetta. È a un chilometro dalla Palm Creek. Lascia che ti mostri delle foto su internet. Se ti interessa, posso farti fare un giro."

Kay girò uno dei due schermi piatti in modo che Jill potesse vederlo.

"Ogni edificio contiene quattro appartamenti, due di sopra e due di sotto. Quello di cui parlo è in basso a destra. Come puoi vedere, i terreni e le strutture sono tenuti in condizioni perfette. Inoltre, ogni appartamento dispone di un garage privato e all'esterno di un posto auto coperto."

Una foto mostrava un bell'edificio, che emanava fascino e comodità, accanto a un campo da golf.

"Le foto degli interni sono aggiornate e appaiono esattamente come sono," aggiunse Kay, mentre sfogliava le fotografie.

Jill, soddisfatta di tutto ciò che aveva visto, disse: "Sì, è perfetto. Sceglierei anche io gli stessi mobili." Il suo sguardo si posò sul prezzo dell'affitto e sussultò. "Tremila dollari al mese? Non riuscirei mai a pagarli."

Kay alzò una mano per fermarla. "È solo un numero che abbiamo messo per tenere lontani gli affittuari non seri. Ho l'autorità di fissare il prezzo per la persona giusta. La proprietaria originale è scomparsa e questo appartamento fa parte del suo patrimonio. La figlia ne è ora proprietaria, ma non ha interesse a viverci."

Jill guardò il questionario che le era stato consegnato. "Va bene se compilo le informazioni qui in ufficio?"

Kay sorrise. "Certamente. Perché non andiamo nella nostra sala riunioni? Potrai rifocillarti e prenderti tutto il tempo necessario. Ne varrà la pena, te lo assicuro."

Dopo essersi sistemata all'ampio tavolo in mogano adibito per le riunioni, Jill iniziò a compilare i documenti. Come aveva fatto quando aveva esaminato il curriculum, Jill pensò alla propria vita. Sembrava molto vuota e grigia prima di arrivare in Florida. La vita attuale era colorata come le bouganville, gli oleandri e le palme che facevano sembrare il mondo luminoso e promettente.

Tra i commenti aggiuntivi, Jill scrisse: "Mi piacerebbe poter vivere qui. Rispetto tutto ciò che la proprietaria originale ha fatto per decorare e curare la casa. Dalle foto che ho visto, io e lei abbiamo gusti molto simili. Come direbbe una mia amica, è come se il destino mi avesse portata qui."

Jill si sentì soddisfatta di aver fatto del proprio meglio per presentarsi bene, firmò i documenti e andò a cercare Kay.

L'agente immobiliare alzò lo sguardo da dietro la scrivania. "Scritto tutto?"

Jill annuì e le porse i documenti. "Quando credi che avremo una risposta?"

"Non dovrebbe volerci molto, due o tre giorni al massimo, se riesco a contattare la proprietaria. Se per qualche motivo non dovesse andare in porto, ci sono molti altri immobili. Ma ho la sensazione che questo sia perfetto sia per te che per Catherine."

"Partirò per New York per fare i bagagli nei prossimi giorni o giù di lì, ma mi terrò in contatto."

"Anch'io," disse Kay, stringendole la mano. "Buon viaggio."

Jill chiamò Sandra mentre tornava al Seashell Cottage. Dopo aver scambiato con lei i saluti, le disse: "Non porterò con me nessuno dei mobili. I nuovi proprietari sarebbero interessati ad acquistarli tutti o una parte? Se sì, farò loro un prezzo da non credere." Quando Jay si era trasferito da lei, le aveva detto che non aveva gusto e aveva insistito per avere tutti i nuovi mobili scelti da lui, cancellando ogni traccia di ciò che aveva scelto Jill, fino a farla sentire come se quella non fosse casa sua. Un'imposizione che lei aveva sempre odiato.

"Glielo chiederò," disse Sandra. Ci fu una pausa, poi aggiunse: "Oh, Jill, non posso credere che stia succedendo tutto così in fretta. Mi mancherai!"

"Grazie," rispose lei. "È stato irreale. Si sta muovendo tutto così rapidamente che sembra quasi che fosse destino. Sono molto contenta. Avrei dovuto farlo molto tempo fa, ma mia madre ha insistito perché fossi presente per il suo bene e io non volevo deluderla."

"Anche solo per questo motivo, sono contenta che tu ti stia muovendo. Chi lo sa? Potresti trovarmi di tanto in tanto accampata sulla soglia di casa tua," scherzò Sandra.

"Mi piacerebbe molto," disse Jill, compiaciuta all'idea che la loro amicizia potesse continuare.

Mentre chiudeva la telefonata, l'eccitazione di Jill si fece sentire. Stava succedendo! Se non avesse amato già il proprio nome, avrebbe potuto cambiare anche quello, da Jillian a qualcosa di più esotico. Ma il padre aveva sempre amato chiamarla Jilly Bean e lei si aggrappava ancora a quel ricordo.

Controllò l'orologio. Era ora di passare a prendere Kacy. Chiamò Brody al cellulare, ma siccome non rispose, parlò con Greg.

"Ciao, Greg. Dov'è Brody? Volevo sapere se si ricordava che sarei andata a prendere Kacy al campo scuola."

"Non è qui, ma sono sicuro che apprezzerebbe se ci andassi tu. È impegnato in... qualcosa."

L'evasività di Greg la preoccupava. "Va tutto bene?"

Sospirò. "Non so perché non dovrei parlarne, ma si è iscritto a un corso di vela."

Anche se le lacrime le pizzicavano gli occhi, Jill sentì un ampio sorriso allargarsi sul viso. Sapeva esattamente perché lo stava facendo. "Non preoccuparti, non glielo dirò."

Chiuse la chiamata e si strinse le braccia, desiderando di poter abbracciare Brody. Nessuno aveva mai fatto un gesto tanto dolce per lei. Jill ne avrebbe fatto tesoro per sempre.

CAPITOLO SEDICI

Jill guardava fuori dal finestrino la scena in miniatura sotto di lei. Era a bordo dell'aereo di linea che operava nei piccoli aeroporti a nord di New York. Pensò che fosse buffo come l'ambiente a livello del suolo sembrasse così grande e coinvolgente, ma apparisse insignificante in uno schema globale, se veniva visto come una parte così piccola del mondo.

A terra, la vita di Jill sarebbe tornata a uno schema familiare dal quale era grata di essere riuscita a fuggire. Giurò di resistere alla disapprovazione della madre. Jill l'aveva già ascoltata lamentarsi del fatto che stava dando via la propria casa, che doveva considerare la madre più di quanto facesse e che il padre avrebbe disapprovato certe azioni. L'ultimo commento le fece più male degli altri, ma Jill rimase impassibile.

Quando il pilota annunciò che stavano per atterrare, lo stomaco di Jill fece un balzo che non aveva nulla a che vedere con l'aereo. Sotto la determinazione a rimanere forte, si sentì minacciata da vecchi schemi di abbandono, inadeguatezza e bisogno di compiacere gli altri. *Era possibile che in un paio di mesi fosse cambiata abbastanza da essere diventata la persona nuova e più libera che voleva?*

Senza volerlo, si ritrovò a pensare alla figlia di Brody. Si promise che avrebbe fatto quel cambiamento il più velocemente e facilmente possibile per dimostrare a Kacy che anche lei avrebbe potuto avere una vita diversa.

Jill cercò la madre tra tutte le persone ammassate al

cancello di sicurezza che salutavano chi arrivava. Sorpresa, si fermò quando vide una signora che sembrava troppo vecchia per essere sua madre. La donna salutò con un cenno del capo e, all'improvviso, tutto tornò a posto e sembrò quella di sempre.

Jill si precipitò in avanti e l'abbracciò. "Ciao! Grazie per essere venuta a prendermi."

"Figurati," rispose la madre. "Hai delle valigie?"

"Solo questo." Jill sollevò lo zaino pieno di tutto ciò che le sarebbe servito per quel breve viaggio.

La madre scosse la testa. "Non so come pensi di poter fare i bagagli in soli due giorni. Hai la casa piena di cose."

"Non più. Venderò la casa arredata. Così non dovrò spostare nulla di importante."

Sua madre si fermò e la fissò. "Dici sul serio? Ma quando Jay si è trasferito avete comprato mobili nuovi e bellissimi."

"Un altro motivo per lasciarli a qualcun altro," disse Jill piena di soddisfazione.

"Uff, non so perché pensi di poter sprecare denaro in questo modo."

Jill trattenne le parole. Avrebbe potuto dire tante cose, ma sapeva che sarebbe stato inutile. Sua madre non avrebbe mai creduto che Jay avesse abusato della figlia. Jill lo aveva nascosto bene a tutti.

"Dove hai parcheggiato?" chiese Jill, in piedi all'ingresso del parcheggio.

"Area 2 B, non è lontano da qui."

Jill seguì la madre fino all'auto e restò sempre in silenzio anche se i pensieri volavano in cerchio. Sapeva che era arrivato il momento di parlare o si sarebbe ricacciata nella vecchia vita.

Dopo aver appoggiato lo zaino sul sedile posteriore ed essersi sistemata davanti, si rivolse alla madre e le disse a bassa voce: "Non mi hai mai creduta e non hai mai cercato di capire perché fossi così infelice con Jay. Da quando sono via, mi sono resa conto più che mai di quanto fosse emotivamente violento con me. È una parte importante del perché non vedo l'ora di fare questi cambiamenti nella mia vita. E il modo in cui scelgo di farli non è davvero affare di nessun altro."

Il volto della madre divenne rosso. "Beh, io... "

Jill le posò una mano sul braccio. "Non lo dico per iniziare una discussione. Sto solo facendo chiarezza in un modo che non ero mai riuscita a fare. Apprezzo che tu abbia controllato la casa mentre ero via."

La madre si sedette e la studiò. "Che sorpresa ti sei rivelata, Jillian. Ci vorrà un po' di tempo per abituarsi alla nuova te, ma ci proverò." I suoi occhi si riempirono di gioia. "Mi sei mancata molto."

"Non ti sto abbandonando, mamma. Sto solo trovando la mia indipendenza e intendo mantenerla."

"Beh, ora credo sia meglio che ti porti a casa tua. Sai già dove abiterai in Florida?"

"No," disse Jill con noncuranza. "Non sarà un problema. Sono sicura che qualcosa si troverà. E se anche Susannah ne è sicura, succederà, credimi."

"Chi è Susannah?" chiese la madre.

Jill si rese conto che c'erano tante novità che si era tenuta dentro per paura che la madre le desse delle colpe. Ma da quando finalmente l'aveva affrontata e aveva parlato, si sentiva libera di parlare. Nei venti minuti che impiegarono per arrivare a casa, Jill raccontò alla madre di Susannah, di Melanie e del lavoro estivo. Non parlò della possibilità futura di possedere una parte del campo scuola Sunnyside. Aveva già condiviso abbastanza.

Quando entrarono nel vialetto di casa, Jill sentì una nube posarsi su di lei come uno scialle di lana bagnata, tanto che le vennero i brividi. Scese dall'auto, lottando per liberarsi dal vecchio disfattismo che l'aveva tormentata fino a quel momento, prese lo zaino e si diresse verso casa con l'intento di entrare, fare i bagagli e andarsene per sempre.

Con dita tremanti, sbloccò la porta, la aprì e fece entrare l'aria fresca all'interno. Ma mentre varcava la soglia, nulla avrebbe potuto cancellare il ricordo di essere stata trattata come una stupida, destinata a non far mai nulla di buono, troppo brutta per uscire, troppo incompetente perché qualcuno le affidasse anche il lavoro più semplice. Nessuno aveva mai sentito Jay parlarle in quel modo, perciò nessuno avrebbe potuto capire il danno quotidiano che lui le aveva inflitto. La parte insidiosa del comportamento di Jay era che non lasciava prove fisiche. I lividi di Jill erano tutti all'interno.

Si fermò e le si strinse lo stomaco, mentre il dolore la attraversava. Costrinse la mente a concentrarsi sulla Florida, sui nuovi amici, sulla bambina che voleva aiutare e sull'uomo che la pensava abbastanza da prendere lezioni di vela per far colpo su di lei.

"Stai bene?" le chiese la madre con uno sguardo preoccupato.

Jill si raddrizzò. "Starò bene tra poco. Grazie. Mi presti la macchina per andare a comprare scatole e materiale da imballaggio?"

"Sì, certo, tesoro. Perché non mi accompagni a casa mia e poi torni per cena? Ti preparerò qualcosa di caldo."

Jill abbracciò rapidamente la madre. "Sarebbe davvero bello, mamma. Ma prima che tu vada... C'è qualcosa di mio che vuoi? Io prendo solo i vestiti, alcuni libri, qualche soprammobile e degli oggetti personali. Tutto ciò che non voglio andrà in beneficenza, il resto sarà lasciato ai nuovi proprietari."

La madre di Jill scosse la testa. "No, grazie. Sono in una

fase della vita in cui sto cercando di fare piazza pulita di molti oggetti di casa."

"Ok, allora andiamo," disse Jill, ansiosa di portare a termine il lavoro.

Quando Jill fu pronta a chiudere la giornata e a recarsi a casa della madre per una cena tardiva, era esausta. Aveva facilmente diviso i vestiti che erano nell'armadio in due mucchi: quelli da inscatolare e spedire in Florida e quelli da imbustare e dare in beneficenza. Anche se aveva fatto un sacco di lavoro prima di partire per l'estate, aveva trovato noioso e stancante cercare tra i cassetti di tutta la casa e tra le cartelle dell'ufficio.

Domani andrà meglio, ricordava a se stessa mentre attraversava la piccola città che un tempo non aveva avuto il coraggio di lasciare a causa dell'insicurezza.

La madre la salutò con un sorriso. "Ho appena parlato al telefono con Cristal. Lei e Hope si stanno divertendo in Europa. Ha promesso di venire a trovarmi quando tornerà a casa."

Jill ricambiò il sorriso della madre. "Sarai felicissima di vederla. Quanto tempo è passato? Un anno o poco più?"

La madre annuì. "Sì, è difficile per Cristal allontanarsi. Mi ha anche invitato a farle visita in autunno. Verrò a trovare anche te," disse la madre. "Forse per allora i tuoi capelli saranno cresciuti. Ti stanno meglio lunghi."

Jill si rimproverò per aver sperato che la madre non andasse a trovarla troppo presto.

Il giorno dopo, Jill e l'amica Sandra, che si era offerta di aiutarla nel trasloco, svuotarono i mobili della cucina. Dopo

Judith Keim

aver cucinato per Greg, Brody e Kacy, Jill aveva un'idea più precisa degli utensili che voleva in Florida.

Parlò con entusiasmo del Seashell Cottage, dei suoi coinquilini e dello staff del campo scuola. Sandra era l'unica persona che capiva quanto tutto quello significasse per Jill. Fu bello condividerlo con lei.

Come aveva fatto con i vestiti, sistemò tutto in mucchi: le cose da spedire in Florida, quelle per Sandra, quelle da dare in beneficenza e quelle da lasciare agli acquirenti, che avevano accettato di occuparsi di tutto ciò che sarebbe rimasto.

A metà mattina, Jill disse: "Che ne dici di una pausa e di una tazza di caffè?"

"Meraviglioso. Tutto questo lavoro mi fa pensare che dovrei andare a casa e iniziare a sgomberare molte delle mie cose. Trasferirsi da Doug non sarà così facile come pensavo."

Jill le sorrise. "Sono contenta che tra te e Doug stia funzionando. Avete deciso la data del matrimonio?"

"Penso che la fisseremo per Natale," disse Sandra. "Poi forse andremo in vacanza in un posto caldo."

"Ti piacerà il Seashell Cottage," disse Jill. "Sarebbe perfetto per una luna di miele. Dovrai darci un'occhiata quando verrai a trovarmi."

"Grazie, lo farò. Non posso credere che tu non sappia ancora dove andrai a vivere," disse Sandra. "Non è proprio da te."

Jill sorrise felicemente. "Lo so."

Sandra rise e la abbracciò. "Ti voglio bene, ragazza!"

La mattina dopo, Jill salutò la madre con un bacio e appena entrò nel terminal dell'aeroporto, sentì come se il bagaglio emotivo che si portava dietro fosse molto più leggero. Frastornata da tutto ciò che era accaduto tanto rapidamente, era felice all'idea di un nuovo inizio.

Più tardi, in volo, osservò fuori dal finestrino le nuvole bianche e gonfie che fluttuavano nell'aria come popcorn sospesi nel cielo. Non vedeva l'ora di tornare nel luogo in cui era accettata per il suo aspetto, per il suo comportamento e per com'era fatta.

Quando l'aereo atterrò, il cuore di Jill ebbe un sussulto. Era arrivata! Greg l'avrebbe incontrata nell'area di ritiro bagagli e l'avrebbe riaccompagnata al Seashell Cottage nonché all'inizio di quella che sarebbe stata una vita completamente nuova. Se lo sentiva.

Jill attraversò di buon passo l'aeroporto internazionale di Tampa, ma avrebbe voluto saltare. Le era piaciuto molto vedere le palme mentre l'aereo perdeva quota per l'atterraggio.

Entrò nell'area di ritiro bagagli, cercò il nastro trasportatore dove sfilava il suo bagaglio, poi si diresse verso l'uscita, fermandosi quando vide Brody che la salutava. Sembrava una star del cinema, con i suoi capelli scuri e dritti, il corpo scolpito e il sorriso smagliante.

Emozionata, ricambiò il saluto e si affrettò da lui.

Il sorriso di Brody si fece ancora più grande. "Mi dispiace per il cambio di programma, ma Greg non riusciva a venire."

"N-no!" balbettò Jill. "Sono felice che tu sia qui!"

Brody le avvolse le braccia intorno e l'abbracciò forte. "Sei mancata a tutti e tre."

Delle lacrime inaspettate punsero gli occhi di Jill. Nonostante lei sbattesse rapidamente le palpebre per cercare di scacciarle, una goccia le scivolò oltre le ciglia e giù per la guancia.

Brody sollevò il viso. "Che succede?"

Jill deglutì per concedersi un momento. "Sono solo felice di essere tornata. Tutto qui."

Lo sguardo complice di Brody si spinse dentro di lei. "La solita routine a casa?"

"Sì, non cambierà mai. Non vedevo l'ora di andarmene."

Brody fece un passo indietro, le mise un braccio intorno alla spalla e le diede una stretta piena di comprensione. "Prendiamo i bagagli e torniamo alla spiaggia."

Jill pensò di non aver mai sentito parole più dolci.

CAPITOLO DICIASSETTE

Quando Brody si fermò con il furgone nel vialetto del Seashell Cottage, Jill fu presa da un impeto di felicità ed emise un sospiro di sollievo.

Brody si voltò verso di lei con un sorriso. "Sei felice di essere tornata?"

"Oh, sì. Anche se fa così caldo, è una sensazione meravigliosa." Inspirò l'odore salmastro dell'aria mentre scendeva dall'auto per aiutare Brody a scaricare i bagagli.

Mentre si dirigevano verso la porta d'ingresso, Kacy corse fuori ad accoglierli. "Sei tornata!" gridò. "Sbrigati! Entra."

Jill lanciò un'occhiata interrogativa a Brody, ma lui si limitò a tenerle la porta per farla entrare.

Perplessa, varcò la soglia, posò la valigia che portava con sé e si tolse lo zaino.

Kacy le afferrò la mano e la tirò verso la cucina. "Qui dentro, Jill, qui dentro."

Jill si lasciò trascinare e si fermò appena varcato l'ingresso della cucina.

Dal soffitto pendeva uno striscione di carta bianca con la scritta "Bentornata a casa, Jill!" Tre palloncini rosa riempiti di elio fluttuavano vicino allo striscione come enormi farfalle luminose.

"Sorpresa!" esclamò Kacy, saltando su e giù per l'eccitazione. "L'abbiamo fatto apposta per te!"

Jill si portò le mani al petto. "Per me?"

Greg la salutò con un sorriso. "Siamo felici di riaverti con noi. Ho preparato la cena per stasera, ma non vediamo l'ora che tu riprenda a cucinare per noi."

Jill rise e poi le lacrime che aveva trattenuto le scesero sul viso.

Brody le mise un braccio intorno alla spalla. "Bentornata a casa."

Lei si lasciò sfuggire un sospiro tremante. "Questa è la più bella sorpresa di sempre. Grazie a tutti."

"È stata un'idea di Kacy," disse Greg, facendo un cenno di approvazione alla bambina.

"Grazie." Jill si chinò e strinse a sé la piccola. Quando Kacy si irrigidì, Jill trattenne il respiro. Poi Kacy le avvolse le braccia intorno al collo in un abbraccio.

Jill alzò lo sguardo per vedere Brody che sorrideva e capì dall'espressione tenera del suo viso che era commosso quanto lei nel vedere che il cuore della figlia cominciava ad aprirsi.

"Beh, che bella festa," disse Greg, con gli occhi sospettosamente umidi. "Perché non apriamo una bottiglia di buon vino e ci sediamo un attimo, prima di mettere lo stufato in forno?"

"Adoro lo stufato di tonno dello zio Greg," annunciò Kacy. "L'abbiamo mangiato anche ieri sera."

Jill ridacchiò. "Non c'è da stupirsi che mi abbiate dato un'accoglienza tanto calorosa. Domani sera cucinerò qualcosa di diverso."

Guardò le tre persone che avevano vissuto con lei nelle ultime settimane. In quel breve lasso di tempo, anche Jill, come Kacy, stava scoprendo un nuovo modo di rapportarsi agli altri, senza che le critiche e i dubbi su se stessa la trattenessero.

"Voglio bene a tutti voi," disse semplicemente, anche se le parole non erano sufficienti per descrivere i suoi sentimenti.

Poi Brody ruppe il silenzio che seguì e disse: "Che ne dici se ti aiuto a portare le valigie in camera?"

"Grazie," disse Jill, ancora emozionata per la dichiarazione di affetto in cui si era lanciata.

Tornò all'ingresso e prese una valigia e lo zaino. Brody afferrò le altre due valigie piene dei vestiti che Jill aveva deciso di tenere e la seguì in camera da letto.

"Ecco, qui dovrebbe andare bene," disse Brody, poi posò le valigie, si raddrizzò e guardò Jill. "Come ho detto, sei mancata a tutti e tre, ma a me forse più degli altri."

Il calore bruciò dentro Jill per lo sguardo intenso che lui le rivolse.

Si avvicinò di più.

Il cuore di Jill impazzì: batteva forte dentro di lei fin quasi a impedirle di respirare. Sapeva cosa stava per succedere.

Lui le prese il viso tra le mani.

Quando le labbra di Brody sfiorarono le sue, Jill non poté trattenere un leggero gemito di piacere. Era una sensazione perfetta. Gli avvolse le braccia intorno al collo.

Quando finalmente si separarono, Brody sorrise. "Era da molto tempo che volevo farlo."

Sconvolta dal desiderio che si era creato in lei, Jill rispose: "Grazie. È stato... molto bello."

"Molto bello? Tutto qui?" Brody la stuzzicò.

Il calore le salì alle guance. "Ok, è stato fantastico."

Lui rise e la attirò di nuovo vicino a sé. "Voglio renderlo *assolutamente* fantastico."

La seconda volta, Jill si lasciò sciogliere nel bacio, godendosi una sensazione dopo l'altra. Quando si separarono, entrambi avevano il respiro affannato.

"Immagino che questo sia stato meglio, eh?" Brody le fece l'occhiolino.

"Direi *assolutamente* meglio. Addirittura *fantastico*," lo stuzzicò lei. In verità, non era mai stata baciata in quel modo in vita sua. Brody aveva fatto emergere in lei ogni tipo di emozione intensa. Jill non desiderava altro che passare al livello successivo. Ma non era né il momento né il luogo adatto.

Come se le avesse letto nel pensiero, Brody disse: "Penso che abbiamo bisogno di più privacy."

"Anch'io," disse lei, poi rise dolcemente quando lui le fece di nuovo l'occhiolino.

Il pomeriggio successivo, dopo il campo, Jill e Kacy si diressero a casa.

"Che ne dici di andare un po' in spiaggia?" propose Jill, lanciando un'occhiata attraverso lo specchietto a Kacy, seduta sul sedile posteriore. "È una bellissima giornata e vorrei passare un po' di tempo con una ragazza molto speciale."

Kacy la guardò e sorrise. "Con me?"

"Sì, con te. Presto dovremmo avere abbastanza conchiglie per iniziare a creare degli animali, non credi?"

"Sì! Voglio fare un cucciolo di conchiglie. Forse papà me ne prenderà uno quando lo vedrà."

"Prendere un cucciolo è una decisione davvero importante." Jill sentiva di non avere il diritto di aggiungere altro. Si salvò da una vera e propria discussione quando raggiunsero il cottage. "Mettiti il costume da bagno e ci vediamo in cucina."

Il sorriso di Kacy ne illuminò il viso. "Va bene."

Non appena l'auto si fermò e Jill spense il motore, Kacy scese dall'auto e corse verso l'ingresso.

Jill la guardò allontanarsi, contenta che loro due avessero fatto un enorme passo avanti nel loro rapporto. La cosa più importante, comunque, era che, Kacy aveva cominciato a comportarsi in modo normale.

La sensazione di realizzazione continuò mentre Jill e la

bambina andavano a caccia di conchiglie insieme. Ascoltò le continue chiacchiere della piccola, ricordando i primi tempi, quando Kacy non le rivolgeva nemmeno la parola.

"Guarda, Jill! Ho trovato una conchiglia perfetta," disse Kacy prima di porgergliela. "È bellissima! È per te!"

Commossa, Jill accettò la conchiglia e diede subito un bacio sulla guancia a Kacy. "Grazie. È molto gentile da parte tua."

Kacy si portò una mano alla guancia e sorrise. "Emily dice che le piaci molto. Anche a me."

"Anche tu mi piaci," disse Jill. "Sei una ragazza dolce. E anche bella."

Un ampio sorriso si stese sul volto di Kacy mentre Jill le accarezzava i capelli.

Nell'osservarla, Jill capì quanto fosse speciale quel momento e attirò Kacy in un abbraccio.

Un grido le fece trasalire entrambe. "Kacy! Kacy! La mamma è qui!"

Jill si girò di scatto e vide una donna alta e magra con i capelli scuri che marciava sulla sabbia verso di loro, seguita da Brody.

Kacy lanciò un'occhiata a Jill e poi iniziò a correre verso la madre.

L'urlo della madre costrinse Kacy a fermarsi di colpo. "Cos'hai fatto ai capelli? Come hai potuto?"

Kacy corse dal padre e si nascose dietro le sue gambe.

Jill raccolse il sacchetto di conchiglie che Kacy aveva lasciato cadere e si diresse verso il cottage, incerta se presentarsi alla madre di Kacy o allontanarsi per dare loro privacy.

Brody la chiamò. "Ehi, Jill! Vieni a conoscere Allison." Jill riconobbe nella voce una certa tensione.

Non era sicura di voler entrare in una discussione

familiare, quindi fece una pausa.

Allison si diresse verso di lei, indossava un vestito blu scuro che la faceva sembrare una modella. "Allora, tu sei Jill? La cuoca di cui ho sentito parlare?"

"Salve, sono Jillian Conroy. Sì, mi occupo dei pasti." Jill tese la mano e Allison la strinse. "Benvenuta! Ti fermi a lungo?"

"Sono qui per prendere mia figlia. Mi è mancata." Allison studiò Jill da vicino. "Immagino che sia stata tu a dare a Kacy l'idea di tagliare corti i capelli."

Jill scosse la testa. "In realtà è stata la sua migliore amica, Emily, a farle decidere di tagliarsi i capelli. Io li adoro. Sono perfetti per la spiaggia e la piscina."

"Non vanno bene per il resto dell'anno," disse Allison. "Per un po' non riuscirò a metterle i fiocchi." Strinse Kacy a sé e le passò le dita tra i riccioli. "Non preoccuparti. Li lasceremo ricrescere."

"No-o-o!" gridò Kacy in un piagnisteo che in passato era familiare. "Voglio assomigliare a Emily!"

"Chi è questa Emily?" Allison chiese a Brody. "Un'amica del campo scuola?"

Lui annuì. "La sua migliore amica. Una ragazza della sua età, di ottima famiglia."

"Emily ha le T e i cuccioli," disse Kacy. "Voglio un cucciolo. Emily ha detto che me ne darà uno."

"Oh, tesoro, niente cuccioli per noi. Marcus ha delle allergie. Ricordi?"

"Non mi interessa. Voglio un cucciolo," disse Kacy imbronciata mentre guardava la madre.

Allison agitò le mani. "Ora non facciamo i capricci. Ne parleremo più tardi."

"Jill sta per prendere un cucciolo," aggiunse Kacy.

Allison guardò Jill con sorpresa. "Davvero?"

"Ci sto pensando," rispose lei. "Prima però devo trovare un posto fisso dove vivere."

"Si sta trasferendo in Florida ed è in cerca di un alloggio," spiegò Brody.

Allison li studiò entrambi. "È lei il motivo per cui stai pensando di trasferirti in Florida, Brody?"

"Cosa?" Brody si accigliò.

"A papà piace Jill," commentò Kacy. "Anche a me e a Emily piace."

"Beh, credo sia meglio che io torni al cottage," disse Jill. Allison la guardava accigliata.

"Non disturbarti a cucinare per noi," disse la donna. "Andiamo a cena fuori. Vero, Brody?"

Brody la guardò con sorpresa e annuì. "Va bene. Usciremo."

Mentre Jill si dirigeva verso il cottage, sentì lo sguardo di Allison su di sé.

Greg la guardò dalla sedia a dondolo su cui riposava. "Vedo che hai conosciuto Allison."

"Sì. Capisco molto di più quello che hanno passato Brody e Kacy. Scusami. Vado nella mia stanza. Credo sia meglio lasciare alla famiglia un po' di privacy."

"Certo."

"Dove alloggia Allison?"

"In un hotel vicino. Brody ha insistito per prenotarle una stanza. Credo che lei pensasse di restare qui, ma Brody non ha voluto."

Jill lasciò il portico e andò in camera. Aveva bisogno di stare da sola, lontano da Brody e dalla sua famiglia. Si era detta di non farsi coinvolgere troppo né da Kacy né da lui, ma si rese conto che era già troppo tardi. Il prezioso momento con Kacy sulla spiaggia era qualcosa che non avrebbe mai dimenticato. Né avrebbe scordato il modo in cui la madre in pochi istanti aveva messo la figlia al tappeto, appena l'aveva vista. E l'idea di piacere a Brody faceva sentire Jill... speciale.

Poco dopo, sentì bussare alla porta. Sapeva chi era e sospirò.

Aprì la porta. "Sì?"

"Possiamo parlare?" domandò Brody.

"Certo." Jill tenne aperto, lui entrò e richiuse la porta.

"Mi dispiace per Allison." Brody si passò le dita tra i capelli, un gesto che fino ad allora lei non gli aveva mai visto fare. "Sa essere cattiva a modo suo. Hai visto come ha trasformato Kacy."

"Sì, ho visto. Io e Kacy abbiamo avuto un momento speciale sulla spiaggia, ma in un istante, appena ha visto sua madre, è tornata a essere la bambina capricciosa che era quando l'ho conosciuta. È questa la parte che mi crea problemi. Eppure, so che non sono affari miei."

"Hai contribuito molto ai cambiamenti salutari che abbiamo visto in Kacy. Non voglio che ti allontani da lei. Allison e Marcus litigano spesso e lei sta pensando di lasciarlo. Vorrei parlarle e farle capire che si tratta di uno stupido battibecco, che non vale la pena di distruggere la relazione. Personalmente, penso che Allison voglia solo attenzioni."

"Di sicuro non le piace l'idea che ci sia qualcosa tra noi due," disse Jill. "Anche per questo, non voglio essere coinvolta."

Al rumore dei colpi alla porta, Brody fece una smorfia. "Scommettiamo chi è?"

Jill non rispose. Si avvicinò alla porta e la aprì. "Sì?"

"Cosa sta succedendo qui?" interruppe Allison. "Perché siete qui insieme?"

"In realtà, non è come pensi," disse Brody prima che Jill potesse rispondere. "Stiamo parlando di Kacy."

Allison lanciò a Jill uno sguardo feroce. "Non hai il diritto di parlare di mia figlia."

"Dato che vivo in casa con lei, non credo ci sia un modo per evitarlo," rispose Jill con voce calma. "Sono un'insegnante di scuola elementare, quindi mi sento qualificata per offrire una guida, quando è necessario. Ma non preoccuparti, non ho intenzione di farmi coinvolgere dalla tua famiglia. Sono qui al cottage solo per l'estate."

Allison squadrò Jill dalla testa ai piedi, che erano scalzi. "Credo che non ci sia bisogno di preoccuparsi." Si rivolse a Brody. "Tesoro, dovremmo pensare a dove andare a mangiare. Sono sicura che se chiedessimo a Greg, potrebbe guardare Kacy per noi, se volessimo cenare da soli."

Brody si accigliò e scosse la testa. "Cenare da soli non sarebbe corretto nei confronti di Kacy. Pensa che tu sia venuta qui per stare con lei."

"Beh certo, è così... ma volevo anche parlare con te, passare qualche bel momento insieme. Forse sono stata troppo precipitosa... "

Brody alzò la mano. "Non iniziare, Allison. Non puoi essere sempre al centro dell'attenzione. Non funzionerà. Ma dobbiamo parlare di Kacy. Quando ti accompagnerò in albergo questa sera, potremo parlarne. Fino ad allora, sono sicuro che tua figlia vorrà stare un po' con te."

"Ok, se insisti." Allison si girò per allontanarsi e si fermò. "Brody? Vieni anche tu? Non è saggio lasciare che Kacy pensi che ci sia qualcosa tra voi due."

Jill forzò un sorriso. "Ci vediamo dopo. Buona cena in famiglia."

Brody se ne andò con Allison e Jill restò di nuovo da sola. Si sedette sul letto a lottare con i propri sentimenti. Era attratta da Brody, si stava affezionando a sua figlia e le piaceva far parte della loro famiglia. Ma per lei la priorità era trasferirsi in Florida e ambientarsi nella sua nuova vita.

CAPITOLO DICIOTTO

Quando Jill entrò in cucina la mattina seguente, fu sorpresa di trovarci Brody. "Non lavori oggi?" gli chiese.

"Porto Allison a vedere il campo scuola. Vuole dare la sua approvazione prima di decidere se far continuare Kacy lì."

"Pensavo che siccome la tieni per l'estate, potessi decidere tu," commentò Jill, osservando l'espressione triste sul suo volto.

"Vorrei convincere Allison che Kacy dovrebbe restare con me non solo d'estate, ma anche che io e nostra figlia faremmo bene a fermarci in Florida per il prossimo anno scolastico. Greg ha davvero bisogno di me per mandare avanti l'attività. Non sta certo ringiovanendo e io gli devo molto. Se lui e Annie non mi avessero accolto, non so dove sarei oggi. Probabilmente per strada."

"Pensi che Allison approverebbe mai? Dice che le manca la figlia."

"Già, lo *dice*; in realtà, non ha mai voluto essere madre."

"Forse vedere Kacy così felice la aiuterà a decidere."

"Credo che l'idea di viaggiare con suo marito possa essere la chiave. Lui fa dei seminari in posti molto belli. E Allison ha detto che molti dei suoi amici trascorrono un periodo all'estero. Spera di convincere Marcus ad accettare di affittare un appartamento a Parigi per un po', per usarlo come base mentre lei gira l'Europa."

"Come si organizzerebbero con Kacy?"

"Ecco come la penso. Credo che per mia figlia sarebbe controproducente. Qui ha trovato nuove amiche e si sta comportando bene. Non vorrei mai che tornasse alle sue vecchie abitudini sotto la costante disapprovazione della madre."

"Sono d'accordo. Capisco quanto tu sia preoccupato."

"Grazie. Ora è meglio che io vada. Ho promesso di portare Allison a fare colazione da Gracie al Salty Key Inn. Ha sentito dire che è l'*unico* posto della zona dove fare una buona colazione."

"Preparerò un'insalata di tonno per te e Greg, prima di andare al lavoro."

"Grazie. Ci vediamo dopo."

Jill si versò una tazza di caffè e la portò in veranda.

"Buongiorno!" disse Greg allegramente, seduto su una delle sedie a dondolo.

"Ciao! Che giornata stupenda!" rispose lei con un sorriso. Il sole rifletteva un caldo bagliore sull'acqua, incoronando ogni onda di una tenue patina dorata. I fiori si muovevano nella brezza e attiravano l'attenzione con i loro colori vivaci.

"Sembra che anche oggi farà molto caldo. Spero che stasera si rinfreschi, perché ho un appuntamento."

"Sì? È l'uscita che ha organizzato la tua amica?"

Sorrise. "Non vuole ancora dirmi come si chiama la donna che mi vuole presentare, ma dice che sarà un salto di qualità per entrambi. Alla mia età, ho deciso che potevo rischiare. Non mi restano tante altre occasioni."

Jill lo abbracciò velocemente. "Non ci credo nemmeno per un minuto."

Ridacchiò. "Vedremo."

Jill si sedette accanto a lui. "Non avevo capito che desiderassi tanto coinvolgere Brody nella tua attività. Ci tiene molto a te."

"Sto cercando di convincerlo a venire in Florida, lontano dalla routine in cui si trova ora. So che c'è una possibilità di

Judith Keim

lavoro nel suo campo e, francamente, se qualche volta mi aiutasse, sarebbe un modo per mantenere l'attività. Per me è importante continuare a muovermi e se lui restasse qui potrebbe essere fantastico per noi, ma soprattutto per Kacy."

"Cavolo! Ci sono molti aspetti a cui pensare."

"Per te non è stato difficile decidere di trasferirti qui," commentò Greg. "Spero che per Brody sia lo stesso."

"Di solito non prendo decisioni così avventate, ma mi è sembrato tutto perfetto. E siccome si sta realizzando tutto in modo rapido e semplice, mi viene da pensare che fosse destino."

"Un modo per sfogare vecchi segreti e andare avanti?" Greg le sorrise. "Mi piace vedere quell'espressione felice sul tuo volto."

"Grazie." Non ricordava di essersi mai sentita tanto in pace.

Quando Jill entrò nel parcheggio del Sunnyside e vide il furgone di Brody, le si strinse il cuore. Non aveva alcun desiderio di imbattersi in Allison.

Scese dall'auto e si diresse in ufficio, decisa a mantenere le distanze. Susannah la raggiunse sulla porta. "Sbrigati! Vieni con me," disse, prima di accompagnare Jill in cucina.

"Che succede?" chiese Jill.

"Resta qui." Susannah chiuse la porta della cucina e si rivolse a Jill. "Non voglio che le forze vengano disturbate."

"Quali forze?" domandò Jill.

"Le forze che danno forma al futuro."

Nella quiete che seguì, Jill poté sentire le voci di Allison e Brody nel corridoio dall'altra parte della porta.

"È stato un piacere conoscerti, Melanie," disse Allison. "Mi dispiace non aver incontrato Susannah. Ho saputo che è un'ottima cuoca, a differenza di quella di Brody al cottage."

"Si riferisce a Jill," aggiunse Brody con un chiaro tono di fastidio.

"Jill Conroy? È una persona squisita," disse Melanie. "Non ci piace sentire commenti spiacevoli qui."

"È meglio andare," disse Brody. "Melanie, grazie per aver permesso questa visita ad Allison. Volevo che vedesse quanto Kacy è felice qui."

"Sì, è migliorata molto. Ci fa piacere quando succede."

"Grazie per averla aiutata a perdere peso," disse Allison. "È molto importante per me."

"Sì, l'hai fatto capire chiaramente," rispose Melanie. "Buon ritorno a casa."

Non appena sentirono la porta d'ingresso chiudersi, Susannah lasciò andare un lungo sospiro. "Bene. Se ne sono andati."

Melanie bussò alla porta e la aprì. "Che succede? Perché ti sei chiusa qui dentro? E perché hai rifiutato di incontrare la madre di Kacy?"

"Ho ricevuto un segnale di avvertimento," rispose Susannah. "Sapevo solo che non potevo andare da lei."

"Susannah, a volte non sono convinta dei tuoi sentimenti," disse Melanie scuotendo la testa. "Buongiorno, Jill. Come va oggi?"

"Bene. E a te?"

"Va. Sto cercando di superare la giornata."

Susannah strizzò l'occhio verso Jill. "Melanie ha un appuntamento stasera. Un amico di un'amica."

"Qualcuno che conosciamo?" domandò Jill.

Melanie tese le mani. "Non so chi sia. La mia amica mi ha detto di fidarmi. Ho deciso di ascoltarla. Che diamine! Cosa ho da perdere?"

Jill sentì il proprio sorriso allargarsi. "Mi sembra divertente. Se dovesse andare male, sarà solo per una sera."

Oddio! Greg è il suo accompagnatore?

"Penso che sarà meraviglioso," disse Susannah, poi guardò Jill e ammiccò.

Jill fu colpita da un pensiero che le provocò un brivido lungo la schiena. Susannah le aveva già detto che Melanie avrebbe trascorso meno tempo al campo. Era forse per una novità del genere?

"È ora che io dia gli ultimi ritocchi al pranzo," disse Susannah, interrompendo il contatto tra loro.

"Jill, potresti controllare se Kelly ha bisogno di aiuto in piscina? Poi, dopo pranzo, mi darai una mano in ufficio," suggerì Melanie.

"Va bene." L'espressione soddisfatta sul volto di Susannah era eloquente.

Divertita, Jill si diresse fuori.

Kelly salutò con la mano e Jill andò subito da lei.

"Sono felice che tu sia qui," disse Kelly. "C'è qualcosa di cui devo parlarti. È passata la madre di Kacy e ora non riesco a convincere la bambina a unirsi al gruppo. Qualche suggerimento?"

"Cos'è successo?" domandò Jill, cercando di non fissare il volto di Kacy rigato dalle lacrime.

"Ho sentito sua madre dirle che se avesse perso peso le avrebbe comprato un nuovo costume da bagno. Un bel costume blu." Kelly si toccò l'angolo del labbro. "Non ho detto nulla in quel momento, non sentivo di poterlo fare, ma il mio cuore si stringe per Kacy. Era molto orgogliosa di quel costume rosa, uguale a quello della sua amica Emily."

"Ne parlerò con Brody quando ne avrò l'occasione. Ma prima fammi parlare con Kacy."

"Grazie. Ti ascolterà."

Jill si premurò di salutare il gruppo di bambine riunite nella parte bassa della piscina prima di andare a sedersi accanto a Kacy sul prato.

"Perché sei qui?" Jill le chiese gentilmente.

"Ho mal di pancia," disse Kacy, guardando in lontananza.

Jill le mise un braccio intorno alle spalle. "Posso darti qualcosa per farlo passare?"

"No. La mamma ha detto che devo perdere peso."

"A volte dovresti dimenticare quello che dicono gli altri, soprattutto se ferisce i tuoi sentimenti. Sei bellissima, Kacy. E qui ti sei fatta degli amici fantastici che ti apprezzano così come sei. È questo l'importante. Ora torniamo da loro."

Jill si alzò e tese la mano, sperando che quelle parole avessero senso per una bambina di otto anni.

Kacy sospirò esageratamente, prese la mano di Jill e insieme si diressero verso il gruppo.

Quando si avvicinarono, Kelly lanciò loro uno sguardo luminoso. "Ok. Ora il nostro gruppo è pronto per un po' di divertimento. Faremo dei giochi. Emily, puoi essere la prima a scegliere un compagno."

Emily sorrise. "Io scelgo Kacy."

Jill e Kelly si scambiarono uno sguardo di soddisfazione. Kacy sorrideva.

Più tardi, a pranzo, Kelly disse a Jill: "Spero che tu possa parlare al padre di Kacy di quello che è successo. So bene cosa significhi per un bambino sentirsi preso di mira e mi è dispiaciuto quando ho visto Kacy perdere l'entusiasmo di far parte del gruppo."

"È una situazione difficile. Non voglio essere troppo coinvolta, ma non posso nemmeno restare a guardare senza dire nulla. Lo devo a Kacy. Io e lei stiamo creando un rapporto stretto."

"Lo vedo. È bello."

"Anche per me." Jill sapeva di essere sincera. Quando era sposata con Jay, aveva rinunciato all'idea di avere dei figli, ma l'amicizia con Kacy le stava facendo venire nuovi pensieri.

Jill tornò al cottage da sola. Brody e Allison erano andati a prendere la figlia al Sunnyside ed erano diretti a Orlando per trascorrere lì un paio di notti, in modo che Kacy potesse andare a Disney World. Anche Greg stava per uscire per un appuntamento e Jill non vedeva l'ora di passare una serata tranquilla.

"Immagino che resterai da sola per un po'," disse Greg quando la vide entrare in casa. "Tra poco partirò per il mio grande appuntamento." Aveva un aspetto adorabile, con i pantaloni beige appena stirati e una camicia madras a quadri che metteva in risalto gli occhi azzurri e i capelli grigi.

"Non sai chi è?" domandò Jill, ricordando la conversazione precedente con Melanie.

Scosse la testa. "No. So solo che è amica di un'amica."

Jill non poté evitare il sorriso che le si allargò sul viso. Doveva essere Melanie. "Beh, sono abbastanza sicura che andrà tutto bene."

"Vedremo. Non smetterò mai di sentire la mancanza di Annie, ma credo di essere finalmente pronto a prendere in considerazione la possibilità di incontrare altre donne." Alzò il braccio, ancora ingessato. "Questo è solo un piccolo ostacolo sulla strada. Ho ancora molto da vivere."

Lei ridacchiò per il sorriso furbetto di Greg. "Certo che sì!"

Ancora sorridente, Jill andò in camera da letto per sistemarsi. Notò un libro che aveva comprato di recente e lo prese. Quella sera avrebbe preparato una ciotola di popcorn e avrebbe letto sorseggiando limonata ghiacciata.

Era nel bel mezzo di una storia toccante, quando le squillò

il cellulare. Esitò e lasciò partire la segreteria telefonica. Era uno di quei *momenti per sé* di cui aveva davvero bisogno. Solo dopo essersi asciugata gli occhi con un fazzoletto per il lieto fine del libro, si ricordò della telefonata.

Controllò i messaggi e fu sorpresa di vederne uno della sorella. Le mancò il fiato. *Cosa c'è adesso?* Lesse velocemente le parole: ... emergenza ... arrivo a casa ... dobbiamo parlare ... ti chiamo dopo.

Jill si mordicchiò il labbro. Non aveva alcuna voglia di parlare con Cristal. Trattare con lei era estremamente difficile. Tuttavia, si preoccupò per l'emergenza tanto grande da costringere la sorella a tornare a casa dal suo viaggio in Europa. Guardò l'ora. Era troppo tardi per telefonare. Avrebbe aspettato che Cristal la richiamasse.

Si alzò dal divano e si diresse in cucina. Era ormai notte fonda e Jill era pronta per andare a letto. Un bel pianto davanti a un libro era esattamente ciò di cui aveva bisogno per alleviare le emozioni vorticose che si erano scatenate dopo l'incontro con Allison.

Quando sentì qualcuno alla porta d'ingresso, si girò per salutare Greg. "Ciao! Ti sei divertito?"

"È stato fantastico," disse lui, sorridendo. "Tu la conosci, si chiama Melanie Heckinger."

"Davvero? E così era Melanie... È meraviglioso!!!"

"Sì, è una donna molto gentile. Ha un'ottima opinione di te," disse Greg.

"E penso che voi due stareste benissimo insieme," commentò Jill.

"È un po' più giovane, ma siamo entrati subito in sintonia."

"L'età non dovrebbe avere importanza. Come mi hai detto prima, hai ancora molta energia dentro di te."

Ridacchiò. "Vedremo come andrà, ma per la prima volta dopo tanto tempo è stato davvero bello passare la serata con una donna, una diversa da Annie."

"Che dolce. Spero funzioni tra di voi. Vado a dormire. Ci vediamo domattina."

Più tardi, mentre Jill era a letto a fissare il soffitto, pensò a Cristal. Per lei un'emergenza poteva essere banale come non avere il rossetto del colore giusto per un vestito. Ma scoprire che sarebbe tornata a casa? Doveva essere successo qualcosa di traumatico.

Jill allontanò i pensieri preoccupanti della sorella, sistemò il cuscino e si coricò, sperando di dormire bene.

I sogni di Jill vennero infranti dalla suoneria del cellulare. Intontita, allungò la mano e controllò l'ora. Le due del mattino. Diede un'occhiata stordita allo schermo e gemette. *Cristal.*

"Cosa c'è di così importante da dovermi chiamare a quest'ora?" mormorò al telefono.

"Scusa, continuo a dimenticare che tu sei qualche ora indietro e non avanti rispetto a me," disse Cristal. "È successa una cosa e sto tornando negli Stati Uniti."

"Che sarebbe questa 'cosa'?" chiese con diffidenza Jill.

"Sono caduta e mi sono slogata la caviglia, ma c'è dell'altro. Voglio stare al Seashell Cottage con te. Ha tre camere da letto, giusto?"

"Sì, è così. Tre camere da letto che sono già piene. Cucino per due uomini e una bambina, grazie a te."

"Chi è il ragazzo in più?"

"Il nipote di Greg e sua figlia."

"Avrei dovuto dirti di Greg," ammise Cristal. "Temevo che, se lo avessi saputo in anticipo, ti saresti tirata indietro e ho pensato che avessi bisogno di allontanarti da Ellenton per un po'."

"In effetti, hai pensato bene. È stato meraviglioso."

"Vedi? Ogni tanto è saggio credere alla sorella maggiore. A proposito, *non* dire alla mamma che sto tornando a casa. Come ho detto, ho davvero bisogno di parlarti da sola, senza alcuna interferenza da parte sua."

"Si infurierà, se lo scopre," la avvertì Jill.

"Sì, beh, è molto importante. Ascolta, non preoccuparti del mio arrivo. Ci vediamo appena possibile."

"Ma... " Jill iniziò e si rese conto che Cristal aveva già riattaccato. Ormai sveglia, si alzò dal letto e si diresse in cucina. Una tazza di camomilla calda l'avrebbe aiutata a riprendere sonno. La sua mente stava proiettando svariati scenari, molti dei quali non erano dei migliori.

CAPITOLO DICIANNOVE

Non appena Melanie vide Jill, corse verso di lei con il viso illuminato dall'entusiasmo. "Jill, non sapevo che Greg Campbell vivesse nel cottage con te! Che persona meravigliosa! Abbiamo passato una bella serata insieme."

"Lo so. Me l'ha detto. Si è divertito molto."

Melanie ridacchiò. "So di sembrare un'adolescente innamorata, ma non riesco a trattenermi."

Jill la abbracciò velocemente. "Spero che sia l'inizio di qualcosa di meraviglioso per voi due."

"Susannah mi ha chiesto di spiegarti molto di più sulla parte amministrativa. Cosa ne pensi, Jill?" Melanie la studiò.

"Mi piacerebbe molto," rispose Jill con sincerità.

Melanie sorrise. "Mi ha detto che fa tutto parte di un piano più ampio. A me sta bene. Ti spieghiamo e poi potremo continuare a parlare del futuro."

Con la coda dell'occhio, Jill vide Susannah farle un cenno di saluto dalla sua postazione accanto alla porta della cucina. Ridacchiando tra sé e sé, Jill si voltò verso Melanie. "Ok, mi sembra un buon piano."

Invece di aiutare Kelly con le lezioni di nuoto, Jill avrebbe lavorato in ufficio con Melanie.

"Hai pensato a un nuovo slogan?" le chiese Melanie. "*Giorni di sole e strade...* mi ha un po' stancata."

Jill prese un foglio di carta dalla borsa. "L'altro giorno stavo scarabocchiando delle parole e mi sono venute in mente due proposte: 'Sunnyside, un'esperienza solare per tutti' o 'Sunnyside, un'esperienza di calda accoglienza per tutti'."

"Oh, mi piace molto il secondo," disse Melanie. "Teniamolo per il futuro. Voglio anche cambiare un po' il logo, magari si può giocare con la dimensione dei caratteri."

"In effetti, anche io ho fatto qualche prova," disse Jill. "Ecco. Guarda." Le porse un foglio di carta su cui aveva disegnato diversi progetti.

"Molto bene. Sentiamo il nostro tipografo e facciamogli trovare qualcosa per la cancelleria, i biglietti da visita e il nuovo volantino a cui stiamo lavorando." Melanie la guardò raggiante. "Se andrà tutto come spero, diventerai parte integrante della squadra."

"Me lo auguro," disse Jill, apprezzando l'idea di conciliare l'insegnamento e il lavoro al campo scuola. Susannah le aveva già detto che sarebbe successo, ma Jill non si espose. Non voleva che Melanie si sentisse tagliata fuori. Inoltre, doveva ancora ambientarsi nel nuovo stile di vita della Florida. Insegnare in terza elementare avrebbe richiesto tempo per abituarsi. Almeno non avrebbe più dovuto lottare con gli stivali da neve e le cerniere dei cappotti dei bambini dell'asilo prima della ricreazione.

Man mano che Melanie le illustrava le procedure d'ufficio, Jill si rese conto che si trattava di un'attività più impegnativa del previsto. La sicurezza dei bambini era fondamentale. Le autorità pubbliche erano attente ai requisiti per le licenze e alle qualifiche necessarie per supervisionare una struttura come quella. L'ammontare delle assicurazioni di responsabilità civile sottoscritte dal campo scuola era impressionante.

Mentre tornava al cottage, la mente di Jill continuava a girare intorno ai dettagli.

Quando entrò nel vialetto, fu sorpresa di vedere il furgone di Brody. Preoccupata, si affrettò a entrare.

Brody e Greg sedevano al tavolo della cucina.

"Ciao! Sei tornato a casa presto. Che succede?" chiese Jill. "Dov'è Kacy?"

"L'ho lasciata a casa di Emily dopo aver accompagnato Allison all'aeroporto."

"Va tutto bene?" Brody sembrava esausto.

"Ieri sera io e Allison abbiamo litigato. Durante tutto il tempo a Disney World, si è lamentata del caldo, dell'attesa in fila, del prezzo del cibo, di tutto. Ha rovinato la giornata a Kacy." Brody sospirò intensamente. "Allison ha accettato di lasciarmi Kacy per il resto dell'estate e lei e Marcus parleranno della possibilità che nostra figlia resti con me per il prossimo anno scolastico. Se a loro andrà bene, prepareremo i documenti e li presenteremo al tribunale per l'approvazione."

"Tenere Kacy potrebbe interferire con i piani di Allison per il viaggio autunnale a Parigi," disse Greg, con lo stesso sguardo disgustato di Brody.

"Cosa ne pensa Kacy di tutto questo?" domandò Jill.

"Ci ha sentiti parlare ieri sera e ha detto a Allison che non voleva più vivere con lei. Ho dovuto spiegarle che, anche se avesse trascorso l'anno scolastico con me, le vacanze e le ferie sarebbero state condivise anche con la madre."

"Come ha risposto Allison?"

"Sta riflettendo. Spero che lei e Kacy riescano a trovare una sorta di tregua, ma non credo che accadrà presto. Kacy sa di avere il diritto di dire quello che prova. Sono rimasto davvero sorpreso da come si è comportata bene."

Jill si sedette al tavolo con loro. "Beh, questa si sta rivelando un'estate piena di sorprese. Mia sorella ha chiamato per dire che lascia l'Europa in anticipo e viene a stare da me. Volevo spiegarle la situazione, ma ha riattaccato prima che potessi parlare. La mia stanza ha due letti matrimoniali, quindi credo che la dividerò con lei. Spero non vi dispiaccia."

"Per niente. Tra circa un mese torneremo ai nostri orari

normali," disse Greg. Lanciò un'occhiata a Brody. "Oppure no."

"Ho intenzione di fare domanda per un posto qui a St. Petersburg," le disse Brody. "C'è un piccolo gruppo di psicologi che ha aperto uno studio a cui sono interessato. Questo mi aiuterà a decidere se trasferirmi o meno. Ho già avvisato i colleghi in Pennsylvania che forse non tornerò."

"Spero che tutto vada come tu desideri e che tu possa restare," disse Jill, improvvisamente imbarazzata dalla foga della sua voce.

Greg ridacchiò. "Sembra che ci possano essere ancora più sorprese. Ho chiamato Melanie e domani sera usciremo."

"Stamattina non riusciva a smettere di sorridere," commentò Jill. "Immagino che voi due siate davvero in sintonia. Sono felice per entrambi."

Brody diede una pacca sulla spalla allo zio. "Anch'io, Greg. So quanto ti sei sentito solo senza Annie."

"Sì. Anche se Melanie ha subito un divorzio, capisce la mia devozione per Annie e la rispetta."

"È molto dolce." Jill si alzò in piedi. "Mi cambio e poi faccio una passeggiata sulla spiaggia prima di preparare la cena. Pensavo di grigliare un po' di pollo, con broccoli freschi e una macedonia."

"Mi metto volentieri alla griglia," disse Brody. "Dopo la cena costosa e tesa di ieri sera, trovo perfetto il pollo alla griglia."

Jill uscì dalla camera da letto in pantaloncini di jeans e una maglietta corta e trovò Brody ad aspettarla.

"Ti dispiace se vengo con te?"

"Per niente. Mi farebbe piacere."

Si avviarono verso la spiaggia, mano nella mano.

A Jill piaceva il fatto che si sentissero sempre più a loro agio l'uno con l'altra.

Lui si voltò e le sorrise.

Un flashback le fece riprendere fiato. Il proprio ragazzo dell'università la guardava in quel modo... finché non aveva visto Cristal e l'aveva lasciata.

Jill staccò la mano da quella di Brody e si fermò.

"Qualcosa non va?" chiese Brody.

"Sto solo pensando a mia sorella."

"Cosa c'è? Non sembri felice."

"Ah, non sai com'è quando sono con lei. È bellissima e a suo agio nell'incontrare gli altri... "

Brody le prese la mano. "Smettila. Non so cosa stia succedendo, ma se ti stai paragonando a lei o a chiunque altro, vuol dire che non capisci quanto sei bella dentro e fuori."

"Ma... "

"È quello stronzo di tuo marito, pace all'anima sua, che ti ha fatto pensare così, vero?" Gli occhi di Brody si assottigliarono, lo sguardo si conficcò dentro di lei. "Tipi come lui non meritano nulla. Greg mi ha parlato un po' della tua situazione e so di altri casi simili."

Jill rimase lì, come bloccata, mentre i ricordi dolorosi la trafiggevano come un coltello affilato, fino a farla sanguinare di nuovo. Non solo i ricordi del matrimonio, ma anche quelli dell'infanzia. Cristal la bella, Cristal la talentuosa, Cristal che piaceva di più a tutti i ragazzi e persino alle ragazze. A Jill erano rimaste solo delle lodi di tanto in tanto, nessuna delle quali particolarmente entusiasmante. E poi Jay aveva preso anche quei minuscoli pezzi di riconoscenza e li aveva strappati come carta velina, si era assicurato che lei pensasse di essere brutta, goffa e destinata a non essere amata, mentre sotto lo sguardo degli altri fingeva di essere un marito devoto.

Jill si abbassò sulla sabbia, con un senso di nausea tale da impedirle anche solo di muoversi.

Brody si inginocchiò accanto a lei e la cinse con un braccio. "Ascoltami," le sussurrò all'orecchio. "Dimmi cosa ti preoccupa. Sei al sicuro. Non puoi raccontarmi nulla che io non abbia già sentito."

"Penserai che sono sciocca, o stupida, o peggio," disse Jill. Se lui avesse saputo quanto la spaventava confessare le sue peggiori paure, non solo si sarebbe allontanato dal rapporto che si stava creando tra loro, ma sarebbe scappato di corsa.

"Puoi dirmelo... " La voce di Brody era morbida, piena di comprensione.

Jill si rivolse a lui. "Per la maggior parte della mia infanzia, mia madre si è assicurata che io e tutti gli altri sapessimo che mia sorella era la favorita. E lei? È cresciuta beata sapendolo."

"C'era molta rivalità tra voi due?" chiese Brody.

Jill scrollò le spalle. "Non proprio. Non aveva senso, in realtà. Sapevamo stare al nostro posto."

"E qual era il tuo?" Brody chiese gentilmente.

"Io ero quella che studiava sodo e meritava di andare bene a scuola, perché non sapevo ballare o cantare come Cristal. E l'aspetto? Io ero quella con il naso dei Davis mentre mia madre diceva a tutti che Cristal era la principessa delle fate che aveva preso da lei."

"È vero che si assomigliano?"

Jill scosse la testa. "Un po', ma non troppo. Cristal è una bellezza naturale bionda e con gli occhi azzurri. I capelli di mia madre non sono naturalmente così."

Brody le afferrò il gomito. "Alzati."

Jill si alzò in piedi ma si sentì traballare, come se si stesse riprendendo da una lunga malattia.

"Guardami," disse Brody.

Lei lo fissò negli occhi verdi pieni di preoccupazione. "Cosa?"

"Non mi voglio perdere in banalità, ma dirò solo che forse è arrivato il momento di pensare a tutto quello che stai facendo da sola qui in Florida, perché sei intelligente e capace. La tua bellezza non è da mettere in discussione, ma da mettere da parte. L'aspetto è mutevole, ma il carattere innato di una persona no. Hai uno degli animi più gentili che abbia mai conosciuto. Sei coraggiosa e capace di crearti un nuovo futuro. Lo hai dimostrato, quindi perché tornare a pensare al passato?"

"Tu sai, più di altri, che l'infanzia forma gli adulti," disse, non ancora pronta a lasciar andare tutto ciò che l'aveva ferita.

"Hai ragione e il bagaglio può diventare molto pesante. Se tua sorella sta venendo qui, potrebbe essere il momento di disfarsi di tutti questi sentimenti." Lui le mise un braccio sulle spalle e insieme fissarono le onde che si infrangevano sulla riva con andamento continuo.

Il movimento dell'acqua, senza tempo come le albe e i tramonti su di essa, la tranquillizzava. Inspirò ed espirò più volte. Pensò che, forse, Brody aveva ragione. Forse era giunto il momento di parlare apertamente e onestamente con Cristal.

Dopo la passeggiata sulla spiaggia con Brody, Jill si sforzò di mettere da parte le preoccupazioni riguardo al tempo da trascorrere con la sorella. Non erano state molto unite da piccole, ma forse avrebbero potuto instaurare un rapporto migliore, dal momento che Jill ormai aveva lasciato la città natale ed era lontana dall'influenza della madre. Ci avrebbe provato. Andò in camera a cambiarsi, soddisfatta di quei nuovi propositi.

In cucina, Jill preparò i broccoli e tagliò arance e pompelmi per una macedonia di frutta fresca. Nonostante l'iniziale risentimento per l'onere di cucinare, si rese conto che le piaceva, soprattutto quando quello che cucinava veniva divorato con entusiasmo.

Greg le porse un bicchiere di vino. "Per la cuoca."

"Grazie." Lei gli sorrise. "Come ho detto prima, mi fa piacere che tu e Melanie siate così in sintonia."

Greg posò lo sguardo su di lei. "Grazie. Vedo che anche tu e Brody andate d'accordo e, credimi, ne sono felice. È un bravo ragazzo. Puoi starne certa."

Jill annuì, ma non disse nulla. Sembrava che Greg avesse ragione, ma lei e Brody stavano ancora imparando a conoscersi.

"Hai idea di quando arriverà tua sorella?" chiese Greg.

"No. È fatta così. Le ho lasciato un messaggio, ma non ha risposto."

"Beh, credo che non abbia importanza. Arriverà quando arriverà."

"E quando meno te lo aspetti," non poté fare a meno di aggiungere Jill

CAPITOLO VENTI

La mattina seguente, Jill controllò il calendario. La scuola sarebbe iniziata a metà agosto e lei non aveva ancora visto la propria classe. Non aveva nemmeno ricevuto notizie da Kay Branson dell'immobiliare Palm Rentals & Realty riguardo all'appartamento che voleva affittare a settembre. Non poteva trasferirsi prima di allora, a causa dell'impegno di rimanere al Seashell Cottage per l'estate. Inoltre, Brody, Greg e Kacy avevano bisogno di lei.

Quando si rese conto della velocità con cui passavano i giorni, sollevò il telefono per chiamare Kay.

"Ciao, Jill! Scusami se non mi sono fatta sentire. Subito dopo che abbiamo parlato, la proprietà a cui eri interessata è stata messa sotto contratto da un amico di famiglia. Fino a ora non ero sicura che il contratto andasse in porto. C'è stato un problema con l'ispezione. Ma alla fine la cosa è andata in porto."

Jill rimase delusa. "Quindi la casa non è più disponibile?"

"Già. Il problema è stato risolto e la proprietà è fuori dal mercato degli affitti. Ma non preoccuparti, ci sono molte altre case disponibili per l'affitto in autunno. Però, se sei interessata ad acquistare, questo è un buon momento. Organizziamo un incontro, così ne discutiamo."

"Tanto sai già quello che cerco. Ti chiamerò." Jill riattaccò il telefono. Aveva sperato che trovare casa fosse un po' più semplice. Doveva sedersi e stendere un bilancio realistico. Aveva una cospicua somma da versare come caparra per l'eventuale acquisto di una casa, ma non avrebbe potuto permettersi un grosso mutuo. Non con uno stipendio da insegnante.

Prima di partire per il lavoro al Sunnyside, aveva preso accordi per vedere l'aula dove avrebbe lavorato. Le avevano detto che l'insegnante prima di lei aveva lasciato molti materiali didattici e articoli educativi ancora inutilizzati. Un'altra insegnante di terza elementare, Leigh McKinnon, accettò di incontrarla nel pomeriggio. Jill sapeva per esperienza quanto fosse importante allestire la classe secondo le proprie esigenze. Con una stanza piena di bambini attivi, nessun insegnante avrebbe avuto il tempo di cercare i materiali necessari o di decidere se la disposizione degli spazi potesse andare bene.

Jill si accordò con Brody per andare a prendere Kacy quel pomeriggio e poi guidò verso il campo scuola chiedendosi come avrebbe fatto a incastrare tutto. Doveva ancora trovare una casa dove vivere e sistemarsi. Inoltre, stava imparando a gestire il Sunnyside e ad assumere altri incarichi, in modo da garantirsi, in futuro, un reddito anche durante i mesi estivi, quando sarebbe rimasta senza lo stipendio da insegnante.

Dal momento in cui entrò al Sunnyside fino a quando uscì alle quattro per incontrare Leigh, Jill lavorò in ufficio, dove fu sommersa da informazioni sulla creazione di campagne di posta elettronica e pubblicità per le successive vacanze e i campi estivi.

"È come qualsiasi altra impresa di vendita al dettaglio, per così dire: devi muoverti in anticipo di una stagione per poter occupare tutti i posti disponibili del campo scuola. Fa un'enorme differenza nella redditività, che non è poi così alta al netto delle spese," spiegò Melanie.

Jill prese appunti, divertita dall'improvvisa urgenza di Melanie di insegnarle tutto quello che poteva. Quell'atteggiamento, senza dubbio, derivava dall'incontro con

Greg e confermava la previsione di Susannah che tutto ciò sarebbe avvenuto rapidamente.

Jill stava andando a scuola quando le squillò il cellulare.

"Ciao, Jilly! Sono Cristal. Sono a Miami e dovrei arrivare al cottage domani. So che non ti dispiacerà controllare se ci sono alcuni dei miei cibi preferiti, quindi ti mando una lista di tutto quello che mi serve. Grazie. Ci vediamo domani."

"Aspetta!" Ma il silenzio nel suo orecchio indicava che Cristal aveva già interrotto la chiamata.

Jill strinse i denti. La precedente risoluzione di far funzionare il rapporto con Cristal svanì in un'ondata di frustrazione. Maledizione! Non sarebbe mai cambiato nulla tra loro?

Accostò vicino alla scuola e si costrinse a calmarsi. Quello era il futuro, un nuovo inizio che non aveva nulla a che vedere con la sorella, il marito defunto o la madre. Si trattava di lei.

Scese dall'auto e si diresse a passo svelto verso la facciata dell'edificio in mattoni scuri della Palm Creek Elementary. All'esterno, le piacque vedere i marciapiedi coperti che circondavano la scuola, indice del clima più mite e del fatto che gli studenti trascorressero più tempo all'aperto.

Si avvicinò all'ingresso e aprì la porta. Una donna minuta si stava affrettando verso di lei. Jill entrò e fu subito assalita da un odore che avrebbe sempre associato alle scuole: un misto di prodotti per la pulizia, materiale artistico, vestiti per bambini e quello che lei chiamava ottimismo.

"Ciao! Tu devi essere Jill. Sono Leigh." La donna minuta, secondo Jill non più alta di un metro e mezzo, le tese la mano. Il suo sorriso illuminava un bel viso e metteva in risalto il colore verde-azzurro degli occhi. I capelli scuri erano legati in una coda di cavallo. Aveva un look da ragazzina.

Jill le strinse la mano. "Piacere di conoscerti."

"Piacere mio. Lavoreremo a stretto contatto durante il prossimo anno scolastico. Le nostre aule sono una accanto all'altra, quindi possiamo aiutarci a vicenda, quando dobbiamo fare una pausa per andare in bagno o per qualsiasi altra cosa."

Jill rise. "Mi fa piacere che lo dici. Le pause per il bagno sono sempre un problema."

"Ci lavoreremo insieme. Io e Carole, che aveva la classe l'anno scorso, andavamo d'accordo. Penso che sarà così anche per noi. Mi piace insegnare in terza elementare e ho molto materiale didattico che posso condividere con te."

"Sono abituata alla scuola materna, quindi ho bisogno di saperne di più sugli standard e sui sussidi didattici disponibili," disse Jill, seguendo Leigh in un corridoio.

"Non è un problema. Ho già preparato una lista di cose da fare. Il mio lavoro sarà molto più facile, se tu sarai ben preparata. Il terzo anno è importante per la lettura, il vocabolario, l'apprendimento del passato, del presente, del futuro e per lo studio del sistema solare. Sono tante le nozioni da trasmettere agli studenti."

Leigh la condusse in un'aula e accese le luci. Le sedie erano accuratamente disposte a testa in giù su una serie di tavoli rotondi. Per terra c'era una moquette di tweed verde e una parete era ricoperta da una lavagna bianca.

"Questa è la tua aula," disse Leigh. "La mia è qui accanto. Diamo un'occhiata ad alcuni dei lavori che ho fatto, potresti prenderli in considerazione per la tua classe."

Entrando nell'aula di Leigh, Jill sorrise. L'aggiunta di copertine di libri, immagini di pianeti diversi e altri poster colorati rendevano la stanza viva. Notò anche la libreria piena di testi e decise di comprarne altri per la propria classe. Le era sempre piaciuto leggere e un buon libro le regalava ancora preziosi momenti di evasione.

Mentre Jill continuava a studiare la stanza, Leigh le passò un piccolo quaderno. "Puoi prendere appunti qui. All'interno ho elencato tutti i posti dove puoi trovare materiali didattici a prezzi scontati. Uno dei negozi qui intorno, di solito mette in vendita quaderni come questi a diciannove centesimi l'uno, prima dell'inizio della scuola. Ci sono altri negozi che offrono sconti per gli insegnanti. So che sei nuova in Florida."

Toccata nel profondo, Jill si rivolse a lei. "Come potrò mai ringraziarti per avermi dato tutte queste informazioni e per essere stata così gentile con me? Cominciavo a preoccuparmi di non riuscire a gestire la terza elementare. Ora non sono più così agitata, anche se sicuramente avrò bisogno dei tuoi consigli e della tua guida."

"Continuo ad averne bisogno anch'io, anche se sono qui da sei anni. Il preside, Dennis Magee, è il migliore. È molto simpatico, solidale e discreto. È disposto ad aiutare in qualsiasi modo ed è aperto ai suggerimenti." Alzò lo sguardo. "Oh, eccolo qui."

Jill si girò di scatto e si trovò di fronte un omone che sembrava un ex giocatore di football, il cui sorriso si estendeva come una mezzaluna sul viso dalla pelle scura. Ma Jill fu catturata soprattutto dagli occhi scuri e scintillanti, pieni di sincera cordialità. Lei ricambiò il sorriso e apprezzò immediatamente quell'uomo corpulento. Non c'era da stupirsi che Leigh avesse parlato tanto bene di lui. Se era davvero bravo come aveva detto l'altra donna, Jill di certo non avrebbe avuto problemi ad adattarsi.

"Salve, Jill. Dopo il nostro colloquio telefonico, ho riletto la sua storia e sono lieto che si sia unita alla nostra squadra qui alla Palm Creek. Mi piace mantenere un dialogo aperto, quindi se ha bisogno di discutere con me di qualcosa, si senta libera di farlo. Pensa che le piacerà la terza elementare?"

"Credo di sì. Dopo essere stata all'asilo per diversi anni, sono pronta per un cambiamento."

"Ha ottime referenze. Mi dispiace di essere stato fuori città durante il suo colloquio iniziale, ma sono felice che il posto vacante sia stato occupato. Leigh è molto attenta a tutto, quindi può contare su di lei per qualsiasi aiuto."

Le guance di Leigh si colorarono di un bel rosa. "Grazie, Dennis."

Dennis tese la mano e Jill la strinse. "Grazie per essere passata. Con l'avvicinarsi di agosto, sarò qui tutti i giorni." Si frugò in tasca e le porse una chiave. "Questa è la chiave della sua classe, nel caso in cui voglia entrare a fare dei lavori nella stanza."

"Grazie. Lavorerò a diversi progetti," disse Jill, "e voglio assicurarmi che la mia aula sia decorata."

"Le ho già dato una lista di posti dove può trovare materiali didattici a buon mercato," aggiunse Leigh.

Dennis le salutò e uscì dalla stanza.

"È così diverso dalla mia preside a New York. A volte, lei è difficile e non è disposta ad affrontare quelle che ritiene questioni insignificanti sollevate dagli insegnanti."

"Dennis tiene fede a ciò che dice. Insegnanti, genitori e studenti lo adorano. I ragazzi lo chiamano 'Grande D', come a dire 'State attenti, il Grande D ci guarda'." Rise. "È troppo carino."

Jill lasciò la scuola ancora sorridente e, nel parcheggio, le venne voglia di ballare. In passato, era rimasta troppo bloccata nella propria routine per accettare un ambiente di lavoro piuttosto difficile, senza mai pensare di andarsene. Cielo! Che disastro era stata.

Controllò l'ora e chiamò Brody per avvisarlo che avrebbero cenato un po' più tardi.

"Nessun problema. E se ordinassimo una pizza quando

arrivi a casa? Io e Greg abbiamo iniziato a preparare l'esterno per la pittura e faccio fatica a muovermi. Inoltre, Kacy ne sarà entusiasta."

"Perfetto. Ho incontrato un'altra insegnante e il preside della scuola in cui insegnerò, voglio fermarmi in uno dei negozi che mi hanno consigliato per vedere quello che mi potrebbe servire per la classe."

Al termine della telefonata, Jill si sedette in macchina; era stordita.

Dennis uscì dall'edificio e la salutò con la mano prima di salire su un'auto sportiva bassa. Quasi rise ad immaginarlo stringersi dietro il volante. Ma d'altronde, a quale ragazzo non sarebbe piaciuta un'auto del genere? Il "Grande D" non faceva certo eccezione.

Jill uscì dal parcheggio della scuola e guidò attraverso i quartieri vicini alla scuola per farsi un'idea della zona circostante, prima di dirigersi verso uno dei negozi della lista.

Quando tornò al Seashell Cottage, era più eccitata che mai per l'inizio dell'anno scolastico. Voleva mostrare a Kacy tutto ciò che aveva comprato per la classe e vedere la reazione della bambina. A otto anni, anche Kacy sarebbe andata in terza elementare.

Entrata nel vialetto, Jill fu sorpresa di trovarci un'altra auto parcheggiata. Studiò l'Audi grigio metallizzato e si chiese di chi fosse.

Parcheggiò, raccolse i pacchi ed entrò.

"Sorpresa!" esclamò Cristal, sorridendole dal divano dove era seduta con Brody. "Alla fine, ho deciso di non aspettare fino a domani."

CAPITOLO VENTUNO

Mentre lottava per riuscire a tenere in mano le buste, Jill guardò sbalordita la sorella. "Cristal! Sei qui? Perché questo cambio di programma?"

Cristal le rivolse un sorriso compiaciuto. "Come ho detto, non volevo aspettare. Il pensiero di sdraiarmi al sole sulla spiaggia era troppo irresistibile. Inoltre, non ci vediamo da un paio d'anni. Ho pensato che fosse ora di trovarci." Si rivolse a Brody con un sorriso luminoso. "Se avessi saputo chi stava sistemando il cottage, forse sarei arrivata prima."

Brody si alzò. "Posso aiutarti con le buste?"

"Certo," disse Jill e gliene porse un paio. "Ce ne sono altre in macchina. Dov'è Kacy? Voglio mostrarle i miei acquisti."

"È con Emily. Stanno lavorando a qualcosa per uno spettacolo." Brody la seguì in camera.

Sul letto di Jill c'erano due valigie. L'anta dell'armadio era aperta e i vestiti erano per metà appesi fuori, altri erano stipati insieme, mentre quelli di Jill erano stati spostati.

Jill posò le buste in un angolo e cercò di sollevare una delle valigie.

"Aspetta. Lascia fare a me," disse Brody. "Non sapevo bene da che parte dormissi tu."

Spostarono le valigie sull'altro letto e si trovarono l'uno di fronte all'altra.

"Com'è andato l'incontro a scuola?"

"È stato fantastico. Adoro l'insegnante con cui lavorerò e il preside è un vero talento." Sapeva di sembrare rigida, ma non riusciva a trattenere l'insicurezza che l'aveva colpita dopo aver visto Cristal seduta sul divano accanto a Brody.

"Ehi! Vieni qui," disse lui. Allargò le braccia.

Jill esitò e poi si avvicinò, bisognosa di essere rassicurata. "So di sembrare sciocca... " cominciò.

Le labbra di Brody le impedirono di proseguire.

"Oh! Scusate se non ho bussato. Non sapevo che le cose andassero *così* tra voi."

Jill si staccò da Brody e si girò verso la sorella. "Dopo cena, sistemeremo tutto qui. Tu dormirai su quel letto."

"Ho portato con me molte valigie, ma non so quanto mi fermerò. Ho lasciato l'appartamento che dividevo con Hope. Abbiamo avuto una grossa discussione. Non è l'amica che pensavo fosse."

"È ancora in Europa?"

"Sì, lei e Jacques, che era il mio ragazzo, ora viaggiano insieme."

"Hai detto che ti sei slogata la caviglia." Jill fissò i piedi di Cristal, le cui unghie erano dipinte di un bel rosa. Non vide alcun segno di storta.

"Sì, ma era più o meno una scusa per tornare. Alla fine non era niente di grave. Non è il vero motivo per cui sono qui. Hai preso la spesa e gli altri oggetti che ti avevo chiesto di comprarmi?"

"No. Mi hai detto che saresti arrivata domani."

"Oh, beh, domani possiamo andare a fare shopping insieme."

"No," disse Jill con calma. "Domani lavoro dalle undici alle quattro. Prima e dopo, mi preparerò per il lavoro di insegnante. Mi trasferisco qui e insegnerò in terza elementare."

"Beh, che mi venga un colpo," disse Cristal. "È un grande cambiamento."

"Vi lascio parlare in privato," disse Brody, spostando il

peso da un piede all'altro. "Io e Greg stavamo per sederci fuori quando è arrivata Cristal. Possiamo ordinare la pizza quando volete."

"Pizza? E questo lo chiami cucinare?" disse Cristal. "Diamine! Avrei potuto arrangiarmi."

Jill e Brody si scambiarono uno sguardo significativo prima che lui si girasse per andarsene.

Cristal lo guardò andar via e si rivolse a Jill. "Cavolo! È sexy! Meglio che tu stia attenta! Non resterà libero a lungo."

Jill mise le mani sui fianchi. "Cosa? Vuoi cercare di portarmelo via, come hai fatto con Rob Swope al college?"

"Ti brucia ancora? Perché? Non è mai stato alla tua altezza."

"Insieme stavamo bene, finché tu non hai rovinato tutto," rispose Jill, sentendosi come proiettata indietro negli anni, come la perdente che aveva sempre pensato di essere.

Cristal alzò la mano. "Ok. Smettiamola. Mi dispiace, ma è successo molto tempo fa."

"Sì, tregua," acconsentì prontamente Jill. "È il passato."

Greg bussò alla porta. "Che ne dite di un bicchiere di vino prima di ordinare?"

"Direi perfetto," rispose Jill. Ci sarebbe voluto più del vino per calmarle i nervi, ma era un inizio. Aveva bisogno di vedere se stessa e la sorella sotto una nuova luce per poter provare ad andare avanti. Inoltre, c'era qualcosa di strano in Cristal: una tristezza negli occhi e un'immobilità nuova.

Nel portico, Jill si sedette accanto a Brody sul dondolo. Cristal si sistemò accanto a Greg.

"A un futuro luminoso per tutti," disse Greg. "Jill, Melanie mi ha detto che hai lavorato in ufficio per la maggior parte del tempo al campo. Com'è andato l'incontro a scuola?"

"Bene. Penso che sarà un buon anno scolastico per me."

"Accidenti! Campo scuola e insegnante? Cosa mi combini,

Jill? Due lavori?" intervenne Cristal. "Pensavo che sarebbe stata un'estate rilassante per te."

"Ho bisogno di lavorare," le ricordò Jill. "E con il mio trasferimento inaspettato in Florida, devo sistemarmi in fretta."

"Immagino che tu non abbia nemmeno preso in considerazione l'idea di trasferirti a South Beach con me," disse Cristal.

Sorpresa, Jill disse: "Non immaginavo che mi volessi vicina."

"Non in passato, forse, ma ora sarebbe bello." La sua voce suonava malinconica.

Jill incrociò lo sguardo di Cristal. Quella non era la sorella che conosceva.

"Com'è andata la verniciatura, oggi? Deve essere caldo lavorare sotto al sole," chiese Jill a Brody.

"Sì, in effetti. Cercheremo di lavorare in giardino la mattina e poi seguiremo diversi progetti dentro casa. La proprietaria ha deciso di far riverniciare tutte le ante dei mobili della cucina."

Jill bevve un sorso di vino e si rivolse a Greg. "Allora, oggi hai parlato con Melanie. Mi sorprende che voi due non andiate a cena fuori."

"Domani," disse Greg, raggiante. "Non volevo metterle fretta."

Jill rise. I due si stavano comportando come adolescenti innamorati, esattamente come aveva detto Melanie.

"Com'era l'Europa?" Brody chiese a Cristal.

"È davvero fantastica. Abbiamo iniziato in Spagna. Abbiamo visto le città classiche, tra cui Madrid, Barcellona e Toledo. A Parigi abbiamo incontrato Jacques. Quello è stato l'inizio dei problemi tra me e Hope. Lei ha deciso che voleva stare con lui, invece che con me. Se ne sono andati in Provenza senza me, da soli, lasciandomi il conto dell'albergo da pagare."

"E ora sei qui," disse Brody.

"Sì," confermò Cristal. "Resterò per tutto il tempo necessario. Anch'io devo organizzarmi."

Jill aspettò che la sorella dicesse qualcos'altro, ma Cristal rimase in silenzio. Jill la studiò. Sì, c'era sicuramente qualcosa che non andava. La sorella non era mai stata tanto reticente.

Brody si alzò. "Prima del vino, devo andare a prendere Kacy. Jill, ti va di venire a casa di Emily con me?"

"Certo." Lei saltò in piedi, felice di avere la possibilità di stare da sola con lui. Era curiosa di sapere come andava con Allison. Inoltre, Brody stava aspettando notizie dal gruppo medico di St. Petersburg, quello di cui le aveva parlato.

Brody tenne la portiera aperta mentre Jill saliva sul furgone, poi fece il giro dal lato del guidatore e si mise al volante.

"Sono contento che abbiamo la possibilità di parlare in privato. Mi è stata offerta una collaborazione con lo studio medico di St. Petersburg."

Jill abbracciò Brody. "È fantastico! Sei rimasto molto colpito da loro. Sono felice che pensino la stessa cosa di te!"

"Ci vorrà un po' di tempo per trasferire la mia attività, ma il processo è già iniziato. E questa non è l'unica notizia entusiasmante che ho ricevuto. Ha chiamato Allison. Lei e Marcus hanno accettato di lasciare Kacy qui in Florida con me per il prossimo anno scolastico. Coordineremo le visite e le vacanze quando torneranno dall'Europa." Un enorme sorriso si allargò sul suo bel viso. "Ho chiamato l'agente immobiliare in Pennsylvania e ho già messo in vendita il mio appartamento. Cercherò una casa qui. Se ne trovo una abbastanza grande, Greg potrebbe trasferirsi da me. Ne stiamo parlando."

"Sembra fantastico. Il mio progetto di affitto è fallito. L' agente immobiliare qui mi spinge a comprare, ma preferisco affittare finché non conoscerò meglio la zona."

Gli occhi di Brody scintillarono. "Perché non ti trasferisci da me?"

Lei rise. "Trasferirmi? Così posso cucinare per voi?"

"Anche," disse ridacchiando. "Ma non è la prima cosa che mi è venuta in mente." Brody tornò serio. "A proposito, non capisco perché ti senti intimidita da tua sorella. È bellissima, ma lo sei anche tu."

"Non c'è paragone," esordì Jill.

"È vero," disse. "Vinci tu."

Lui si chinò e le scostò un ricciolo dal viso. Poi le loro labbra si incontrarono.

Il calore di quel bacio era delizioso. Lei gli avvolse le braccia intorno al collo.

Quando finalmente si staccarono, Jill lo guardò con aria sognante e sospirò.

Brody sorrise. "Ora andiamo a prendere la mia bambina, così potrai mostrarle parte del bottino che hai portato a casa."

"Buona idea," disse Jill mentre l'auto partiva.

CAPITOLO VENTIDUE

Arrivati a casa di Emily, Brody e Jill furono accolti da forti risate, mentre quattro soffici cuccioli bianchi inseguivano due bambine sul prato davanti all'abitazione. La nonna di Emily le sorvegliava sorridente.

Jill scese dal furgone e si fermò un attimo a osservare la scena. Le bambine e i cani sembravano andare d'accordo.

"Ciao, Carolyn! Dov'è Niki?" chiese Jill avvicinandosi alla nonna di Emily.

"Dentro con le T," rispose Carolyn. "Io sono in pausa."

"Sei una nonna fantastica." Jill non riusciva a immaginare la propria madre alle prese con dei bambini piccoli; Carolyn, al contrario, sembrava persino divertirsi.

Mentre Brody parlava con Kacy, Jill entrò in casa per salutare la nuova amica. Niki stava dando da mangiare ai tre gemelli e passava con disinvoltura da un seggiolone all'altro per gestire il cibo nei loro piatti.

"Ehi, ragazza!" disse Niki. "È tanto che non ci vediamo."

Jill la abbracciò velocemente. "Lo so, mi dispiace. Sono capitate delle vicende e ora mia sorella è qui. Solo il cielo sa cosa vuole. Dice che ha bisogno di parlarmi di qualcosa. L'ultima volta che le ho parlato sono finita qui in Florida, a prendermi cura di Greg, Brody e Kacy."

Niki inarcò un sopracciglio rivolgendosi a lei. "E guarda com'è andata a finire bene per te. Anche se non ho rinunciato a mettere insieme te e Charlie, sono felice che tu abbia trovato Brody. È Un ragazzo perbene che può aiutarti a liberarti dai tuoi brutti ricordi."

"Ricordi che nemmeno mia sorella conosce," disse Jill.

"Potrebbe essere il momento giusto per svelare tutto," disse Niki, intenta a pulire la bocca di Luke o di Mark: Jill non ne era sicura. "Vediamo di incontrarci presto. Mi sono mancate le nostre chiacchierate."

"Certamente," rispose Jill. "Devo andare. Voglio chiedere a Kacy di controllare alcuni materiali che ho comprato per la terza elementare."

"Come sta andando a scuola?"

"La mia collega è una persona che mi piace molto e il preside della scuola è fantastico! Spero in un buon anno scolastico."

"E l'alloggio?"

"Brody mi ha suggerito di rimanere nella casa che lui potrebbe comprare finché non saprò con certezza dove voglio vivere. Avevo intenzione di affittare, ma secondo la mia agente immobiliare è un buon momento per comprare."

"Ah!" esclamò Niki con un luccichio negli occhi. "La trama si infittisce."

Jill rise. "Vedremo. Prima devo occuparmi di mia sorella."

Tra il trambusto dei bambini che cercavano di scendere dal seggiolone, Jill abbracciò ancora Niki e lasciò la cucina. Anche se nell'ultimo periodo aveva cominciato a desiderare di avere dei figli, un giorno, li voleva uno alla volta. Niki faceva miracoli.

Fuori, Kacy le corse incontro. "Ciao, Jill! Papà dice che potrei avere un cucciolo! Dobbiamo vedere se troviamo casa."

"Oh, non sarebbe meraviglioso?" disse Jill, che sorrise a Kacy e poi guardò Brody.

Lui le lanciò un'occhiata tenera e scrollò le spalle. "Sono terribilmente carini."

Jill rise. Brody aveva davvero un cuore tenero.

Sulla strada verso il cottage, Jill spiegò a Kacy che la sorella sarebbe rimasta con loro ancora per un po'.

"È simpatica?" domandò Kacy.

"Penso di sì," rispose Jill. "È anche bella. Ora, ho qualcosa di speciale da chiederti. Ho scelto alcuni oggetti per la mia classe di terza elementare e, dato che anche tu andrai in terza, voglio mostrarteli per sapere se ai miei alunni piaceranno. Mi aiuti?"

"Davvero? Io?" Il volto di Kacy si illuminò di gioia.

Jill annuì solennemente. "Sì, voglio la tua opinione sincera."

"Ok," disse Kacy, sorridendo. "Ti dirò se vanno bene o no."

Jill e Brody si scambiarono uno sguardo divertito.

Quando tornarono al cottage, Cristal e Greg erano seduti in veranda e sorseggiavano vino. "Abbiamo deciso di non aspettarvi," disse Cristal sollevando il bicchiere e sorridendo a Brody prima di rivolgersi a Jill. "Per fortuna ordiniamo da asporto. Non c'è molto nel frigorifero."

Kacy si mise accanto a Jill e fissò Cristal. "Sei la vera sorella di Jill?"

Cristal sorrise. "Sì. Mi rendo conto che non ci assomigliamo, ma siamo sorelle."

"Sarai gentile?" chiese Kacy, accigliata mentre continuava a studiare Cristal.

Cristal strinse le labbra. "Ci proverò."

"Va bene," disse Kacy. "Puoi restare." Aprì la porta scorrevole ed entrò in casa.

"Davvero?" commentò Cristal. "Lasci che una ragazzina mi parli così?"

Jill scosse la testa. "Sta solo tastando i limiti. Scusami, ma devo mostrarle alcune cose in salotto."

All'interno, Kacy era seduta accanto alla pila di buste di

carta che Jill aveva portato a casa. Sbirciò dentro una. "Vuoi consigli su queste?"

"Sì," disse Jill, inginocchiandosi accanto a lei. "Devo scegliere gli oggetti per le pareti dell'aula: immagini e strumenti didattici." Tirò fuori una cartella con diverse fotografie di pianeti, di stelle e del sistema solare. "Che ne dici?"

"Sì! Sono forti. Papà mi ha comprato un libro su questo argomento."

"Pensi che ai bambini della mia classe piaceranno?" chiese Jill. Dalla gioia che vide sul volto di Kacy, capì che non era necessaria una conferma, ma voleva comunque che Kacy si godesse la sensazione di dare una mano.

"Sì, li *adoreranno!*"

"Ok, grazie. Che ne pensi di questi?" Jill sollevò una serie di lettere e parole, accompagnate da dipinti colorati di oggetti vari.

Kacy alzò le spalle. "Tutti gli insegnanti ce li hanno."

"Ok, ora guarda qui," continuò Jill. Passò a Kacy un pacchetto di foto che ritraevano bambini in diverse città del mondo e mostravano varie parti del discorso usate in frasi che sottolineavano la gentilezza.

Kacy annuì. "Queste mi piacciono molto."

Jill e Kacy si sorrisero a vicenda. Era un altro momento speciale tra loro, pensò Jill, ricordando quanto la piccola si lamentasse e facesse la difficile quando si erano conosciute.

Cristal entrò in casa e interruppe la quiete. "Ehi! Che succede? Non siamo pronti per ordinare la pizza? Ho ancora l'orario francese e sto morendo di fame."

Il sorriso di Kacy si trasformò in un cipiglio che le corrugò la fronte. Fissò Cristal. "La signorina Melanie dice che è scortese interrompere le persone che stanno parlando."

Sorpresa, Jill nascose un sorriso. "Io e Kacy abbiamo finito.

Vado a sentire Brody e Greg e vediamo se vogliono cenare."

Kacy si alzò in piedi. "Ti ho aiutato, Jill?"

Ancora in ginocchio, Jill abbracciò Kacy. "Mi hai aiutato molto. Grazie."

Dopo che Kacy scappò via, Jill finì di rimettere i propri acquisti nelle buste.

"Avresti dovuto rimproverarla per avermi parlato in quel modo," disse Cristal. "E chi è la signorina Melanie?"

Jill si alzò e affrontò la sorella. "Prima di tutto, Kacy ha ragione. È stato scortese interrompere. La signorina Melanie è una delle proprietarie del Sunnyside, dove lavoro, dove Kacy frequenta il campo estivo."

Cristal lasciò andare un sospiro. "Non sono mai stata brava con i bambini. Ricordi quando facevamo le babysitter insieme? I bambini volevano stare solo con te."

"Perché io mi prendevo cura di loro," ribatté Jill. "Tu sistemavi i capelli di tutte le bambine."

Sul volto di Cristal comparve uno sguardo malinconico. "Da piccola volevo fare la parrucchiera, ma la mamma pensava che avrei dovuto fare l'attrice o la modella."

Jill si sentì travolta da un'ondata di commozione. Non era l'unica a essere stata programmata dalla madre. Prese il gomito di Cristal. "Forza! Andiamo in cucina. Preparo un'insalata per accompagnare la pizza. Potrai mangiare di nascosto qualche boccone prima che arrivi l'ordine."

La mattina dopo, non appena sentì un movimento nel letto accanto al suo, Jill si girò e studiò sua sorella, che ancora dormiva sdraiata sulla schiena. Nella prima luce del mattino, Cristal assomigliava alla trentacinquenne che era, non all'adolescente fresca e sbarazzina che Jill aveva sempre visto in lei. Le occhiaie erano spaventose.

Cristal aprì gli occhi. Si girò verso Jill. "Che c'è? Mi sono accorta che mi stavi fissando. Smettila."

"Mi dispiace. Volevo solo controllare se eri sveglia. Mi sono preoccupata per te tutta la notte. Cosa succede?"

Cristal si mise a sedere nel letto e si strinse le ginocchia al petto. "Ho un cancro al seno."

"Che cosa? Quando l'hai scoperto?" Jill cercò di abbassare la voce per non svegliare nessuno, ma il tono era comunque alto per lo shock.

"L'ho saputo mentre ero a Parigi. Avevo fatto una biopsia a Miami prima di partire per l'Europa, ma mi avevano detto che probabilmente non era altro che una delle cisti che mi vengono di solito. Quando sono arrivata a Parigi, ho ricevuto un messaggio dalla clinica che mi diceva che mi avevano inviato un referto e che aspettavano mie notizie."

"È per questo che tu e Hope avete litigato?" chiese Jill, angosciata dall'idea.

"In parte. Quando ho iniziato a parlare di tornare a casa, Hope si è arrabbiata. Abbiamo discusso e lei alla fine ha lasciato Parigi con Jacques. È stato allora che ho deciso di tornare a casa e, invece di farmi curare a Miami, ho preso accordi con il Moffit Cancer Center di Tampa per farmi operare. In questo modo sarei stata vicina a te."

Jill si strinse le guance cercando di assorbire tutte le informazioni. "Cancro al seno? Quanto è grave?"

"Non ne sono ancora sicura. In ogni caso, l'hanno trovato nelle fasi iniziali. Potrebbe essere un problema non troppo grande." I suoi bellissimi occhi blu si inumidirono. "O potrebbe essere l'inizio della fine."

"Oh, tesoro! Mi dispiace tanto." Jill si alzò, si avvicinò al letto della sorella e si sedette. "Nel mondo di oggi, il cancro al seno non significa necessariamente morire. Con i farmaci, la chirurgia e le radiazioni non è più la stessa malattia di una volta." Abbracciò Cristal. "Qualunque cosa accada, io sarò qui per te."

A Cristal scesero le lacrime lungo le guance. "Sei sempre così dolce. È su questo che contavo per sistemare il rapporto tra noi. Ho pensato a lungo. Un po' come ti dicono di fare quando ti trovi di fronte alla morte. Sai?"

La mente di Jill correva, cercando di dare un senso alla situazione. "Mi hai chiesto di non parlare della tua visita alla mamma. Sa del cancro?"

"No... e non voglio che lo sappia, almeno finché non ne saprò di più. Mamma ribalta sempre la situazione in modo che tutto sia incentrato su di lei. Non credo di poterlo sopportare, in questo momento."

"Va bene. Non le dirò una parola al riguardo. Io e la mamma non parliamo più molto. Sa che sono impegnata a organizzare la mia nuova vita qui. E di certo mi ha rimproverato quando ha saputo che avevo venduto la casa a Ellenton e mi ero trasferita in Florida senza prima aver chiesto la sua *approvazione*."

Cristal sollevò il bordo della maglietta che indossava e si tamponò gli occhi. "È un buon piano, finché riusciremo a farla franca."

"Quando hai l'appuntamento a Tampa?" domandò Jill.

"Dopodomani."

"Farò sapere a Melanie che non sarò al Sunnyside quel giorno... e porterò nella nuova classe i poster e gli altri oggetti questa mattina, prima di andare al campo."

"E il negozio di alimentari?" disse Cristal.

"Andremo subito. Vestiti. Sono aperti tutto il giorno, sette giorni su sette."

Cristal scosse la testa. "Ti ho sempre invidiato, Jill. Fai sembrare tutto così facile. Anche la tua vita con Jay sembrava idilliaca."

Jill prese fiato e lasciò uscire l'aria lentamente. "Dobbiamo parlare."

CAPITOLO VENTITRÉ

Jill batteva il piede e cercava di stare calma nonostante Cristal ci stesse mettendo una vita a prepararsi per andare via. La sorella si era vestita in fretta, ma le serviva tempo per truccarsi prima di uscire di casa. Quando finalmente emerse dal bagno, era... beh... bellissima.

Jill era in cucina che stava versando una tazza di caffè per la sorella, quando Brody entrò con addosso un paio di jeans tagliati corti e nient'altro. Jill non poté fare a meno di fissarlo. Aveva un aspetto... delizioso.

Brody le sorrise e spostò lo sguardo su Cristal. "Sei tutta in tiro. Qual è l'occasione?"

"Jill mi porta a fare la spesa," disse Cristal, raggiante. Si mise in piedi con una gamba in avanti e le braccia tirate indietro per mostrare il corpo. Era una posa artistica che Cristal aveva perfezionato fin da quando era poco più che una bambina.

Brody si rivolse a Jill. "Vuoi che accompagni io Kacy al campo scuola? Avevi accennato che saresti passata a scuola in mattinata."

"Sarebbe fantastico se la accompagnassi tu. Poi tornerà a casa con me."

Cristal rimase in silenzio durante quello scambio, ma quando salì nella macchina di Jill, disse: "Tu e Brody sembrate una vecchia coppia sposata. Cosa succede?"

"Niente di che. Prendiamo la spesa che poi devo andare."

"Ma pensavo che avremmo avuto un po' di tempo per parlare," disse Cristal.

"Sì. Prima di tutto, voglio sapere di più su quello che hanno detto sul cancro. Hai il referto che ti hanno inviato? Se non ti dispiace, voglio fare qualche ricerca per conto mio, in modo da capire meglio quello che dovrai affrontare."

"Non riesco a ricordare tutto quello che hanno detto e non ho con me il referto. È confuso... comunque non riesco a gestire i problemi medici, specialmente quando sono miei." Le labbra di Cristal tremarono. "Non sono pronta a morire."

"Faremo tutto il possibile perché non accada," disse Jill, prima di dare a Cristal una pacca sulla spalla. "Adesso andiamo a fare la spesa."

Cristal sorrise e annuì. "Davvero non ti dispiace che io stia da te?"

Jill si prese un momento per combattere la sincerità. "Sono contenta che abbiamo questo periodo insieme per risolvere il nostro rapporto." Dopo aver pronunciato quelle parole, si rese conto di quanto fossero vere. Pensare alla morte della sorella le aveva fatto capire quanto fosse sbagliato mettersi sempre l'una contro l'altra. Finalmente, entrambe volevano un rapporto diverso.

"Sei cambiata, Jill. Mi piaci così. Padrona della tua vita."

"Grazie. Ci ho lavorato su. Vivere lontana da casa mi ha aiutato molto."

"Non posso credere che tu abbia venduto casa. Amavi quel posto."

"Sì, l'ho amato... prima del matrimonio. Dopo, però... non molto." Le labbra di Jill si assottigliarono al ricordo di come Jay la trattava.

Cristal le rivolse uno sguardo perplesso. "Perché no? Era perfetto per te e Jay."

Jill si voltò un attimo verso di lei mentre si avvicinavano al supermercato. "Ora basta. Cristal, il mio bel marito, adorato da tutti, era in realtà un mostro quando eravamo soli. E io avevo troppa paura di denunciarlo."

"Aspetta un attimo! Stai dicendo che sei stata maltrattata? Jay ti ha sempre considerata come una regina. Ti adorava. Non hai mai mostrato segni di violenze, quando ti vedevo."

Jill sterzò l'auto in un parcheggio del supermercato, frenò e affrontò di nuovo la sorella. "Ascoltati! Tu e tutti gli altri non riuscite a immaginare che Jay non era quello che fingeva di essere. Non è mai stato un gentiluomo quando eravamo soli." Sbatté un pugno sul volante. "Le poche volte che ho cercato di parlarne con altri, nessuno mi ha creduta. E perché no? Perché, in pubblico, il suo comportamento nei miei confronti era degno di un Oscar."

"Oddio! Nessuno ha mai visto i lividi?"

La risata amara di Jill si trasformò in uno sbuffo. "Alcuni lividi sono solo interni. Sto parlando di abusi emotivi. Mi viene il voltastomaco a pensare a quanto duramente ho lavorato per compiacerlo, per evitare che trovasse difetti in me e che mi dicesse che ero inutile, pietosa e insopportabile, o che mi chiamasse con nomi terribili."

"Perché non me l'hai mai detto?" chiese Cristal.

"Ma scherzi? Io e te non siamo mai andate d'accordo. Io ero quella sfortunata, con il naso dei Davis e altri tratti negativi, mentre tu eri quella che assomigliava alla mamma e alla sua famiglia." Si sistemò di nuovo al proprio posto e fissò il parabrezza dell'auto. Le faceva ancora male pronunciare quelle parole.

"Cavolo!" esclamò Cristal. "Immagino che tu non abbia mai saputo quanto odiassi essere paragonata alla mamma e alla sua famiglia."

"Cosa? No! A te piaceva da morire. Ti pavoneggiavi come se fossi la principessa di cui parlava sempre lei."

"No, Jill. Ti invidiavo per i tuoi ottimi voti e i tuoi progetti per il futuro. Papà ha sempre preferito te. Una volta mi ha chiamata *svampita*. Non sapevo cosa significasse, ovviamente, ma ho sempre saputo che preferiva te. Anche la mamma lo sapeva."

Si guardarono per qualche istante e poi Cristal scoppiò a ridere.

"Cosa c'è da ridere?" domandò Jill.

"Ho appena capito il comportamento della mamma. Non c'è da stupirsi che non siamo mai state vicine. In questo modo, avrebbe avuto ognuna di noi per sé. Che stupido, sporco trucco."

Jill guardò la sorella con sorpresa. "Pensi che l'abbia fatto apposta?"

"Non necessariamente. Forse ha agito mossa dal subconscio. Comunque sia, ha funzionato." Gli occhi di Cristal si riempirono di lacrime. "Oh, Jilly! Spero ci resti molto tempo per diventare le sorelle che avremmo sempre dovuto essere."

"Anch'io," sospirò Jill. "Soprattutto adesso."

Più tardi, quella mattina, Jill si prese un po' di tempo nell'ufficio del campo scuola per fare una ricerca sui vari tipi di cancro al seno. Mentre leggeva le informazioni, provava un senso di terrore. E se fosse stato al quarto stadio? Che pensiero spaventoso. Affrontare la "parola con la C" aveva cambiato il modo di pensare di molte persone. In quel caso, Jill sperava che fosse l'occasione per conoscere davvero la sorella e per appianare le divergenze che da tempo le separavano.

Melanie entrò in ufficio con Susannah. "Come va? Hai iniziato il foglio di calcolo sulle potenziali fonti pubblicitarie?"

"No, ma mi metto subito al lavoro. Mia sorella è venuta a stare al Seashell Cottage; è in cura al Moffit Center di Tampa per un cancro al seno. Stavo cercando informazioni al riguardo."

"Oh, cielo! Si riprenderà?" le chiese Melanie.

"Non lo so. È spaventoso per entrambe."

"Tempo di guarigione," disse Susannah, rivolgendo a Jill un sorriso di conforto.

Melanie e Susannah si accomodarono sulle sedie vicine.

"È ora di parlare del fatto che tu assuma un ruolo più importante al Sunnyside," disse Melanie. "Con l'incoraggiamento di Susannah, non vedo l'ora di affidarti più responsabilità, in modo che ognuna di noi tre abbia più tempo libero."

"Sì. In questo modo sarà più facile per tutte." Jill non poté fermare un sorriso. "Ho saputo che Greg stasera ti porterà a cena. Sembrava piuttosto contento."

Le guance di Melanie divennero di un bel rosa. "Greg è un uomo meraviglioso. La mia amica lo adora. Sono pronta a uscire di nuovo con qualcuno e a tornare a viaggiare, decisioni che rimando da molto tempo."

Susannah guardò Melanie e sorrise. "Il tuo futuro sarà bellissimo."

Melanie agitò le mani. "Non ho bisogno di sentirlo. Conoscere il futuro mi rende nervosa."

Jill rise della scaramanzia di Melanie. La capiva fin troppo bene: alcune persone volevano conoscere il futuro, altre, come Melanie e lei, no.

"Ci piacerebbe che diventassi comproprietaria del Sunnyside insieme a noi," disse Melanie. "Cosa ne pensi, Jill?

"Mi piace l'idea, ma come potremmo far funzionare tutto?" domandò Jill. "Comprerei una parte del campo scuola? Come?" Anche se l'acquisto della quota avrebbe richiesto la maggior parte dei soldi che teneva da parte per pagare l'eventuale caparra di una casa, Jill pensò che ne sarebbe valsa la pena. Impegnarsi lì avrebbe richiesto più lavoro di quanto molti pensassero, ma in quel modo il lavoro al campo avrebbe continuato a essere una fonte di reddito in futuro, un introito di cui Jill aveva bisogno.

Melanie prese in mano un taccuino. "Abbiamo chiesto al nostro avvocato di stilare un elenco di specifiche su cui dobbiamo essere tutte d'accordo. Una volta che gli avremo fornito il materiale, redigerà un accordo tra di noi. Il nostro commercialista sta lavorando a una soluzione equa per l'acquisto della proprietà. Anche in questo caso, prima di procedere, dovremo essere tutte e tre d'accordo." Passò il quaderno a Jill. "Questo è per te, da sfogliare a tuo piacimento. Ora dobbiamo discutere alcuni punti importanti."

Quando arrivò il momento di riaccompagnare Kacy a casa, la mente di Jill stava frullando di nozioni e cifre. Era rimasta piacevolmente colpita dal fatto che, sebbene si trattasse di un'attività piccola per gli standard di chiunque, Melanie e Susannah fossero state molto precise su ciò che per lei avrebbe significato, in termini di tempo e denaro, unirsi a loro come comproprietaria del campo scuola.

Tornata a casa, Jill trovò Cristal adagiata su una sdraio a bordo piscina, con indosso un succinto bikini nero che lasciava ben poco all'immaginazione.

"Ciao," cinguettò Cristal. "Sei tornata così presto?" Si alzò a sedere e controllò il telefono. "Già le quattro e un quarto? Dov'è volato il tempo?"

"Meglio fare attenzione. Il sole scotta," disse Jill quando notò il colorito rosso della pelle di Cristal.

"Perché diavolo dovrebbe importarmi?" disse Cristal. "Ho già il cancro. Che sarà mai un po' di sole pomeridiano?"

Jill si sedette sulla sdraio accanto a lei. "Senti, so che sei sconvolta e capisco quanto sia spaventoso sentire la parola *cancro*. Ma io sono ottimista sul fatto che starai bene. Hai detto di averlo scoperto in tempo. Questo significa molto. È meglio concentrarsi sui lati positivi. Che ne dici di venire in spiaggia con me? Possiamo parlare in privato."

"Va bene," acconsentì Cristal. "Mi farà bene un po' di movimento."

"Mi cambio e ci vediamo all'ingresso."

Jill entrò in camera da letto e sospirò. I vestiti di Cristal erano sparsi ovunque. Cercò di non prendersela, ma non poté farne a meno. Quello era lo spazio privato di Jill e, sebbene dovesse condividerlo con la sorella, aveva bisogno di un senso di pace lontano dagli altri.

Si spogliò e prese il costume intero rosa che era diventato il suo abbigliamento standard. Fissò il proprio corpo nudo nello specchio e si rivalutò. Non era male, a meno che non si rapportasse con una persona come Cristal. Allora il confronto le faceva male. Cristal sembrava una modella di costumi da bagno.

Jill si infilò il costume, se lo lisciò sulla pancia e sui fianchi e fece una smorfia. Sospirando per ciò che non poteva cambiare, uscì dalla camera da letto e si trovò faccia a faccia con Brody.

"Vai a fare una nuotata?" le chiese lui, fissandola in un modo che la fece accaldare.

"Io e Cristal passeggeremo un po' sulla spiaggia."

La guardò accigliato. "Che succede? Cristal mi ha detto che non ha bisogno di protezione solare, che ha già il cancro."

Jill gli fece cenno di entrare in camera da letto e chiuse la porta, poi lo aggiornò sulla situazione. "Accompagnerò Cristal all'appuntamento, naturalmente. Nel frattempo, sto cercando di convincerla che non sta per morire."

"Per fortuna ha qualcuno che le sta vicino. Una volta ad

Allison avevano trovato un nodulo e lei ha dato di matto. Si è rivelato benigno, ma è stato piuttosto sconvolgente."

"Sì, in effetti. Ma spero che sia un momento di unione per noi due. Sai, la vecchia luce in fondo al tunnel."

Brody la fissò negli occhi. "Cristal mi ha interrogato su te e sulla nostra relazione."

"Davvero?"

"Sì. Non sapevo esattamente dove volesse arrivare, quindi non ho detto molto. Ho pensato che non fossero affari suoi." Le sollevò il mento e la guardò. "Inoltre, non ero sicuro di cosa dirle esattamente. Puoi aiutarmi? Tu che significato dai alla nostra relazione?"

Jill ricambiò il sorriso, disposta a collaborare. "Beh, siamo amici. E mi piace tua figlia."

"E... ?"

"... e anche tu mi piaci molto."

Lui le sorrise. "È un inizio. C'è qualcosa da aggiungere?"

"Forse col tempo ci sarà," rispose lei.

Brody rise. "Ok, partiremo da qui." Poi la strinse tra le braccia. "Nel frattempo, che ne dici di farmi capire esattamente quanto... ti piaccio... ?"

"Va bene." Jill gli mise le braccia intorno al collo e gli sorrise.

"Così tanto?" la stuzzicò Brody.

Lei gli si strusciò contro; era abbastanza vicina da sentire che era eccitato.

Sicure e calde, le labbra di Brody si posarono sulle sue.

Jill stava galleggiando in un mare di felicità, quando sentì bussare alla porta. Con riluttanza si allontanò da lui.

"Papà? Sei lì dentro?" si sentì da fuori la porta.

"Un attimo, Kacy. Cosa c'è?"

"C'è la mamma al telefono."

CAPITOLO VENTIQUATTRO

Brody aprì la porta e prese il telefono che Kacy gli porgeva. Jill cercò di uscire dalla stanza, ma lui le fece segno di restare, chiedendo invece a Kacy di andar via. Mentre Brody parlava, Jill colse dei frammenti di conversazione.

"Parigi? Ora? Va bene, sì. Vado a prendere le cose di Kacy. Che cosa? La mia cuoca? Intendi Jill? Sì, credo che possa aiutarla con i vestiti per la scuola. Chiederò. L'hai detto a Kacy? Ok, capisco. Buon viaggio. Arrivederci."

"Di che cosa si trattava?" domandò Jill.

Lui le lanciò un'occhiata imbarazzata. "Allison e Marcus partiranno per Parigi alla fine della settimana, qualche giorno prima rispetto al loro programma. Mentre sono via, vogliono che vada a prendere le cose di Kacy per quando ci trasferiremo in Florida e hanno chiesto se mi puoi assistere nella scelta dei vestiti che le serviranno per la scuola."

"Capisco."

"Mi aiuti a prendere tutto quello di cui avrà bisogno? Io posso occuparmi del materiale scolastico, ma non sono sicuro quando si tratta di abbigliamento."

"Sì, in quanto *cuoca*, sarò lieta di aiutarti," lo provocò lei.

"Oh, hai sentito?" Brody scosse la testa. "Allison ha manie di grandezza. Mi dispiace."

"Non ti preoccupare. Fammi sapere come posso aiutarti."

"Prenoterò un volo per la Pennsylvania per me e Kacy, così prendiamo subito quello che le serve e organizziamo la spedizione delle altre cose."

"È un grande passo per lei. Sono contenta che venga con te,

in questo modo capirà," disse Jill. "Sono contenta anche perché per quasi un anno passerà la maggior parte del tempo con te. Adesso è più felice di quando è arrivata al Seashell Cottage."

"Mentre tu e Cristal passeggiate sulla spiaggia, io starò con Kacy e le spiegherò tutto. Possiamo anche scrivere una lista di quello che vuole portare qui."

"Quando torno dalla passeggiata, chiamo la mia agente immobiliare per vedere se ha trovato un affitto per me."

"Mmmh. Sei sicura di non volerti spostare da me? Ha chiamato il mio agente immobiliare. Sto tenendo d'occhio una casa da comprare nel quartiere di Niki e Jed. È vuota da un po' e posso comprarla a un buon prezzo. Ci sarebbe un sacco di spazio per te. Anche per Greg."

Jill ridacchiò al sorriso stuzzicante di Brody. "Grazie, ma no." Si stava innamorando di lui, ma non era pronta per una convivenza.

Sulla spiaggia, mentre camminava con Cristal, Jill rimase in silenzio. Erano finalmente sole e Jill si rese conto di quanto non fosse abituata a condividere momenti significativi con la sorella. Avevano passato davvero tanto tempo separate.

Il rimpianto la pervase. E se il cancro fosse stato molto più grave di quanto lei sospettasse? Si era infastidita quando Cristal aveva annunciato che le avrebbe fatto visita, ma dato che la sorella l'aveva raggiunta nel momento più vulnerabile della propria vita, Jill aveva giurato di restarle vicino per tutto il tempo necessario.

"Sono contenta che domani sarai con me," disse Cristal. "Hope era disposta a venire alle visite con me, ma non prima di aver finito il viaggio in Europa. Le ho detto che era un'egoista. Si è arrabbiata e poi lei e Jacques mi hanno lasciata sola."

"Hai ragione. Hope non era affatto una buona amica. E Jacques? Non è una brava persona. È una situazione che devi affrontare subito."

Cristal si fermò e la studiò. "Pensi davvero che me la caverò?"

Jill pensò alle parole di Susannah sulla guarigione e annuì. "Sì."

Cristal lasciò andare uno sbuffo. "Uff! Il solo fatto di crederci mi aiuta molto." Mise un braccio intorno alla spalla di Jill. "Parlami ancora di Jay. Voglio sentire tutto. Sarei dovuta stare più attenta."

"Realisticamente, non potevi. Vivevi in Florida e tornavi raramente a casa. E quando c'eri, Jay si comportava bene. Questa è sempre stata la parte frustrante."

"Hai provato a parlare di lui con la mamma?" chiese Cristal.

"Sì, ma mi ha detto che ero troppo sensibile, lo stesso tipo di cavolate che mi diceva Jay. Mi ha avvertita più e più volte che se avessi parlato a qualcun altro della nostra vita privata, mi avrebbe punita. Non avevo motivo di non credergli."

"Non è sempre stato così tra voi due, vero?"

"No. Quando abbiamo iniziato a frequentarci, lui era dolce e mi sosteneva. Eravamo sposati da circa sei mesi quando è iniziato tutto. Era stato scartato per una promozione al lavoro, per un posto che era convinto fosse suo. Infatti, aveva già comprato quella sua piccola auto sportiva rossa per festeggiare."

"Perché non me l'hai detto?" domandò Cristal, poi alzò una mano per fermare Jill. "Non dirlo! Probabilmente non avrei ascoltato comunque. Ero troppo impegnata a cercare di essere tutto ciò che mamma voleva che fossi. Dopo la morte di Jay, sei riuscita a parlare con qualcuno del suo comportamento?"

"Sì," rispose Jill. "Una psicologa a scuola mi ha consigliato un'amica che lavora nel settore. Si è rivelata di grande aiuto per me. Ma è solo da quando sono qui che sono riuscita a liberarmi di molta rabbia e frustrazione. E Brody mi ha aiutata. Sapevi che è uno psicologo?"

"Ma quanto è bello?" Cristal strattonò Jill e la studiò. "So che sono qui solo da un paio di giorni, ma credo che sia innamorato di te, Jill, innamorato davvero. Dovresti vedere come gli si illumina il viso quando parla di te. Non fare l'errore di lasciarlo scappare a causa della tua passata esperienza con Jay."

"È un altro consiglio da 'sorella maggiore'?" disse Jill, inarcando un sopracciglio. "Prima dovevo venire in Florida e ora devo stare con l'uomo che tu ritieni perfetto per me?"

Sul volto di Cristal apparve un ampio sorriso. "Probabilmente non ho il merito di tutti questi cambiamenti, ma... Beh, sì."

"Mi sto innamorando di Brody, di sicuro. Stare con lui è emozionante e confortante allo stesso tempo. Probabilmente non ha senso, ma è così."

"... Ma?"

"Non ho intenzione di accelerare i tempi. Ho la mia libertà. Non voglio rinunciarvi per nessuno. Una volta che tutto quello che fai viene criticato da qualcuno che dovrebbe amarti, ci vuole molto per dare la propria fiducia a un altro uomo."

Cristal la prese in un rapido abbraccio. "Mi dispiace che tu sia stata ferita così in profondità."

"Grazie al cielo, è finita. In futuro, la mamma dovrà capire che Jay non era l'uomo che ha sempre immaginato."

"Mi assicurerò che cambi opinione," disse Cristal con una fermezza nella voce che Jill apprezzò. Avere la sorella maggiore che si prendeva cura di lei era qualcosa di nuovo.

"Cosa faremo con la mamma?" le domandò Jill, cambiando

argomento.

"Non voglio ancora che sappia che sono qui in Florida con te e che mi dovrò operare. Quando conoscerò le mie condizioni e riceverò una prognosi, glielo dirò. Inoltre, voglio stare un po' da sola con te. L'idea di poter morire mi ha fatto venire voglia di comportarmi in modo diverso. Capisci cosa intendo?"

Jill annuì. "Come hai detto tu, forse è arrivato il momento di essere vere sorelle. Mamma è ancora arrabbiata con me perché mi sono trasferita ed è uno dei motivi per cui non ci siamo sentite molto."

"Vedi? È tutto incentrato su di lei," disse Cristal.

"In passato non è stato così, ma in questo caso non le servirà a nulla mettere il broncio," disse Jill. Non le piaceva l'idea di coalizzarsi contro la madre, ma doveva essere chiara con Cristal.

Camminarono in silenzio.

Jill sollevò il viso per godersi la brezza salata che le rinfrescava le guance. Si avvicinò all'acqua e osservò i piccoli buchi che si aprivano sulla superficie della sabbia bagnata mentre le onde si allontanavano. Pensò a quanto quella scena fosse simile alla propria esistenza. Le nuove esperienze, simili al ritiro dell'acqua, stavano mettendo a nudo i buchi della vita precedente. Jill sapeva anche che, come il movimento delle onde che tornano indietro, ci sarebbero state altre sfide da affrontare. Il pensiero di Brody e del nuovo rapporto che si stava instaurando con la sorella la facevano sentire pronta a ricominciare.

Cristal le si avvicinò. "Tranquillizza molto stare qui in piedi a guardare l'acqua."

"Sono d'accordo. Ho capito subito dopo il mio arrivo che era qui che volevo vivere. Il pensiero di tornare a casa non mi attirava più. Ecco perché mi sono mossa subito per avviare tutti i cambiamenti." Si rivolse a Cristal. "Dove andrai dopo l'intervento?"

"Che tu ci creda o no, sto pensando di frequentare una scuola per estetiste e aprire un mio negozio di parrucchiere come ho sempre desiderato."

"Cavolo! Sono sorpresa. Da qualche parte in Florida?"

"Non ne sono sicura." Cristal calciò la sabbia. "Pensi che sarei brava?"

"Stai scherzando? Saresti perfetta. Anche a lavorare insieme ad altri sul trucco e su tutti gli altri segreti di bellezza."

Cristal la abbracciò. "Grazie. Avevo bisogno di sentirmelo dire. So che la mamma ha sempre avuto altri progetti per me, ma ho cominciato a odiare la vita *finta* che ho vissuto... e trentacinque anni sono troppi per il mondo in cui sono stata negli ultimi dieci o dodici anni. Mi serve un cambiamento."

Jill si tirò indietro e le sorrise. "Sai una cosa? Mi piace la nuova Cristal."

"Davvero?" le chiese la sorella con un filo di voce.

Lei la abbracciò. "Assolutamente sì."

Quando tornarono a casa, Greg era seduto sul portico all'ingresso, vestito con pantaloni marroni e una vivace camicia da golf.

"Sei pronto per l'appuntamento con Melanie?" domandò Jill. "Non sei un po' in anticipo?"

Greg sorrise, malizioso. "Comunque, ho pensato di prepararmi. Andremo in macchina fino a Clearwater, in un ristorante di pesce che ha suggerito Melanie."

"Divertitevi!" esclamò Cristal prima di entrare in casa.

Jill rimase indietro e si abbassò su una sedia a dondolo accanto a Greg. "Avrei una domanda, ma ho bisogno che tu mi dia una risposta sincera."

"Certo, dimmi."

"Melanie e la sua socia in affari, Susannah, mi hanno offerto di diventare comproprietaria del campo scuola, per aiutarle a gestire la parte burocratica. Melanie vuole più tempo per viaggiare e per avere una vita più libera dal Sunnyside. Sono molto entusiasta, ma questo significa che dovrò spendere parte dei soldi che ho messo da parte per la caparra, nel caso avessi acquistato una casa. A ogni modo, non sono pronta a comprare. Non finché non mi sentirò a mio agio nel luogo in cui voglio vivere."

Greg annuì pensieroso. "Melanie mi ha parlato del Sunnyside. Sembra che possa essere una nuova opportunità preziosa per te."

"Grazie. Avevo bisogno di sentirmelo dire da qualcuno che conosce la zona e le persone coinvolte. Cosa farai quando avrai finito qui? Hai parlato di affittare un appartamento."

"Non ne sono sicuro. Brody mi ha proposto di trasferirmi da lui. Potrei prenderlo in considerazione. Io e Melanie abbiamo già pianificato di viaggiare insieme, un giorno. Di recente ho cercato una compagna di avventure perché Annie non amava fare lunghi viaggi. Ci sono molti luoghi al mondo che mi piacerebbe vedere. Melanie la pensa allo stesso modo. Per ora stiamo parlando solo di andare in giro insieme, ma credo che potrebbe diventare qualcosa di più duraturo. Dobbiamo vedere come va."

Jill batté le mani, deliziata dall'idea che tra Greg e Melanie potesse nascere qualcosa di romantico. "Oh, Greg, sarebbe davvero meraviglioso per voi due."

"Un giorno alla volta, mia cara," rispose Greg, ma il luccichio dei suoi occhi le fece capire che lui stesso faceva il tifo per la loro unione.

Jill entrò in casa e poi in camera da letto per mettersi un altro costume da bagno. L'idea di fare una nuotata in piscina era molto allettante, in quella calda giornata estiva. Mentre si toglieva i vestiti, squillò il cellulare. Controllò chi chiamava e sorrise. *Il fratello di Niki, Charlie Beachum.*

"Ciao, Charlie! Niki e io abbiamo parlato di te di recente," disse Jill, contenta di ricevere una sua telefonata. Era un ragazzo così gentile.

"Verrò in Florida dopodomani e vorrei portarti a cena. Mi è piaciuto molto stare con te l'ultima volta."

"Anche a me. E la cena sembra un'ottima idea."

Si misero d'accordo e poi Jill riattaccò, sollevata dalla possibilità di rallentare il rapporto con Brody. Aveva bisogno di tempo e di prospettive.

CAPITOLO VENTICINQUE

La mattina seguente, mentre accompagnava Cristal a Tampa, Jill si sentiva le mani rigide sul volante. Aveva cercato le indicazioni e altre informazioni sul Richard M. Schulze Family Foundation Breast Cancer Center, che faceva parte dell'H. Lee Moffit Cancer Center & Research Institute. I nomi lunghi sembravano così formali, così freddi, ma dalle ricerche che aveva svolto, Jill era sicura che il centro fosse una struttura meravigliosa. Fondato nel 1981 dal governatore della Florida, era stato inaugurato nel 1986 nel campus della University of South Florida.

"E se mi dicessero che sto morendo?" domandò Cristal con le guance pallide.

Jill allungò la mano e strinse quella della sorella.

Cercarono di fare due chiacchiere, ma la tensione nell'auto crebbe quando entrarono al McKinley Campus e lei cercò un parcheggio vicino al centro.

Jill fermò l'auto e insieme si diressero all'interno. Due sfere di cemento grigio segnavano l'ingresso principale. All'interno, Cristal parlò con una donna dietro il banco informazioni e fu indirizzata all'ufficio del dottor William Noble.

Lì, consegnarono alla sorella altri moduli da compilare e l'assistente dietro il banco la informò che avevano ricevuto tutto il materiale necessario dal medico di Cristal a Miami. Mentre Cristal inseriva le informazioni, Jill trovò un posto vicino alla finestra e controllò il telefono.

C'era un messaggio di Melanie che augurava a entrambe buona fortuna. In un altro messaggio, Leigh McKinnon, la sua collega alla scuola, le diceva che le era piaciuto molto il modo in cui Jill aveva decorato la classe.

Jill sospirò soddisfatta. La sua vita, che era cambiata tanto bruscamente, sembrava funzionare.

Cristal si sedette accanto a lei. "Spero di non dover aspettare troppo. Vedere tutte queste donne qui in attesa mi rende nervosa. Alcune sembrano preoccupate quanto me."

Jill accarezzò la mano della sorella. "Il personale farà tutto il possibile per visitare tutte nel più breve tempo possibile. Te compresa."

"Pensi che avremmo dovuto dirlo alla mamma?" chiese Cristal, intrecciando le dita.

"Credo che dovremmo chiamarla subito dopo questa visita," rispose Jill. Non voleva far arrabbiare la madre, inoltre sentiva che in quanto genitore aveva il diritto di sapere.

Appena chiamarono il nome di Cristal, Jill si alzò con lei. Seguirono un'infermiera lungo un corridoio ed entrarono in un ufficio le cui pareti erano dipinte di un piacevole color crema tenue. Un uomo alto e robusto con i capelli grigi si affrettò a entrare e si presentò. William Noble aveva occhi marrone chiaro che irradiavano gentilezza e interesse, un carattere che Jill apprezzò immediatamente quando gli strinse la mano.

Dopo aver scambiato i convenevoli e aver offerto loro due sedie di fronte a una scrivania, il dottor Noble si sedette sulla propria sedia e si soffermò a sfogliare le carte e una serie di immagini.

Si chinò in avanti. "Sono certo che sei ansiosa di saperne di più sulla tua condizione e sul piano di trattamento. Che cosa hai capito del tuo stato, finora?"

"Non molto," ammise Cristal. "Ero in viaggio quando ho ricevuto la notizia e sono stata così nervosa che ho dimenticato la lettera del mio medico."

"Bene, cerchiamo di calmarci un po'," disse gentilmente il dottor Noble. "Hai un cancro al seno sinistro allo stadio 1A. La biopsia, le immagini 3D e i referti indicano che il tumore misura meno di due centimetri e non si è diffuso al di fuori del seno. Questa e il fatto che non ci siano episodi precedenti nella tua famiglia sono due ottime notizie."

"Questo che implicazioni ha per la terapia?" chiese Jill mentre Cristal lottava contro le lacrime.

"Suggerirei di iniziare con quella che chiamiamo lumpectomia. Si tratterebbe di rimuovere tutto il tumore e una piccola area di tessuto sano intorno a esso, chiamata margine. Anche se non ne vediamo traccia sul materiale che ci viene fornito, controlliamo anche i linfonodi in quell'area. A mio parere questa procedura basterà a risolvere il problema ma se dovesse essere necessario un ulteriore trattamento, te lo comunicheremo. Mi seguite?"

Cristal annuì. "L'intervento sarebbe solo un po' più complesso di quelli che ho affrontato in precedenza. Giusto?"

"Sì," confermò il dottor Noble. "Probabilmente la tua incisione non sarà molto più grande." Le sorrise. "Sei il tipo di paziente che preferiamo. Prevedo un ottimo risultato."

"Quando mi possono operare? Non vorrei aspettare. Voglio togliermi il pensiero," disse Cristal.

Il dottor Noble annuì. "È comprensibile. Possiamo fissare un intervento ambulatoriale per venerdì, tra quattro giorni."

Cristal si rivolse a Jill. "Sei libera di venire con me?"

"Sì. Per me la scuola non inizierà prima della settimana successiva."

"Ok, facciamolo," disse Cristal. Fece un sorriso incerto al dottor Noble. "Grazie mille!"

"Non c'è di che." Dopo aver parlato delle procedure pre-operatorie, il dottor Noble si alzò. "Ci vediamo venerdì, Cristal."

Si strinsero tutti la mano e poi Jill condusse la sorella fuori dall'ufficio, sentendosi come se potesse volare. Cristal sarebbe stata bene.

Mentre attraversavano la sala d'attesa per uscire dall'edificio, Jill non poté fare a meno di studiare le donne sedute e sperare che ognuna di loro avesse una prognosi altrettanto buona.

Quando tornarono alla macchina, Cristal disse: "Andiamo a pranzo. Voglio festeggiare."

"Mi sembra un'ottima idea. Ma se non ti dispiace, andiamo verso il Seashell Cottage e troviamo un posto vicino a casa, così evitiamo il traffico."

"Non sei ancora una ragazza di città, eh?" commentò Cristal.

"Puoi dirlo forte," rispose Jill. Sospettava che il traffico nei dintorni del cottage sarebbe peggiorato in inverno, ma sarebbe stato comunque più facile che guidare in città.

Per il pranzo scelsero il Key Hole del Salty Key Inn. Era vicino al cottage e offriva proprio il tipo di specialità che Jill stava cercando: una Caesar salad con pollo croccante e un tavolo appartato in un angolo del bar.

Dopo aver ordinato, Cristal tirò fuori il cellulare. "Adesso chiamo la mamma, così non potrà lamentarsi che l'abbiamo tagliata fuori."

"Non te la caverai così facilmente," ridacchiò Jill quando Cristal alzò gli occhi su di lei, prima di digitare un numero sul cellulare e aspettare.

"Ciao, mamma! Sono Cristal. Ti metto in vivavoce, sono a pranzo con Jilly."

Jill si avvicinò per ascoltare.

"Jilly? È in Europa?"

"No, mamma. È in Florida con me. Sono tornata prima dal mio viaggio per occuparmi di un problema medico."

"Problema medico? Che problema? Hai bisogno che venga lì? Jill è troppo impegnata per aiutarti."

"In realtà sono qui perché volevo passare un po' di tempo con mia sorella. Mi sta aiutando." Cristal fece un respiro profondo. "Ho un cancro al seno, è al primo stadio. Il chirurgo mi farà una cosiddetta lumpectomia per rimuovere ogni traccia."

"E non mi hai chiamato prima?" si lamentò la madre. "Che razza di figlia sei? Qualsiasi madre merita di sapere notizie del genere. Jill, l'hai convinta tu?"

Jill parlò al telefono con voce tranquilla, ma determinata a evitare che la situazione degenerasse. "No, mamma. Sono rimasta sorpresa quanto te di tutto questo. Ma sono molto contenta che Cristal abbia scelto di venire al Moffit Cancer Center qui in Florida. È uno dei migliori. Inoltre, abbiamo avuto l'opportunità di passare un po' di tempo insieme."

"Beh, vedo che non c'è bisogno di me," sbuffò la madre.

"In realtà, pensavamo che volessi venire qui," aggiunse Cristal, sorprendendo Jill.

"Dove dovrei stare? Con voi due al cottage?" chiese la madre.

Cristal si rivolse a Jill con uno sguardo interrogativo.

"Potrei trovare una soluzione per liberare una camera da letto. Greg e Brody hanno quasi finito di lavorare e Brody potrebbe comprare casa a breve. Sono entrambi ansiosi di trasferirsi."

"Oggi pomeriggio prenoto un volo per Tampa," disse la madre. "Vi farò sapere quando arrivo."

"Perché non prenoti per domani? Così avrò il tempo di sistemarti per la notte," disse Jill.

"Ok, ma dovrete aggiornarmi su tutto quello che avete

fatto. Siete riuscite a ferire i miei sentimenti."

"Si tratta di Cristal e della sua operazione, mamma," disse Jill.

"Non rimarrai sfigurata dall' intervento, vero, Cristal?"

"No, mamma, non credo proprio. È arrivato il pranzo. Devo andare." Cristal chiuse la chiamata e si rivolse a Jill. "Non è andata troppo male."

Jill alzò le spalle. "Non sarà facile, ma possiamo farcela."

Cristal la studiò. "Mi dispiace di non averti chiesto prima se potevamo darle una stanza al cottage."

"Dispiace anche a me, ma ci lavoreremo su. Giusto?"

Cristal annuì, rivolgendole uno sguardo profondo.

Quando Jill entrò al cottage, trovò tutto in disordine. C'erano vestiti e giocattoli ammassati sul divano e sul pavimento.

Brody alzò lo sguardo da una scatola di cartone che stava riempiendo con i giocattoli di Kacy. "Stamattina, mentre eri via, ho fatto un'offerta per la casa ed è stata accettata. Finché le pratiche non saranno completate, pagherò un affitto. Kacy è entusiasta dell'idea di vivere vicino a Emily, quindi oggi ci trasferiamo dal cottage. Spero non ti dispiaccia questa decisione dell'ultimo minuto... ma trasferirmi in quella casa mi darà la possibilità di organizzare le stanze. Greg ha accettato di trasferirsi da noi, almeno per il momento." Le fece l'occhiolino. "Ti dispiace se ceniamo qui?"

Jill si sforzò di mantenere il sorriso. Senza di loro, il Seashell Cottage non sarebbe più stato lo stesso.

"A quanto pare, potrebbe servirci la stanza. Nostra madre arriverà domani e si fermerà per diversi giorni," disse Cristal, in piedi accanto a Jill.

Brody lanciò un'occhiata a Jill. "Immagino sia un bene che

io me ne vada."

"Non volevo che andasse proprio così," disse Jill, delusa di averli persi. "Dov'è Greg?"

Brody sorrise. "È con una certa persona, per discutere di un viaggio che vuole fare in Irlanda. Anche lui lascerà il cottage. Ha già portato un po' di scatole nella nuova casa. Il resto lo ritirerà stasera."

"Credo che andrò a sdraiarmi in piscina," disse Cristal, mentre lasciava la stanza.

"No, Cristal," disse Jill con fermezza. "Per prima cosa, mi aiuterai a rifare i letti nella stanza di Greg e a pulire il bagno."

"Ma... "

"Ho bisogno del tuo aiuto. Sai com'è la mamma. Vorrà che tutto sia perfetto."

"Va bene," sospirò Cristal con un tono lamentoso.

Quella era la sorella a cui Jill era abituata.

Jill decise di trasformare la cena in una festa speciale per aiutare Kacy a passare dal cottage alla nuova casa. Tirò fuori una tovaglia a quadri rossi che aveva trovato precedentemente in uno dei cassetti della cucina e fece un salto al supermercato per le provviste.

Più tardi, si trovava in cucina ad ammirare il proprio lavoro. Legati agli schienali delle sedie intorno al tavolo della cucina c'erano dei palloncini a elio colorati, la tavola era apparecchiata come un picnic e sul bancone c'era una torta glassata con la scritta: "Buon trasloco!"

"Tutto questo trambusto per Kacy?" chiese Cristal quando entrò in cucina.

"Sì," rispose Jill. "Voglio che ricordi i giorni passati qui al Seashell Cottage come un periodo piacevole. Ma voglio anche che sappia che, a prescindere da dove lei vivrà, io farò tesoro dei nostri momenti speciali insieme."

"Vuoi proprio bene ai bambini, vero? Lo dimostra il fatto che da anni fai la maestra d'asilo e che ora inizierai a insegnare in terza elementare. D'altronde, hai sempre voluto fare quel lavoro." Cristal sospirò. "Anche da bambina eri così sicura di quello che volevi."

"Beh, sapevo che non avrei mai potuto essere una modella o un'attrice," disse Jill, trattenendosi dal dire di più. Era un vecchio schema mentale che doveva essere spezzato. "Scusa, ma non ho voglia di parlarne."

"Neanche io," disse Cristal. "Posso aiutarti con la cena?"

Jill nascose la sorpresa. Cristal aveva sempre detto di non essere di alcun aiuto in cucina. "Grazie. Sarebbe bello se ti occupassi dell'insalata. Sto preparando il sugo per gli spaghetti, quello preferito di Kacy."

"Ok, faccio delle ottime insalate. Per lo più io e Hope cenavamo sempre così."

"Sei davvero pronta a trasferirti da South Beach e ad aprire una tua attività? Capisco quanto faresti felici i clienti, ma essere proprietari di una piccola impresa vuol dire un sacco di lavoro."

"Cosa? Pensi che non sia in grado di farlo?" sbottò Cristal.

"Aspetta un attimo. Non è quello che intendevo," rispose Jill; comprendeva la reazione di Cristal: la sorella era sempre stata la ragazza con la bellezza, non quella con il cervello. "Volevo dire che è un lavoro che porta via tantissimo tempo, giorno dopo giorno... a meno che non ci sia qualcuno ad aiutarti, potrebbe essere difficile avere dei momenti liberi per te stessa. Ho sentito altre persone parlare di quanto sia difficile."

"Oh, capisco cosa intendi. Hai ragione. Dovrei avere un'assistente o un socio." Cristal sembrò titubante, poi un sorriso ironico le attraversò il viso. "Mi chiedo se Linsey Logan viva ancora in città. Te la ricordi? Tempo fa io e lei volevamo aprire un salone di parrucchiere tutto nostro."

"L'ultima volta che l'ho sentita, viveva a sud. Ad Atlanta, credo."

Cristal scosse la testa. "Non ha molta importanza. Troverò qualcuno alla scuola di bellezza. Ce ne sono diverse in Florida. Forse resterò in zona. È molto più tranquillo di quello a cui sono abituata, ma il cambiamento potrebbe piacermi." Scrollò le spalle. "O forse passerò qualche anno a Ellenton. Potrebbe essere piacevole sperimentare di nuovo i veri inverni."

"Ovunque andrai, sono sicura che avrai successo. Sei sempre stata bravissima con i capelli."

Cristal la studiò. "Mi piacciono i tuoi capelli corti, ma posso darti un suggerimento?"

Jill rise. "Ok. Dimmi."

Cristal le scostò i capelli dal viso. "Penso che dovresti accorciarli di circa cinque centimetri, in modo che mostrino il collo. Ti aprirebbe il viso e ti darebbe un aspetto diverso, più sofisticato."

"Va bene, li taglierò. Andiamoci insieme uno di questi giorni, così incontrerai Frederick, il mio parrucchiere. Chi lo sa? Forse un giorno finirai per lavorare con lui."

Cristal rise. "Non so se lavorerò con lui, ma mi piacerebbe conoscerlo per parlargli della scuola e di tutto il resto."

Jill annuì, chiedendosi cosa avrebbe potuto suggerire l'intuito di Susannah sul futuro di Cristal.

CAPITOLO VENTISEI

Jill aspettava con la sorella nell'area degli arrivi dell'aeroporto internazionale di Tampa. Aveva una disperata voglia di mangiarsi le unghie, un'abitudine che aveva abbandonato da tempo. La visita della madre sarebbe stata difficile per entrambe. Avrebbero affrontato i problemi del passato nel tentativo di andare avanti in un nuovo modo. Jill si rese conto che avrebbe dovuto discuterne molto tempo prima, ma gli anni passati a essere la figlia che lavorava per mantenere un clima pacifico glielo avevano impedito. Forse, pensò sorpresa, era stato quello il motivo per cui Jay aveva trovato in lei un bersaglio tanto facile. D'altronde, nessuna donna avrebbe mai dovuto essere un bersaglio per la crudeltà degli uomini.

"Stai bene?" le chiese Cristal, con uno sguardo preoccupato.

Jill si scrollò di dosso i pensieri morbosi. "Certo." Era vero. Il Seashell Cottage era stato una sorta di balsamo per la sua mente martoriata.

Cristal sorrise. "Ecco la mamma."

Valerie Davis era una donna elegante, sulla cinquantina, con i capelli biondi e un fisico curato. Vedendo le figlie, si diresse verso di loro con una tranquilla sicurezza, alzò la mano e salutò.

Jill e Cristal si spostarono insieme per salutarla.

"Ciao, ragazze! Sono così felice di essere qui, finalmente," disse Valerie. "Il viaggio è stato terribile. Ero così preoccupata per te, Cristal. Se penso che le mie stesse figlie mi hanno tenuto nascosta una notizia del genere. Come ho detto all'uomo seduto accanto a me, è stata una vera delusione."

Jill e Cristal si scambiarono uno sguardo significativo.

"Mamma, quante valigie hai?" chiese Jill, cercando di distrarre la madre.

"Solo una. Una piuttosto pesante, temo, ma non sapevo quanto tempo sarei rimasta qui."

"L'intervento è fissato per venerdì, dopo una settimana dovrò fare una visita dal medico e poi sarò libera di andare," spiegò Cristal.

"Ti sarai ripresa abbastanza per allora?" le chiese Valerie, con l'aria di chi stava per piangere.

"Mamma, non si tratta di un intervento chirurgico importante. Vero, Jill?"

"Sì, siamo preoccupate, naturalmente, ma è un intervento di routine. Considerato lo stadio in cui si trova il tumore, il medico non pensa che saranno necessari altri trattamenti."

"Jill ha promesso di stare con me. Ha incontrato il medico e ha ascoltato tutto quello che aveva da dire. È stato molto importante per me."

"Ma avrei dovuto esserci io con te. Sono tua madre!" esclamò Valerie.

"Non avrebbe funzionato. E visto che sei qui, io e Jill abbiamo molto di cui vorremmo parlarti," disse Cristal. Si avvicinò a Jill e fece un sorriso timido alla madre.

"Cosa sta succedendo?" domandò Valerie, mentre studiava Jill con sospetto.

"Torniamo al cottage, dove avremo un po' di privacy per parlare. Greg, Brody e Kacy si sono trasferiti, quindi abbiamo la casa tutta per noi," disse Jill. Non voleva scenate all'aeroporto.

"È meglio che sia una conversazione piacevole. Il viaggio di oggi non è stato facile e ho bisogno di un lungo riposo," disse Valerie. "Quella è la mia valigia. È meglio che la prenda tu,

Jill."

"Rimani qui. Ci penso io," disse Cristal.

Jill non sapeva chi fosse più sorpreso, se sua madre o lei stessa. Uno scoppio di risa le si bloccò in gola. Sì, nella struttura familiare stavano già avvenendo molti cambiamenti necessari da tempo.

Durante il viaggio di ritorno al cottage, la conversazione, accuratamente controllata da Jill e dalla sorella, si mantenne leggera e semplice.

Quando Jill entrò nel vialetto del Seashell Cottage, sua madre esclamò: "Oh, che bello! Cristal, sei stata molto gentile a organizzare qui una vacanza estiva per Jill."

Jill lanciò un'occhiata a Cristal, seduta sul sedile del passeggero.

"Non proprio una vacanza," ammise Cristal. "Ma sono abbastanza sicura che sia contenta di essere venuta."

Jill sorrise. "È vero." Incontrare Greg, Brody, Kacy e tutti gli altri le aveva cambiato la vita.

"Non avevo idea che questo soggiorno in Florida si sarebbe trasformato in qualcosa di permanente," disse la madre. "I miei amici si sono stretti intorno a me, ma non è lo stesso che avere una figlia in città per aiutarmi."

Nel silenzio che seguì, Jill disse: "Vieni a dare un'occhiata al cottage. Credo che ne rimarrai colpita."

Mentre Jill e Cristal recuperavano dal bagagliaio la valigia e la borsa della madre, Valerie scese dall'auto e studiò la casa.

"Seguimi," disse Jill prima di condurre la madre alla porta d'ingresso. Girò la chiave, aprì la porta e si mise da parte. "Benvenuta al Seashell Cottage."

Valerie entrò e rimase un attimo a guardarsi intorno. "C'è ancora odore di vernice. Hai detto che gli operai se ne sono appena andati?"

"Sì. Per questo possiamo avere la casa tutta per noi,"

rispose Jill.

"Da che parte è la mia camera da letto? Devo sistemarmi."

"Starai in fondo al corridoio, nella stanza accanto alla mia," disse Cristal, mentre tirava dietro di sé la valigia della madre. Jill condusse la madre nella stanza che aveva usato Greg. Il bagno era stato pulito e le lenzuola erano state cambiate: tutto era pronto per Valerie.

"Oh, andrà benissimo," disse la madre. "Quando viene servito il pranzo? Ho fame... Mi rifiuto di pagare le compagnie aeree per quello che equivale a cibo spazzatura."

Jill e Cristal si scambiarono uno sguardo.

"Pensavo di preparare un'insalata fresca per pranzo. Più tardi, in settimana, ti porteremo fuori a cena," disse Jill.

"Offrirò io. Finalmente sono stata pagata per aver fatto la modella in uno degli hotel," disse Cristal.

Valerie sorrise. "Che bello, cara. Potrai continuare a fare la modella dopo l'intervento?"

"Mamma, perché sei così preoccupata?" Cristal la guardò accigliata. "Per tua informazione, ho lasciato South Beach. È diventato sempre più difficile per me vivere e lavorare lì. Ho deciso che era ora di cambiare."

"Oh? Non lo sapevo. Forse è arrivato il momento di andare in una città più grande. New York, magari. Lì saresti molto più vicina a me."

"Vado a preparare il pranzo," disse Jill. "Sarò in cucina." Sapeva che se fosse rimasta ancora un po' avrebbe potuto dire qualcosa di cui si sarebbe pentita.

"Lascio che la mamma disfi le valigie, così poi potrà raggiungerti," disse Cristal. "Ne parliamo dopo, mamma."

La madre si accigliò. "Cosa state combinando voi due? Vi comportate in modo così diverso, così riservato."

"Non è niente. Sbrigati a disfare le valigie," disse Cristal. "Oggi pomeriggio possiamo passeggiare sulla spiaggia o fare il bagno in piscina." Uscì dalla stanza e seguì Jill in cucina.

"Non possiamo dirle tutto in una volta," disse Jill a bassa voce.

"Hai ragione. Godiamoci il tempo insieme il più possibile. Voglio rilassarmi prima dell'intervento di venerdì."

Jill tirò fuori una busta di insalata fresca e dispose le foglie su tre piatti separati, poi vi aggiunse sopra gamberetti cotti e fette di uova sode. Aveva preparato in anticipo una maionese piccante alla King Louis e la versò sull'insalata.

Cristal riscaldò delle fette di baguette fresca, le mise in un cestino foderato con un tovagliolo pulito e lo appoggiò al centro del tavolo, poi versò del tè freddo in tre bicchieri.

Mentre Jill sistemava i piatti da insalata sul tavolo, la madre entrò in cucina.

"Che meraviglia! Non ricordo l'ultima volta che ho avuto la possibilità di pranzare insieme alle mie due ragazze." Raggiante, prese posto tra di loro al tavolo della cucina.

"L'ultima volta è stata poco prima del matrimonio di Jill," disse Cristal. "Me lo ricordo bene. Ti stavi agitando per il mio vestito per la cena di prova."

"Quello troppo corto?" chiese la madre. "Beh, sì, non volevo che togliessi troppa attenzione a Jill."

"Ah, mi ricordo," intervenne Jill. La madre le aveva rovinato la serata dichiarando a chiunque l'ascoltasse che era il momento in cui la "povera Jill" doveva ricevere un po' di attenzione, non Cristal. Forse Valerie pensava di essere corretta, ma il modo in cui l'aveva detto l'aveva fatta sembrare decisamente scortese.

"Beh, basta così. È tutto davvero triste. Il matrimonio si è rivelato una tragedia, con la morte prematura di Jay."

Jill sentì il calore crescerle dentro. Posò la forchetta e guardò la madre. "Nell'intimità della nostra casa, Jay si è trasformato in un mostro. Mi rimproverava, mi affibbiava epiteti cattivi, pretendeva da me la perfezione. È un lato che tu non hai mai accettato di lui, ma è la verità."

"Oh, Jill," sospirò la madre. "Lui ti amava. Quando gli chiedevo se andava tutto bene, mi diceva che ti adorava. Ha persino pianto dicendomi quanto tu fossi importante per lui. Era un membro attivo della nostra parrocchia, molto amato dalla comunità. Ricordi tutto il lavoro che ha fatto con il campionato giovanile di baseball?"

Jill sentì le lacrime pungerle gli occhi. "Cosa c'entra questo con l'abuso che ho subito quotidianamente? Mi ci sono voluti un paio di anni di terapia per affrontare il danno che mi ha arrecato. Ora, mi rifiuto di ascoltare le tue... le tue risposte stupide sulla mia vita reale. Non mi interessa se era un membro stimato della chiesa, o un membro amato della comunità, o se ha fatto un buon lavoro con la lega di baseball. Mi interessa l'inferno che mi ha fatto passare."

"Perché non le credi?" domandò Cristal alla madre. "Tu più di tutti avresti dovuto accorgerti che qualcosa non andava. Tutti noi avremmo dovuto."

La madre drizzò la schiena e fissò Cristal a labbra strette. "Come osi dare la colpa a me?" Si rivolse a Jill. "E tu non parlarmi mai più in questo modo."

"Avresti dovuto credere a tua figlia quando ti ha detto quello che stava succedendo, anche se non volevi sentirlo," disse Cristal. "Perché non hai mai parlato con me della situazione?"

"Basta," disse la madre, alzando una mano per interrompere il discorso.

"Mi fermo," disse Cristal, "ma non finisce qui."

La madre si tamponò gli occhi. "Voi ragazze vi comportate male con me. Ora, dopo tutto quello che ho fatto per voi... "

"Io e Cristal abbiamo iniziato a parlare," disse Jill. "È il momento di essere tutte oneste l'una con l'altra, che ti piaccia o meno sentire i fatti."

"Vuoi che torni a casa mia?" chiese la madre con aria di sfida. "Lo farò, se hai intenzione di trattarmi così."

Cristal posò una mano sul braccio della madre. "Stiamo solo cercando di risolvere alcuni problemi, di capirci meglio tra di noi. Sapere di avere un cancro mi ha aperto gli occhi su quanto siamo fortunate ad avere questi momenti insieme. Saremo tutte persone migliori, dopo quest'esperienza."

"Cristal ha ragione," disse Jill. "Sarà salutare per tutte noi."

La madre lasciò andare un lungo e rumoroso sospiro. "Sono qui per aiutare Cristal a superare questa crisi. Quindi, rimarrò."

"Sei qui perché Jill è stata così gentile da darti posto al Seashell Cottage," le ricordò Cristal.

"Sì, certo. Anche questo," disse la madre, facendo un sorriso forzato a Jill.

Jill si sedette al tavolo, aspettando il momento in cui se ne sarebbe potuta andare. Aveva bisogno di stare da sola. I ricordi di Jay che recitava il ruolo di perfetto beniamino della comunità le avevano tolto l'appetito. Quando squillò il cellulare, Jill si alzò di scatto dalla sedia e si affrettò a rispondere, grata per quell'interruzione.

Sorrise quando vide il nome. *Brody.*

"Ciao! Come va?" chiese, con la voce un po' tremante per le emozioni che ancora le turbinavano dentro.

"Va bene se porto Kacy al cottage dopo averla presa al Sunnyside? Ha lasciato una maglia che vuole indossare domani al campo scuola."

"Certo, nessun problema. Dov'è la maglia? Cercherò di fartela trovare pronta."

"In uno dei cassetti della nostra stanza. Probabilmente quello più basso." Esitò. "Va tutto bene? Sembri agitata."

"Te lo dico dopo. Sono in cucina con mia madre e Cristal."

"Ok, sono pronto ad ascoltare in qualsiasi momento."

"Grazie," disse Jill, sentendosi subito meglio. Era davvero facile ricadere nei vecchi ruoli familiari, ma lei si rifiutava di perdere tutto ciò che aveva imparato su se stessa vivendo lì in Florida.

"Chi era, cara?" chiese sua madre quando Jill tornò a tavola.

"Brody. Sua figlia ha lasciato qui una maglia. Passeranno più tardi nel pomeriggio."

"È una persona che vorrai conoscere," disse Cristal, rivolgendo a Jill un sorriso sornione. "Un figo come pochi."

Le sopracciglia di sua madre si alzarono di scatto. "Oh? Che succede?"

Jill sorrise. "Siamo amici. Ottimi amici." Non voleva dire altro. Si stava innamorando di Brody, ma avrebbe cenato con Charlie.

Jill si guardò allo specchio e si chiese se Cristal avesse ragione sui suoi capelli. Un po' più corti sarebbero stati perfetti. Il suo castano naturale si era schiarito in una tonalità dorata che la rendeva attraente. Si truccò per far risaltare gli occhi con un ombretto verde che, insieme al prendisole verde che aveva acquistato recentemente, accentuava i diversi colori delle iridi nocciola.

Quando uscì dalla camera da letto, Cristal e sua madre la guardarono e sorrisero.

"Stai benissimo, sorellina," disse Cristal.

"Sì, quel vestito ti sta d'incanto," aggiunse la madre. "Non avevo idea che tu uscissi con qualcuno, ma d'altronde non abbiamo parlato molto ultimamente. Prima sapevo tutto di te."

"Non tutto," rispose Jill.

Il rumore di qualcuno alla porta attirò la loro attenzione.

"Ci penso io," disse Cristal. "Non vorrai sembrare troppo ansiosa di vederlo. Giusto?"

Ridacchiando nervosamente, Jill annuì.

Cristal tornò in cucina con Charlie al seguito. Jill si diresse verso di lui con un sorriso. Aveva dimenticato quanto fosse attraente.

"Lei è mia sorella, Cristal... e lei è mia madre, Valerie Davis," annunciò Jill.

Charlie annuì con la testa. "Felice di conoscervi entrambe." Dopo un po' di piacevoli chiacchiere con loro, si rivolse a Jill. "Sei pronta per uscire? Pensavo di andare al Key Pelican stasera. Quello di Gavin era prenotato per un paio di feste private."

Fuori nel portico, Charlie le sorrise. "Stai bene."

"Grazie," disse Jill, cercando di rilassarsi. Si fermò quando il furgone di Brody entrò nel vialetto. Osservò Kacy che apriva la portiera del furgone e correva verso di lei con le gambe snelle, che erano molto più lunghe di quando era arrivata in Florida.

"Ehi, Jill! Siamo tornati," gridò Kacy. "Papà dice che hai la mia maglietta."

"Sì, è piegata sul bancone della cucina, pronta per te."

Kacy si fermò e fissò Charlie con il volto corrucciato dalla disapprovazione. "Chi sei?"

"Un amico di Jill e lo zio di Emily," rispose cordialmente Charlie.

"Oh." Kacy lanciò un'occhiata a Jill e si affrettò a entrare.

Brody si avvicinò, guardò Charlie con stima e gli tese la mano. "Ciao, sono Brody Campbell."

"Charlie Beachum."

Cristal uscì sul portico. "Ciao, Brody! Entra a conoscere mia madre."

"È stato un piacere," disse Brody a Charlie prima di rivolgersi a lei. "Sei in forma, Jill."

"Grazie," rispose, poi aspettò che lui entrasse in casa.

"Chi è?" chiese Charlie mentre continuavano a dirigersi verso la sua auto.

"Un amico," disse Jill, chiedendosi se il proprio comportamento fosse giusto nei confronti di Brody. Anche se aveva deciso che le serviva più libertà, lui era una persona molto speciale per lei.

CAPITOLO VENTISETTE

La mattina seguente, Jill si svegliò e restò sdraiata nel letto a fissare i raggi di sole riflessi sul muro. Anche se le piaceva molto Charlie, era Brody che la faceva sentire la persona migliore che gli fosse mai capitato di incontrare. Amava il modo in cui lui la baciava e la faceva ridere, l'attenzione con cui la ascoltava.

Jill si alzò dal letto e si avvicinò alla finestra. Il sole scintillava sul movimento ritmico dell'acqua, incoronando ogni onda di un colore dorato. A quella vista, sospirò di gratitudine. Le piaceva svegliarsi con quel panorama.

Quando andò in cucina, la madre era seduta al tavolo e sorseggiava un caffè.

"Ciao!" Jill disse allegramente.

"Buongiorno. Sono rimasta seduta qui a pensare. Sono preoccupata per te. Ho notato che a Brody ha dato molto fastidio che tu uscissi con un altro. Dovresti stare attenta a non ferire i suoi sentimenti."

Jill aprì la bocca per rispondere ma la richiuse. Quando parlò, non riuscì a contenere la frustrazione. "Mamma, compiacere gli altri invece di prendermi cura di me stessa si è già rivelato devastante."

"Lo dico per il tuo bene, Jill... " ribatté la madre.

"Comunque sia, ho imparato che devo prendermi cura di me stessa," disse Jill; il buon umore era ormai rovinato. "Vado a prendere una tazza di caffè e poi mi vesto. Charlie mi porta fuori a colazione."

Sua madre scosse la testa. "Sei sempre stata così testarda.

È un'altra caratteristica dei Davis."

Jill si trattenne dal gridare e parlò con tranquilla determinazione. "Non voglio più sentire parlare dei tratti dei Davis."

"Santo cielo, ti stai comportando male con me," disse la madre. "Se non fossi qui per aiutare Cristal, farei le valigie e me ne andrei."

"Mi dispiace che tu ti senta così, mamma. È passato il tempo in cui mi ponevo dei limiti con te. Non tornerò al vecchio comportamento. Non posso."

"Sto cercando di capire tutti i tuoi cambiamenti," disse la madre, alzandosi in piedi. "Credo che andrò a camminare sulla spiaggia. Ho bisogno di aria fresca."

Jill sospirò e la guardò allontanarsi. Sapeva di essere stata brusca, ma doveva far capire alla madre che avrebbe dovuto trattarla in maniera accettabile o ci sarebbero stati dei problemi.

Mentre si metteva il rossetto, Jill sentì un furgone entrare nel vialetto e fissò lo specchio con gli occhi sgranati. *Brody?*

Uscì per salutarlo. "Ti sei alzato presto."

Sorrise. "Ho pensato di portarti a fare colazione."

"Mi dispiace, ma ho già degli impegni. Charlie verrà a prendermi da un momento all'altro per andare a mangiare."

"Che succede? Pensavo che tra di noi ci fosse qualcosa. Ti stai allontanando da quello che abbiamo creato?" Scalciò il vialetto con la scarpa da ginnastica e poi la studiò.

"Non mi sto allontanando, faremo solo colazione insieme visto che è il suo ultimo giorno qui."

L'auto di Charlie entrò nel vialetto.

"È meglio che vada," disse Brody. "Ci vediamo dopo." Si diresse rapidamente verso il suo furgone, salì e partì.

"Ho interrotto qualcosa?" chiese Charlie, avvicinandosi a lei con sguardo preoccupato.

"Non proprio. Pensavo di andare da Gracie al Salty Key Inn. Fanno la migliore colazione della zona."

Charlie sorrise. "Un ottimo modo per iniziare la giornata." Camminò al suo fianco fino alla macchina e salì a bordo, ancora scossa dalla conversazione con Brody. In quel momento più che mai aveva bisogno di concentrarsi sul proprio benessere emotivo, il che significava non impegnarsi con nessuno finché non si fosse sistemata nella nuova vita.

Proprio come aveva detto Charlie, Gracie's era pieno di gente. Ma a Jill piacquero l'atmosfera conviviale, i tavoli affollati e le chiacchiere rumorose, mentre lei e Charlie venivano condotti a un tavolo per due in un angolo in disparte.

La cameriera, una donna di nome Lynn, sorrise e porse loro i menu. "Benvenuti da Gracie's. Siamo felici di avervi qui. Posso portarvi del caffè o un'altra bevanda calda?"

"Per me un caffè nero," disse Jill. "Cos'è questo profumo delizioso? Cannella?"

"Le brioche alla cannella di Bertha. Sono deliziose," disse Lynn. "Se vuoi, te ne tengo una da parte. Finiscono in fretta."

Jill guardò Charlie e sorrise. "Ti va?"

Annuì. "Due brioche alla cannella da mettere da parte, Lynn. Grazie. Anche per me un caffè."

"Arriva subito." Versò a ciascuno di loro un bicchiere d'acqua e una tazza di caffè, distribuì i menu e si allontanò in fretta.

Jill diede un'occhiata alla stanza. Alle pareti erano appesi oggetti nautici, in sintonia con il marinaio in legno intagliato e dipinto che faceva da sentinella accanto all'ingresso. "Bei dettagli."

Charlie annuì. "Non mi stupisce che questo posto sia così affollato. Ho dato un'occhiata al cibo che stanno servendo agli altri clienti. Sembra tutto delizioso."

"Anche il profumo lo è," aggiunse Jill; dopo il confronto con Brody, cominciava finalmente a rilassarsi.

"Non so i tuoi programmi di oggi, ma mi chiedevo se fossi libera per fare un giro da queste parti insieme a me, come se fossimo turisti. Pensavo di andare a visitare Sarasota."

Jill sorrise e scosse la testa. "Grazie, ma oggi devo lavorare al campo scuola. Mi sono presa troppo tempo. La prossima settimana inizia la scuola, per noi insegnanti, e potrò lavorare al campo solo nel tardo pomeriggio."

"Niki dice che sei molto brava con i bambini. Come ti ho detto, io e la mia ex moglie non abbiamo avuto figli, ma un giorno spero di averne di miei." Ridacchiò. "Non tre gemelli, però."

Jill ricambiò il sorriso. "Credimi, ti capisco. Non so come Niki riesca a gestire tutti e tre insieme."

"Mia madre ama stare con i bambini e questo è di grande aiuto."

"La tua famiglia sta ancora cercando di convincerti a trasferirti qui?" Il pensiero era allettante.

Annuì. "Sì, potrei prenderlo in considerazione. Soprattutto se qui riuscissi ad avere una barca tutta mia. Ma sono abbastanza felice dove sto." La studiò. "Chi è questo ragazzo, Brody? Esci con lui?"

Jill esitò, voleva essere prudente. "Non proprio. Siamo diventati buoni amici grazie alla convivenza al Seashell Cottage. Mi sto godendo una nuova libertà qui in Florida e non voglio legarmi a nessuno mentre mi sto ambientando."

"Mi piaci, Jill."

"Ti ringrazio," rispose, pensando ancora all'incontro precedente con Brody.

Lynn prese le ordinazioni e tornò poco dopo con un piatto di pancake per Charlie e un'omelette di verdure per Jill. "Buon appetito!" disse la cameriera, che poi riempì le loro tazze di caffè e si allontanò per servire gli altri clienti.

"Sembra delizioso. Che pancake hai ordinato?" chiese Jill.

Lui sorrise. "Ananas e noci."

Jill lo guardò dare un morso e sospirare di soddisfazione. Era un ragazzo davvero alla mano. Allontanò ogni pensiero romantico con Charlie o Brody. Doveva trovare un posto dove vivere, sistemarsi con il nuovo lavoro e risolvere la questione della comproprietà del campo scuola.

Più tardi, quando Charlie la riaccompagnò al cottage, Jill fu felice di avere già dei programmi per la giornata. Interessarsi a due ragazzi diversi nello stesso momento non era certo il suo stile.

Si affrettò a entrare in casa per cercare di trovare un alloggio, considerato che il soggiorno al cottage stava volgendo al termine. Chiamò Kay Branson della Palm Rentals & Realty e attese con impazienza che rispondesse alla chiamata. Stava per rinunciare quando sentì la voce di Kay.

"Ciao, Jill. Ti pensavo," disse Kay. "Hai presente l'appartamento che hai guardato la prima volta?"

"Quello che stavate vendendo?"

"Sì, quello arredato che ti piaceva molto. La vendita è andata a buon fine, ma uno dei proprietari si è ammalato e si trasferirà solo dopo un periodo di cura piuttosto lungo. Hanno appena messo in affitto l'immobile. Ti potrebbe interessare? Credo ancora che sia meglio comprare piuttosto che affittare, ma questo ti darebbe il tempo di trovare esattamente quello che stai cercando."

"Sarebbe perfetto," commentò Jill. "È nella mia fascia di prezzo?"

"Sì. Mi è stata concessa una certa flessibilità sul canone di locazione a seconda di chi lo affitta. Niente bambini o animali domestici, giusto?"

"Giusto," disse Jill, deglutendo a fatica quando pensò a uno dei cuccioli che Niki le aveva offerto.

"Questo rende tutto più facile," rispose Kay. "Passa nel mio ufficio in mattinata e definiremo i dettagli."

Jill controllò l'orologio. "Vengo subito. Ho giusto un attimo prima di andare al lavoro."

Jill entrò nell'ufficio dell'agenzia immobiliare con la sensazione che il destino stesse interpretando un ruolo importante nella sua vita, quasi approvasse il suo progetto di allontanarsi da qualsiasi relazione seria. L'appartamento le era piaciuto molto quando aveva visto le foto e sperava con tutto il cuore che diventasse la sua casa temporanea.

Kay la salutò calorosamente. "È un piacere vederti, Jill."

"Non posso credere che tutto questo stia accadendo," le rispose. "In questo momento, l'appartamento è davvero perfetto per me."

"In questo settore il tempismo è tutto. Sta funzionando sia per te che per il proprietario, il che è molto bello." Kay la invitò con un cenno ad avvicinarsi alla scrivania. "Ho i tuoi documenti pronti. È il nostro contratto di locazione standard, che per te sarà valido dal primo settembre. Ho cerchiato la dicitura relativa al tempo necessario per dare il preavviso, ma dovrai accettare di rimanere almeno novanta giorni. Ti va bene?"

"Sì," accettò Jill. "In quel periodo spero di decidere se continuare ad affittare o comprare. Dicembre non è il momento migliore per gli immobili, ma per allora dovrei conoscere bene questa zona."

Mentre Jill esaminava le pratiche, Kay rispose a una

telefonata. Ascoltando la conversazione, Jill si rese conto di quanto fosse fortunata ad aver trovato una bella casa in affitto su un campo da golf, in un complesso vicino all'acqua.

Dopo aver firmato il contratto di locazione, si diresse al campo scuola. Il contabile aveva fatto una serie di calcoli relativi alla nuova società e Jill era impaziente di vederli.

CAPITOLO VENTOTTO

Non appena Jill entrò nell'ufficio del Sunnyside, Melanie si precipitò verso di lei. "Devi assolutamente vedere il bilancio del commercialista. Inoltre, l'avvocato ha apportato un paio di modifiche all'accordo che dovresti accettare."

Jill sorrise a tanta impazienza. "Ok, ok. Dammi un minuto per posare la borsa e ci guardiamo."

Melanie si strinse le mani. "Greg mi ha mostrato delle foto dell'Irlanda e mi ha suggerito un gruppo di viaggio a cui potremmo unirci. Sono così emozionata! È difficile viaggiare da soli. Ora possiamo farlo insieme."

"Sono davvero contenta per voi due! Vi divertirete un sacco."

Susannah entrò nella stanza. "Sei pronta a firmare la tua condanna?" la prese in giro.

"Oggi è il giorno giusto. Stamattina ho firmato un contratto di affitto per un appartamento e sono pronta a rilevare una quota del campo, se tutto sembra a posto."

Susannah sorrise e annuì. "Va tutto bene."

Si sedettero tutte e tre e analizzarono il contratto e le cifre elaborate dal commercialista. Sentendosi sicura di sé, Jill firmò i documenti. "Non vi dispiace se inizio come socia non potendo lavorare molto, per qualche settimana?"

Susannah e Melanie si scambiarono uno sguardo. "Niente affatto," disse Susannah. "Capiamo quanto sia importante per te ambientarti nel tuo impiego a scuola. Qui al campo i lavori diminuiscono notevolmente quando i bambini tornano in classe. A quel punto, inizieremo i programmi del fine settimana."

"E domani accompagnerai tua sorella in ospedale per l'operazione, giusto?" chiese Melanie.

"Sì. Deve essere in clinica per le nove del mattino. Il medico dice che dovrebbe essere pronta per tornare a casa a metà pomeriggio."

"Le auguriamo il meglio," disse Melanie.

"Assolutamente," disse Susannah. "È un momento difficile da affrontare per qualsiasi donna. Io stessa sono una sopravvissuta al cancro al seno."

Jill si voltò verso di lei, sorpresa. "Non lo sapevo."

Susannah minimizzò ogni preoccupazione. "Di solito non ne parlo."

Melanie avvolse un braccio intorno a Susannah. "È una sopravvissuta per molte ragioni e in molti modi."

"Già, nessuno si libererà di me tanto presto," osservò Susannah.

Jill si unì alle risate che seguirono. Non riusciva a immaginare che qualcuno volesse ferire Susannah, un'anima talmente dolce e gentile.

Dopo aver elaborato un programma rivisto nelle ultime due settimane di campo estivo, Jill andò ad aiutare Kelly con il corso di nuoto. Le piacque molto vedere i progressi fatti da tutte le ragazze. Era particolarmente orgogliosa della capacità di Kacy di sentirsi a proprio agio e forte quando era in acqua. In Florida, dove le piscine erano la norma, era un bene che tutti i bambini imparassero a nuotare con disinvoltura.

Quando si avvicinò alla ragazza seduta sull'erba accanto alla piscina, Kacy la notò e la salutò. Jill ricambiò il saluto, godendo del legame speciale che si era creato tra loro.

"Ciao, sei arrivata giusto in tempo," disse Kelly. "Stiamo preparando un balletto in acqua come parte dello spettacolo del campo scuola per i genitori."

"Meraviglioso. Come procede?"

"Meglio di quanto pensassi," disse Kelly a bassa voce. "Siamo un grande gruppo di ragazze. Resta qui e aiutami a capire dove dobbiamo migliorare. Entrerò in acqua con loro."

Le ragazze seguirono le istruzioni per tuffarsi in piscina e si radunarono nella parte bassa della vasca. Seguendo le istruzioni di Kelly, formarono un cerchio al centro della piscina, si girarono sulla schiena e si tennero per mano. Quando iniziarono a calciare i piedi, si creò un effetto a fontana che fece schizzare l'acqua tutta intorno al cerchio.

"Brave!" gridò Jill. "Ottimo lavoro, ragazze."

Kelly fischiò. Insieme, le otto ragazze fecero delle capriole all'indietro, scomparvero nell'acqua alle loro spalle e riemersero insieme in superficie. I loro volti sorridenti erano una gioia per gli occhi.

Jill si batté una mano sul petto. Quello non era lo stesso gruppo di ragazze con cui aveva lavorato all'inizio del campo. Avevano fatto molta strada. Non vedeva l'ora di assistere alla reazione che Brody avrebbe avuto la settimana successiva, quando Kacy si sarebbe esibita durante lo spettacolo.

Alla fine della giornata al campo scuola, Kacy salì in macchina con Jill. "Mi porti al cottage?"

"Sì, ho detto a tuo padre che possiamo tornare insieme al Seashell Cottage e restare lì finché non viene a prenderti. Deve incontrare i suoi soci a St. Petersburg."

"Gli altri medici?"

"Sì. Non è meraviglioso che abbia trovato lavoro qui?"

Kacy annuì. "Mi piace vivere in Florida. Anche Marcus Dear ha un lavoro. Ma non è mai a casa. Papà mi ha detto che lui, invece, verrà a casa ogni sera."

"Sarà meraviglioso."

"Verrai a vivere con noi come lo zio Greg?" chese Kacy.

"Ho affittato un appartamento in un circolo di golf nelle vicinanze."

Lo sguardo preoccupato di Kacy incontrò quello di Jill nello specchietto retrovisore. "Ma io voglio che tu stia con noi."

"Oh, tesoro, in questo momento l'appartamento è la soluzione migliore per me. Ma puoi venire a trovarmi quando vuoi. Che ne dici?"

Quando Jill entrò nel vialetto del Seashell Cottage, Kacy era ancora silenziosa. Jill decise di lasciar perdere.

Fermò l'auto, al che Cristal uscì dalla casa e le si avvicinò.

"Cosa c'è?" chiese Jill, notando le spalle flosce di Cristal.

"Mamma mi sta facendo impazzire. Si è messa in testa che devo trasferirmi a Ellenton e aprire un salone lì. Mi ha detto che Chance Nelson è tornato in città e ha aperto uno studio legale. È divorziato e single."

"Cavolo! Lo stesso Chance Nelson che hai frequentato al liceo?"

"Sì, in tutti gli anni in cui sono stata lontana, non ho mai incontrato nessuno come lui. Ma questo non è un motivo per tornare a casa." Fissò l'orizzonte, poi posò lo sguardo su Jill. "Sarei pazza a tornare? Penso che aprire un'attività in proprio sarebbe una buona opportunità per me, perché molte persone in città si ricorderebbero ancora di me e la mamma ha delle conoscenze che potrebbero tornarmi utili."

"Prima di decidere, perché non vai a trovare la mamma per un po' e vedi se è davvero quello che vuoi? Ma stai attenta, può essere piuttosto esigente. D'altra parte, lì tutti sono amichevoli e solidali. Potrebbe piacerti la vita di paese."

Cristal la abbracciò velocemente. "Un consiglio molto dolce, da 'sorellina'. Credo che farò così."

Jill si guardò intorno. "Dov'è andata Kacy?"

"Dentro," disse Cristal. "Io e la mamma abbiamo fatto i popcorn. Scommetto che ne starà mangiando una ciotola."

"Andiamo a vedere. Ho delle novità da condividere."

Trovarono Kacy seduta al tavolo della cucina con la madre; la piccola sgranocchiava popcorn e parlava della sua giornata al campo scuola. Osservandole, Jill si chiese se la madre si sarebbe comportata così con i propri nipoti. Il pensiero la fece sorridere. Soprattutto da quando aveva cominciato a chiedersi come sarebbe stato, un giorno, avere dei figli.

La madre alzò lo sguardo su di lei. "Com'è andata la giornata? Io e Cristal abbiamo fatto una bella chiacchierata per aggiornarci. Le ho detto che Chance Nelson è tornato in città... "

"Sa tutto, mamma," disse Cristal, interrompendola. "Ho detto che avrei pensato alla tua proposta di tornare a vivere a casa e ci rifletterò, se non ne parli più."

"Oh, ma... "

"Ho una notizia da darvi," disse Jill, sperando di fermare la discussione. "Stamattina ho firmato sia un contratto d'affitto per un appartamento che tutti i documenti necessari per acquisire una quota del campo scuola. Ora sono un'orgogliosa comproprietaria del Sunnyside."

"Adesso il campo è tuo?" chiese Kacy con gli occhi spalancati.

"Io, Melanie e Susannah siamo le proprietarie del campo," rispose Jill, entusiasta di poter pronunciare quelle parole. Dopo aver visto i cambiamenti nel gruppo di nuoto e il modo in cui le ragazze si erano unite, era entusiasta di far parte di una realtà tanto positiva.

"Interessante," disse la madre. "Dov'è l'appartamento?"

"Nel complesso Pelican Place, qui vicino."

"Dovrebbe venire a stare con me e papà," disse Kacy, piegando in basso le labbra.

Jill lanciò un'occhiata a Kacy e poi di nuovo alla madre. "Ne parleremo più tardi."

"Possiamo andare in spiaggia?" chiese Kacy, mettendosi in mano l'ultimo popcorn. "Voglio cercare delle conchiglie. Al campo stiamo facendo dei lavoretti. È una sorpresa."

"Certo. Forse Cristal o mia mamma vorranno unirsi."

La madre di Jill scosse la testa. "Grazie, ma fa troppo caldo per me."

"Verrò io," disse Cristal.

Mentre uscivano dal portico, videro Brody parcheggiare il furgone.

Aspettarono che scendesse dal mezzo e si avvicinasse a loro con passi lunghi e decisi.

"Tu vai avanti. Io resto qui," disse Cristal, che si girò, tornò dentro casa e lasciò Jill da sola nel portico.

"Ciao, papà!" Kacy gridò, correndo verso di lui.

Brody baciò Kacy e la fece girare, sorridendo mentre lei ridacchiava. *Un uomo veramente buono, un padre meraviglioso*, pensò Jill.

Brody posò Kacy e alzò lo sguardo. "Ciao, Jill. Possiamo parlare?"

"Certo." Il tono serio della sua voce la preoccupò.

"Facciamo una passeggiata," disse Brody.

Kacy corse davanti a loro mentre camminavano sulla sabbia.

A distanza di sicurezza, Brody si fermò e si girò verso di lei. "Che succede tra noi? Devo farmi da parte? Non voglio farti alcun tipo di pressione."

"Mi sto tenendo sulle mie fino a quando non mi sarò sistemata meglio. Ho bisogno di spazio. Stamattina ho firmato il contratto per l'appartamento che avevo cercato di affittare tempo fa. È tornato disponibile. Mi trasferirò lì quando lascerò Seashell Cottage. Così sarà più facile per tutti."

Osservando il modo in cui Brody si irrigidiva e la delusione che gli brillava negli occhi, Jill si pentì. Non era sua intenzione ferirlo. Aveva pensato molte volte a un futuro con lui.

Brody sospirò forte. "Capisco perché hai bisogno di tempo. Davvero, ma mi sento un po' come uno yo-yo."

"La decisione di trasferirmi non riguarda noi, ma solo me: devo mettere ordine nella mia vita. Tutto qui."

Annuì. "Lo capisco, ma non posso continuare a chiedermi se quello che c'è tra di noi per te è reale. Non è giusto, né per me né per Kacy. È meglio se ci muoviamo." Si girò e si allontanò.

Le lacrime offuscarono la vista di Jill, mentre guardava Brody andare via e sentiva il dolore penetrarle nel cuore.

CAPITOLO VENTINOVE

La mattina seguente, appena suonò la sveglia, Jill aprì gli occhi di scatto. Aveva passato una notte agitata a pensare a Brody e a preoccuparsi per l'intervento di Cristal. Trattenne un lamento e si alzò dal letto. Quel giorno riguardava sua sorella, non lei.

Prima di entrare nella doccia, si precipitò in cucina e accese la caffettiera elettrica, ben consapevole di quanto avrebbe avuto bisogno di caffeina per superare la giornata. La sera prima, sua madre era scoppiata a piangere all'idea che Cristal dovesse lottare contro il cancro e sfigurare il proprio corpo. Anche Cristal aveva pianto. Jill continuava a ricordare loro le parole del medico a proposito di una buona guarigione, ma dopo aver bevuto un paio di bicchieri di vino, né sua madre né Cristal l'ascoltarono più.

La madre entrò in cucina. "Fantastico. Ti stai occupando del caffè."

"Buongiorno! Stamattina manteniamo un clima leggero mentre guidiamo verso Tampa. Va bene?"

La madre annuì. "È un periodo spaventoso, ma farò del mio meglio. Aspetta di avere dei figli. Capirai quanto sono turbata."

Jill lasciò perdere l'osservazione. Stava ancora soffrendo per la conversazione con Brody. "Vado a farmi una doccia. Ci vediamo dopo."

Si versò una tazza di caffè e la portò in camera da letto. Nel silenzio della stanza, si sedette a guardare il mare dalla finestra. Fu avvolta da un senso di pace mentre contemplava le onde muoversi avanti e indietro e improvvisamente capì che sarebbe andato tutto bene. Forse non nel modo in cui aveva immaginato, ma nel modo in cui doveva andare.

Sentendosi meglio in merito alle decisioni sul proprio futuro, Jill si preparò per la giornata. Era felice di poter sostenere la sorella. Nel breve periodo in cui Cristal era stata al cottage, avevano fatto ottimi progressi nel trovare un rapporto più sereno.

Alla clinica, Jill si sedette con la madre nella sala d'attesa e cercò di non lasciare che l'ansia di Valerie penetrasse il sipario mentale di pensieri positivi che Jill si sforzava di mantenere. Sapeva che molte altre donne dovevano affrontare diagnosi ben peggiori di quella di Cristal, ma la parola "cancro" era comunque spaventosa.

Il dottor Noble entrò in sala d'attesa, si presentò alla madre e salutò Jill. "Come ho detto in precedenza, ci aspettiamo un buon risultato. Se per qualche motivo dovessero esserci complicazioni durante l'intervento, vi farò sapere. Riteniamo importante che sia la paziente che i suoi familiari siano informati di qualsiasi risultato inatteso."

"Grazie, dottor Noble," disse Jill. "Lo apprezziamo molto."

Lui sorrise. "È bello vedere due sorelle così unite."

Dopo che se ne fu andato, la madre di Jill si rivolse a lei. "Mi sorprende vedere te e Cristal così vicine. Cosa vi ha spinte a cambiare?"

Jill fece una pausa, per trovare le parole giuste. "Abbiamo deciso di conoscerci da sole, non attraverso il filtro tuo e degli altri a casa."

"Stai incolpando me perché in passato non andavate d'accordo?" Alla madre si dilatarono le narici.

Jill accarezzò la mano della madre, voleva essere

comprensiva. "Le dinamiche familiari entrano nel rapporto di ogni fratello o sorella. È facile assegnare dei ruoli. Cristal era la figlia carina; io ero quella intelligente. Ne abbiamo sofferto entrambe, ma stiamo cominciando a capire che non dobbiamo essere per forza quelle persone."

"Una madre vede ogni figlio in modo un po' diverso," disse Valerie. "Tu sei sempre stata molto concentrata e tuo padre adorava questo di te. Ho dovuto rafforzare l'immagine di Cristal. Finché non sei arrivata tu, riceveva lei tutte le attenzioni."

"Adesso è tutto passato. Ora abbiamo deciso di vedere noi stesse in modo diverso, di diventare le persone che vogliamo essere. Hai capito che Cristal vuole seriamente diventare parrucchiera? Forse non sarà il lavoro affascinante che tu hai sempre desiderato per lei, ma sarà bravissima."

"È molto creativa," ammise la madre di Jill. "Credo che si troverà bene a Ellenton. E con il suo aspetto potrebbe attirare l'attenzione di Chance Nelson."

Jill scosse la testa. "Mamma, ascoltati. Spero che se Chance è attratto da lei, non lo sia solo per il suo aspetto, ma per come Cristal è dentro."

La madre rimase in silenzio e poi parlò a bassa voce. "Non l'ho mai detto a nessuna di voi due, ma ero sposata con un altro prima di conoscere vostro padre."

A Jill cadde la mascella. "Cooosa?"

"È la verità. È stato solo per un breve periodo. La sua famiglia ha annullato il matrimonio. Non alla loro altezza. Fu in quel momento che decisi che se non avessi raggiunto le credenziali sociali adeguate, almeno mi sarei assicurata di avere l'aspetto giusto." I suoi occhi brillarono di lacrime mai versate.

Jill abbracciò impulsivamente la madre. "Oh, mamma. È così triste. Mi dispiace."

"È stato molto tempo fa. Dopo, ho avuto la fortuna di incontrare vostro padre. Era una delle persone più gentili che avessi mai conosciuto. Tu gli assomigli molto, Jill."

"Anche se ho il naso dei Davis?" chiese Jill, cercando disperatamente di portare un po' di leggerezza in quella confessione.

Le lacrime si riversarono sulle guance della madre, che però rise dolcemente. "Che sciocchezze continuo a dire, eh? Guardati! Sei adorabile."

Jill sorrise. Erano parole. Per di più sciocche. Valeva anche per lei ciò che aveva detto alla madre a proposito di Cristal: non avrebbe permesso che nessuno la giudicasse per l'aspetto. Brody le aveva dimostrato di essere veramente interessato a lei come persona, cercando di scoprire di più su di lei e mostrandosi disponibile a parlare di tutto.

"Vuoi che ti prenda una bottiglia d'acqua fredda o una bibita?" chiese alla madre. Non poteva più resistere al bisogno di alzarsi per muoversi.

"Vorrei dell'acqua fresca. So che non siamo qui da molto, ma sembrano passate delle ore, non dei minuti."

Quando Jill lasciò la madre, era ancora sconvolta dalla notizia dell'annullamento del matrimonio. L'estate era stata piena di sorprese.

Al bar, comprò una bottiglia d'acqua per sé e una per la madre; era grata per quell'opportunità di raccogliere i propri pensieri. Improvvisamente, capì come la madre fosse arrivata a dare tanta importanza all'aspetto esteriore. Anche Cristal ne era stata coinvolta quanto sua madre, per ragioni comprensibili.

Jill tornò nella sala d'attesa e porse un bicchiere d'acqua alla madre; la vedeva sotto una nuova luce.

"Sono felice che tu mi abbia raccontato del tuo primo matrimonio. Mi dà una prospettiva completamente diversa su di te."

"Forse avrei dovuto dirtelo prima, ma l'avevo lasciato nel passato. Francamente, non ci pensavo da tempo."

Il dottor Noble entrò nella stanza.

Si girarono entrambe verso di lui.

"Cristal ha superato l'intervento perfettamente. Sta riposando, smaltisce l'anestesia, ma dovrebbe essere pronta per andare a casa tra un paio d'ore. Un'infermiera verrà a chiamarvi quando si sarà svegliata e potrà ricevervi."

"Che cosa ha trovato, dottore?" chiese Jill.

"Come pensavamo inizialmente, non c'erano segni di diffusione del cancro ai linfonodi. Il tumore era autonomo. Per sicurezza, abbiamo asportato un po' di tessuto sano che lo circondava, ma sono abbastanza sicuro che l'abbiamo preso tutto."

In un impeto di gratitudine, Jill e sua madre si abbracciarono.

"Sono così sollevata," disse la madre, facendo eco ai pensieri di Jill.

"Grazie, dottore." Jill si alzò e gli strinse la mano.

Lui sorrise. "Non c'è di che."

Dopo che se ne fu andato, Jill si sedette accanto alla madre e si rivolse a lei con un sorriso. "Che bella notizia. Sono felice che tu sia qui con me."

"Anch'io," rispose la madre, che poi strinse la mano della figlia.

A Jill vennero le lacrime agli occhi quando vide Cristal sonnecchiare nel letto che le era stato assegnato al reparto degenza. Sembrava talmente giovane, vulnerabile e bella...

"Ciao, sorellina," disse dolcemente, chinandosi a toccarle la mano.

Cristal aprì gli occhi.

"È andato tutto bene. Andrà tutto bene."

Cristal sorrise e annuì. "Lo so. Sono contenta che fossi con me. Dov'è la mamma?"

"Sono qui, tesoro," disse la madre, spostandosi accanto a Jill. Sollevò una mano di Cristal e le baciò le dita.

"Non vedo l'ora di andarmene," disse la ragazza. "Mi hanno detto che potrò tornare a casa presto."

"Resteremo con te finché non sarai pronta a partire," le assicurò Jill.

"Mi alzo tra un minuto." Cristal chiuse gli occhi.

Mentre aspettavano che terminasse l'effetto dell'anestesia, Jill si sedette accanto alla madre, che era insolitamente silenziosa. *È buffo come le persone si influenzino a vicenda con una parola o un'azione e come poi le loro vite cambino in modo inaspettato.* Con la coda dell'occhio, Jill guardò sua madre. Valerie Davis era una donna adorabile. Non aveva bisogno di trucco o di bei vestiti per apparire tale. Quanto doveva aver sofferto per essere stata rifiutata dalla famiglia del suo primo marito. Era stato abbastanza traumatico da portarla a scegliere di vivere tutta la vita preoccupandosi dell'aspetto esteriore. Forse avere il naso dei Davis era stata una benedizione sotto mentite spoglie.

Più tardi, al cottage, si sedettero tutte e tre in veranda. Era una giornata nuvolosa, con il suono rilassante dell'acqua e le grida degli uccelli che vi volteggiavano sopra in cerca di cibo. Una giornata perfetta per riflettere.

"Stamattina ho confessato un segreto a Jill," disse la madre a Cristal. "Devi saperlo anche tu."

Mentre Jill ascoltava la madre parlare del precedente matrimonio, il cuore le si strinse di nuovo di compassione. Il rifiuto era un evento troppo doloroso. A suo modo, la madre aveva rifiutato una parte di ciascuna delle figlie. Jill giurò che se avesse avuto dei bambini, non si sarebbe mai comportata allo stesso modo. Pensò a Kacy e a come il fatto di aver trascorso l'estate lontana dalla madre avesse avuto su di lei un effetto tanto positivo. Sembrava una bambina completamente diversa dalla ragazzina capricciosa che era arrivata al Seashell Cottage.

Si sintonizzò di nuovo sulla conversazione tra la madre e Cristal.

"Ok," disse Cristal, "io e Jill ne abbiamo parlato. Verrò a Ellenton per un paio di settimane, per vedere se è lì che alla fine voglio vivere e aprire la mia attività. Però, mamma, questa decisione non riguarda me e Chance Nelson, ma il fatto che voglio scegliere io come vivere. Ho avuto molto tempo per pensare. Voglio trovare un uomo, un giorno, ma anch'io, come Jill, ho bisogno di mettere ordine nella mia vita prima di fare sul serio con qualcuno."

Jill ascoltò la sorella pronunciare quelle parole e le trovò incredibilmente giuste.

Mentre la madre e la sorella sonnecchiavano, Jill si precipitò al Sunnyside. Lei e Melanie stavano esaminando le procedure per le paghe. Anche se si trattava di un'operazione semplice, i requisiti governativi la facevano sembrare più complicata.

Melanie era in teleconferenza con un genitore quando Jill arrivò.

Uscì sulla spiaggia per controllare le bambine.

Jed Carter, il padre di Emily, responsabile della partita di pallavolo che si svolgeva sulla spiaggia, la salutò con un cenno del capo e si avvicinò di corsa. "Ehi! Sono contento di averti vista. Charlie mi ha chiesto di dirti che spera di poter stare un po' con te la prossima volta che sarà in Florida. Anche a Niki farebbe piacere."

"Grazie, è molto gentile," disse Jill.

Jed la studiò. "Senti, non sono affari miei e Niki mi ucciderebbe se sapesse che te l'ho detto, ma forse dovresti sapere che ci vorrà un bel po' di tempo prima che Charlie decida se trasferirsi o meno in Florida. È un ragazzo perbene che vorrebbe accontentare la sua famiglia, ma non credo che voglia davvero lasciare Beantown."

Jill annuì. "Capisco. Ho già la mia vita da sistemare. Ma grazie per avermelo detto."

"Non dovrei dire nulla nemmeno su questo, ma Kacy ed Emily giocano a vestirsi da spose e a celebrare un matrimonio." Lo sguardo di Jed la penetrò. "Il tuo matrimonio con Brody."

Jill sentì il sangue abbandonarle il viso. "Oh, no! Puoi fermarle? Brody è un ragazzo meraviglioso, ma non sono pronta a fare questo passo e non voglio che qualcuno ci soffra."

"Ne ho parlato con loro. Vedremo. Kacy ti vuole bene, Jill."

"Anche io gliene voglio," rispose lei sinceramente. "Spero che capisca che, qualunque cosa possa accadere tra me e Brody, io le vorrò sempre bene."

Melanie uscì sulla spiaggia.

Jed la indicò con un cenno della testa. "È meglio che tu vada. 'La Capa' sta chiamando." Fece un sorriso sghembo a Jill e aggiunse: "Immagino che anche tu ora sia una 'Capa'. Congratulazioni! Lo trovo fantastico!"

"Grazie!" Jill raggiunse Melanie, ma aveva la mente piena di pensieri sulle ragazze.

###

Un senso di pace pervadeva l'atmosfera del Seashell Cottage mentre Jill cenava con la madre e la sorella. Era come se, da quando avevano condiviso i loro sentimenti sul passato, avessero aperto nuove porte e finalmente si accettassero per le persone che erano in quel momento.

"La prossima settimana io e la mamma andremo a New York con alcune delle mie valigie," disse Cristal.

"Ce la prenderemo comoda, magari ci fermeremo a Washington per dare un'occhiata in giro," disse Valerie. "Ci sono molti posti che non ho mai visitato."

Jill ebbe un'idea improvvisa e posò la forchetta. "Mamma, che ne diresti di viaggiare con dei miei amici? Melanie, una delle proprietarie del campeggio, e Greg Campbell, lo zio di Brody, stanno iniziando a fare progetti per un viaggio di gruppo. Hanno parlato di un viaggio in Irlanda. Sono sicura che sarebbero felici di includerti."

"Davvero?" Le guance della madre si inondarono di colore. "Ho sempre voluto andare in Irlanda. I miei amici single o non possono permettersi di viaggiare o non vogliono farlo."

"Ti presenterò a Melanie e a Greg, sarà un inizio," disse Jill, felice di poter aiutare la madre.

"Ottima idea," disse Cristal. "Un giorno mi piacerebbe tornare in Europa. C'erano così tanti posti da vedere."

"A proposito, Hope quando torna a casa? Hai avuto sue notizie?" domandò Jill. "Posso trasferirmi nell'appartamento il primo settembre, ma ho promesso che sarei rimasta al Seashell Cottage fino al quattro, per il Labor Day."

"Alla fine mi ha mandato un messaggio per dirmi che le dispiaceva per il nostro litigio. Le ho promesso che le avrei fatto sapere com'è andata l'operazione," rispose Cristal. "Le parlerò dei tuoi impegni. Ho ancora alcune cose nell'appartamento che condivido con lei e dovrò organizzarmi per prenderle."

"Quindi ha capito che non tornerai?"

"Sì, è tutto sistemato. Conosce qualcuno che sarebbe felice di prendere il mio posto."

La madre di Jill strinse le mani. "Tutti questi progetti... È davvero emozionante vedere che si stanno realizzando."

Jill ricambiò quelle parole con un sorriso, ma pensò a Brody e Kacy e capì che per lei non c'era nulla di certo.

CAPITOLO TRENTA

Il venerdì mattina presto, quando Jill si fermò nel vialetto del cottage e guardò la madre e la sorella che si allontanavano, provò un misto di tristezza e di sollievo nel vederle andare via.

La loro visita era stata meravigliosa sotto molti aspetti, ma Jill aveva bisogno di tempo da sola per continuare ad acclimatarsi nel nuovo lavoro di insegnante e per assumere maggiori responsabilità al campo scuola, dove presto sarebbe cominciato il programma per il fine settimana. Eppure, dal fondo della sua mente, risaliva sempre il pensiero di Brody. Non lo aveva più visto, né ci aveva più parlato, dopo la loro conversazione sulla spiaggia. Aveva invece conosciuto la tata che Brody aveva assunto per andare a prendere Kacy al Sunnyside: una giovane donna svedese, bella e simpatica, di nome Inga Swenson.

Jill salutò un'ultima volta prima che l'auto scomparisse lungo la strada, poi tornò al cottage. Aveva promesso a Hope che si sarebbe fermata fino al Labor Day, il quattro settembre; anche se gran parte del trasloco sarebbe terminata entro fine mese, lei era felice di rimanere al Seashell Cottage da sola per un'altra settimana.

Jill caricò la lavatrice, l'avviò e si preparò a uscire. A scuola, era la settimana degli insegnanti e lei non voleva perdersi nulla. I colleghi che aveva incontrato erano entusiasti di lavorare per un altro anno sotto la guida di Dennis. Il Grande D era un tipo in gamba, che faceva sembrare la routine un divertimento. Jill non era l'unica a essere entusiasta di lui come preside. Dennis era una persona che le piaceva davvero.

A scuola, si sedette accanto a Leigh e a un'insegnante di quarta elementare che le ricordava Britney Spears. Insieme, ascoltarono un discorso su come gestire uno studente problematico. Jill aveva già ascoltato discussioni simili, ma ogni volta le trovava utili. L'insegnamento diventava ogni anno più difficile, con un numero sempre maggiore di regole che toglievano il controllo dalle mani dell'insegnante.

Jill ricevette l'elenco degli studenti assegnati alla sua classe e lo studiò. La proporzione tra maschi e femmine era piuttosto equilibrata e il numero di studenti con l'inglese come seconda lingua era abbastanza basso da poter essere gestito bene. Tuttavia, mentre leggeva i nomi, Jill non poté fare a meno di interrogarsi su ogni bambino. Alla scuola materna, aveva "adottato" mentalmente molti dei suoi studenti e li aveva inondati di amore anche con piccoli gesti. Insegnare in terza elementare sarebbe stata una sfida mentale più impegnativa, con un corso più difficile.

Poiché era il venerdì dell'ultima settimana prima dell'inizio della scuola, gli insegnanti furono congedati in anticipo. Jill si diresse al Sunnyside, felice di poter trascorrere un po' di tempo lì.

Quando si avvicinò alla piscina per controllare la squadra di nuoto, vide Kacy correrle incontro. "Ciao, Jill! Puoi venire a sederti vicino a me e a Emily?"

"Certo," disse Jill con piacere.

Kacy le prese la mano. "Papà dice che devi avere uno spazio tutto tuo, ma può essere accanto a me, giusto?"

"Certo," le rispose Jill mentre cercava di nascondere il divertimento. Era contenta che Brody avesse parlato di lei. Anche se Jill gli aveva detto chiaramente che aveva bisogno di tempo per procedere con una relazione, Brody le mancava da morire.

"Come sta Inga?" Jill chiese, rimproverandosi subito per

aver chiesto informazioni a Kacy.

"A papà piace molto. È gentile anche con me."

Jill inciampò ma recuperò subito l'equilibrio. Il pensiero di perdere Brody era come una pugnalata al cuore.

"Ciao, Jill!" disse Kelly. "Sono contenta che tu sia qui. Le ragazze si stanno riposando tra le prove per lo spettacolo di stasera."

"Non vedo l'ora di godermi l'esibizione," affermò Jill. Sapeva che, grazie a tutta l'organizzazione messa in atto, i genitori sarebbero stati incoraggiati a passare da una dimostrazione all'altra, così avrebbero potuto osservare le numerose opportunità che il campo offriva a ogni partecipante.

Jill restò con la squadra di nuoto fino all'ora di pranzo e poi andò in ufficio a controllare la situazione.

"Tua madre mi ha mandato un messaggio molto dolce," disse Melanie con una busta tra le mani. "Mi ha fatto piacere conoscerla. Vuole viaggiare con il nostro gruppo."

Jill sorrise. "Sarà fantastico per lei. Le siete piaciuti sia tu che Greg ed è disposta a correre il rischio di conoscere nuove persone."

"Meraviglioso. Spero che potremo stare insieme," disse Melanie. "Ora mettiamoci al lavoro per lo spettacolo di stasera. Jed sta organizzando una squadra per sistemare le sedie intorno alla piscina e in altri punti. Le mappe del campo su cui abbiamo lavorato devono essere completate e stampate. Le distribuiremo all'arrivo quando accoglieremo le persone."

"Mi occupo subito delle mappe," disse Jill, entusiasta all'idea di poter mostrare ai genitori il campo scuola. Veniva offerto uno sconto speciale a coloro che avevano iscritto i bambini al programma del fine settimana ed era stata aperta una lista per quelli che erano interessati al campo dell'estate successiva.

Più tardi, il profumo dei biscotti nel forno attirò Jill in cucina. Susannah la guardò e sorrise. "Non possiamo permettere che i nostri ospiti soffrano la fame," commentò mentre sistemava i dolci sulle griglie a raffreddare.

"E io?" disse Jill. "Posso averne uno?"

Susannah ridacchiò. "Sì, tu e tutto il resto del personale. Mi fa bene al cuore vedere come quest'estate siamo tutti uniti. Jed mi ha informato che lavorerà alcuni fine settimana, quando non dovrà allenare la squadra di baseball."

"È fantastico. I bambini lo adorano." Jill prese un biscotto caldo e morse il cioccolato che le riempì la bocca con una sensazione di dolcezza. "Mmmh, delizioso," riuscì a dire prima di dare un altro morso.

"Come va con quel tuo giovanotto?" chiese Susannah.

"Giovanotto? Vuoi dire Brody?"

Susannah annuì. "La sua tata viene a prendere Kacy. Come facevi tu."

Jill si tolse le briciole dalla bocca con il dorso della mano. "Cosa stai cercando di dirmi?"

Susannah si pulì le mani sul grembiule e si allontanò dal tavolo. Guardò Jill negli occhi e le parlò dolcemente. "Ti ho osservata per tutta l'estate, ho visto come sei cresciuta nelle relazioni sociali. L'energia che ti circondava ora è scomparsa, sostituita da qualcosa che definirei paura. Mi hai raccontato tutto del tuo doloroso matrimonio, quindi capisco perché esiti. Rischiare in amore è un enorme atto di fede. Senza rischi, dove saremmo?"

Il cuore di Jill affondò. Il pensiero di perdere Brody la pungeva. Abbassò le sopracciglia e fissò Susannah. "Cosa ha in serbo il futuro per me e Brody?"

Susannah scosse la testa. "Non ci sono risposte facili, Jill. Basta essere consapevoli delle opzioni che ti vengono offerte. Non ti voglio dire altro."

Turbata dai pensieri che le ronzavano dentro, Jill uscì dalla cucina e si disse che più tardi avrebbe pensato alla relazione con Brody. Per il momento, doveva prepararsi per una serata importante al campo scuola.

Dopo un pasto veloce e una doccia, Jill tornò al campo vestita con l'uniforme del Sunnyside: una maglietta giallo brillante e pantaloncini blu. Quando arrivò alla festa, fu felice di vedere tutti gli altri membri dello staff vestiti in modo simile. Melanie indossava un prendisole giallo e Susannah una maglietta leggera con un paio di jeans, sopra i quali portava un grembiule con il logo del Sunnyside stampato sul davanti. Erano pronte.

L'assalto di genitori e bambini avvenne tutto in una volta. Dal momento in cui le auto si allinearono sulla corsia di sosta davanti al campo scuola fino a quando tutti furono al sicuro all'interno del campo, passò meno di mezz'ora.

Jill scambiò i saluti con ogni nuovo arrivato, distribuì le mappe e le istruzioni per la festa. Più che vederlo, percepì Brody camminare verso di lei con Kacy e Inga.

"Benvenuti al campo scuola Sunnyside," disse automaticamente, concentrandosi sulle parole. Si era dimenticata di come le pulsazioni le salissero quando era vicino a lui.

"Buonasera." Brody rivolse lo sguardo a Inga. "Hai conosciuto Inga. Mi aiuta a casa."

"Ciao, Inga. Sono felice che tu sia riuscita a venire."

Inga sorrise a Brody. "Anch'io. Sono qui con lui," disse, con un tono più da appuntamento.

Jill si girò per dare il benvenuto a una coppia di genitori, senza poter dire altro a Brody, mentre lui e Inga entravano al Sunnyside.

Le parole di Susannah le tornarono in mente come proiettili nel cervello. *"Rischiare in amore è un enorme atto di fede. Senza rischi, dove saremmo?"* Solo che, in quel caso, poteva essere troppo tardi.

Jill si impose di pensare ad altro mentre interagiva con genitori e bambini nella speranza di iscrivere il maggior numero possibile di ragazzi ai programmi autunnali e a quelli estivi.

Quando fu annunciato che era il momento dello spettacolo di balletto in acqua, Jill si affrettò verso la piscina e si mise accanto a Niki. Dall'altra parte della vasca, Brody parlava con Inga.

"Eccole che arrivano!" disse Niki, indicando la fila di bambine di otto e nove anni che marciavano verso un lato della piscina guidate da Kelly.

Dopo che le ragazze si furono allineate lungo il bordo, Kelly prese il microfono che Melanie le aveva avvicinato e iniziò a parlare. "Uno degli obiettivi del campo scuola Sunnyside è far sì che i bambini imparino quanto sia importante diventare membri di una squadra, rispettandosi l'un l'altro mentre lavorano insieme a un progetto. Non sono mai stata così orgogliosa di presentare le nostre 'Sirene'. Ogni ragazza del gruppo si è guadagnata questo titolo."

Emily e Kacy fecero un piccolo saluto a Niki e a Jill. Poi si tuffarono in piscina con le altre bambine.

Niki si rivolse a Jill con gli occhi umidi. "Emily sembra così cresciuta che stento a crederci. Anche Kacy."

"Sì, sono davvero carine insieme," commentò Jill.

Guardò Kelly mentre le ragazze eseguivano i loro esercizi. Vedere come erano diventate amiche le dava una sensazione di calore. A volte, le ragazze potevano essere dispettose, ma lei e Kelly avevano lavorato con loro per evitare che ciò accadesse.

La squadra, dopo essere uscita dall'acqua, si allineò e fece un inchino. Poi le bambine, gridando di gioia per un altro applauso, si dispersero per andare dalle loro famiglie.

Emily e Kacy corsero da Niki e Jill.

"Mi hai vista sott'acqua?" Emily chiese alla madre.

"Abbiamo fatto del nostro meglio," disse Kacy a Jill, "proprio come ci hai insegnato tu."

Brody si avvicinò a loro. "Ehi, Kacy! Ottimo lavoro!"

"Grazie," disse, poi si voltò verso Jill. "Papà ha detto che porterà me ed Emily a prendere un gelato dopo lo spettacolo. Vieni con noi?"

Jill lanciò un'occhiata a Brody, ma lui rimase in silenzio. "Magari la prossima volta, Kacy."

"Ma Jill... Io voglio che vieni con noi!" gridò Kacy, afferrandole la mano.

"Puoi unirti a me, Brody e le bambine," disse Inga rivolgendosi a Jill. "Ci farebbe piacere averti con noi. Vero, Brody?"

"Certo," disse Brody senza troppo entusiasmo.

"Vengo anch'io," disse Niki, prima di fare l'occhiolino a Jill.

Jill si sedette al tavolo accanto a Niki, di fronte a Brody e Inga, mentre le bambine stavano davanti ai frigoriferi dei gelati e parlavano del gusto che volevano. Scoops era un locale molto frequentato il venerdì sera e il brusio di conversazione intorno a loro era allegro. Tuttavia, Jill si sentiva a disagio nell'osservare la facilità di comunicazione tra Brody e Inga.

Un giovane dietro il bancone chiamò il nome di Jill con la sua ordinazione.

"Rimani lì. Ci penso io," disse Brody. "Anche quello di Niki è quasi pronto."

Si alzò e tornò con delle coppette di gelato al burro di noci pecan per Niki e al caffè per lei.

"Grazie," disse Jill, sorpresa dall'elettricità che passò tra loro quando le mani si toccarono. Gli occhi di lui si mostrarono sorpresi, ma si voltò per andare a prendere il proprio gelato e quello di Inga.

Kacy ed Emily li raggiunsero ridacchiando, ognuna con in mano un cono ricoperto di cioccolato.

"Mangiate in fretta o colerà dappertutto," disse loro Niki. Si rivolse a Jill. "Non so perché mi preoccupo. Faccio almeno un carico di bucato al giorno."

Jill ridacchiò. "Non so come fai a gestire tutto."

"Un giorno alla volta," disse Niki. Sorrise a Inga. "Ti interessa occuparti di altri lavori mentre Kacy è a scuola?"

Inga lanciò un'occhiata a Brody.

"Vai pure. Avrai più tempo quando sarà iniziata la scuola."

"Va bene. Sono disponibile qualche ora alla settimana." Il sorriso di Inga ne illuminò gli occhi blu.

"Perfetto. Brody, io e te potremo parlarne e poi fisseremo degli orari."

"Va bene," disse Brody. "Basta che Inga sia a casa mia quando Kacy torna da scuola."

"Sì, ci sarò. Ma non cucinerò lo stesso." Il rossore le riempì le guance. "Sono Greg e Brody a cucinare non io."

Brody lanciò un'occhiata a Jill. "Non siamo bravi quanto te, ma ce la caviamo."

"Voglio che Jill venga a vivere con noi," disse Kacy. "Mi hai promesso che l'avrebbe fatto."

Brody scosse la testa. "No, Kacy. Ho solo detto che speravo si trasferisse da noi, ma Jill ha cambiato idea."

Kacy la studiò. "Perché non puoi vivere con noi?"

"Kacy, ne abbiamo già parlato," disse Brody. "Basta così. Capito?"

Gli occhi di Kacy si inumidirono. Annuì.

Jill le diede una strizzatina alla mano. "Andrà tutto bene."

Kacy si guardò il grembo, dove si stavano accumulando delle gocce di gelato alla vaniglia.

"È meglio che vada," disse Niki. "La babysitter deve tornare a casa presto."

"Sarà meglio che rientri anch'io," disse Jill, mentre avanzava lungo il divanetto rivestito di plastica rossa per far uscire Niki. *A proposito di imbarazzo.*

"Grazie ancora per il gelato," disse Jill a Brody prima di abbracciare Kacy. "Sono molto orgogliosa di te. Tu ed Emily avete fatto un ottimo lavoro con lo spettacolo di balletto in acqua."

Kacy tenne il viso rivolto verso terra.

Jill accarezzò la schiena di Kacy un paio di volte e quando lasciò la gelateria si sentì come se il mondo che aveva cercato di creare per tutta l'estate si stesse sciogliendo come il gelato di Kacy.

CAPITOLO TRENTUNO

Con l'arrivo dei bambini a scuola a metà agosto, la vita di Jill accelerò al massimo. Leigh McKinnon era stata una gradita fonte di informazioni e di incoraggiamento. Con i bambini aveva un talento naturale e parlava correntemente lo spagnolo, lingua che Jill si era ripromessa di imparare al più presto.

Ogni giorno, dopo la scuola, Jill si recava al Sunnyside per aiutare Melanie in ufficio, mentre iniziava il processo di chiusura del campo estivo e l'organizzazione del programma dei fine settimana autunnali. A fine giornata, quando tornava al Seashell Cottage, tutto quello che voleva fare era infilarsi a letto e riprendersi dalla giornata estenuante.

Una sera, mentre era seduta sulla veranda del cottage e si godeva l'aria fresca, ricevette una telefonata da Cristal.

"Come va a Ellenton? Hai preso una decisione sulla possibilità di vivere lì?" le chiese Jill.

"Mi deciderò presto," rispose Cristal con una nuova sicurezza che Jill ammirava. "E questo non ha nulla a che fare con Chance Nelson, anche se devo dire che è il ragazzo più interessante con cui sono uscita negli ultimi anni."

"Il più interessante? Cielo! Sembra che tu abbia di nuovo quindici anni," commentò Jill, divertita.

Cristal ridacchiò. "Credo che tornerò presto a quell'età se continuo a vivere con la mamma e in questa città."

"Sono felice che le cose ti stiano andando bene e sono sicura che la mamma sia entusiasta di averti lì."

"Sì, beh, mi trasferirò il prima possibile da casa sua. Devo andare. Mamma mi sta chiamando."

Jill ridacchiò. "Ci sentiamo." Sapeva bene quanto la madre potesse essere esigente, anche se, da quando erano state tutte insieme al Seashell Cottage, Valerie era cambiata, era come diventata più morbida. Era sorprendente che loro tre non si fossero mai sforzate di capirsi meglio prima di quel momento. Ma le famiglie erano complicate, indipendentemente dalle loro dimensioni.

Con il passare dei giorni e l'avvicinarsi di settembre, Jill si concentrò sul trasloco nell'appartamento, creò elenchi di cose che avrebbe dovuto acquistare, compresi prodotti di base come spezie e utensili per la cucina.

Kay Branson chiamò dalla Palm Rentals per dirle che i proprietari dell'appartamento avevano acconsentito alla proposta di Jill di anticipare il trasloco di qualche giorno; in quel modo, lei avrebbe potuto sfruttare il fine settimana. Desiderosa di portare avanti il progetto di stare da sola, Jill si precipitò in ufficio dopo la scuola per ritirare le chiavi dell'appartamento.

Parcheggiò vicino al condominio, scese dall'auto e, dopo un profondo respiro di soddisfazione, aprì la porta dell'appartamento ed entrò. Le sfuggì un gemito di piacere. Era proprio come lo ricordava: luminoso, spazioso e ben arredato.

Entrò in ogni stanza per valutare ciò di cui avrebbe potuto aver bisogno e prese accuratamente nota. Era disposta a comprare molti oggetti che sarebbero potuti servirle in futuro, ma voleva evitare di spendere soldi per cose inutili. Dopo aver versato la quota per entrare in società con Melanie e Susannah, era decisa a non spendere altri soldi; doveva comunque tenere da parte una somma di denaro, nell'ottica di pagare in futuro la caparra per una casa propria.

Stava finendo l'ispezione quando ricevette una telefonata.

Niki.

"Ehi, ragazza, come stai?" domandò Jill.

"Pronta per una pausa. Sei al cottage?"

"No, sono nell'appartamento che ho affittato. I proprietari mi hanno permesso di trasferirmi in anticipo. Vieni a vederlo." Jill diede a Niki le indicazioni, contenta di ricevere la prima visita.

Niki arrivò con una bottiglia di vino bianco, formaggio, cracker e uva fresca. "Ho pensato che fosse il caso di festeggiare," annunciò con un sorriso mentre posava tutto sul bancone della cucina. Si guardò intorno. "Cavolo! È fantastico!"

"Lascia che ti mostri le stanze," disse Jill, che si muoveva agevolmente nello spazio ben allestito.

"È bellissimo," disse Niki dopo che furono tornate in cucina. "Ma... Jill, è questo che vuoi veramente? Tu e Brody sembravate così felici insieme. Pensavo che saresti andata a vivere con lui."

Jill sospirò e cercò le parole giuste. "Mi stavo innamorando di Brody, ma il pensiero di affidare la mia vita a un altro uomo mi spaventava a morte. Si stava muovendo tutto troppo velocemente. Io e Brody avremmo anche potuto vivere nella stessa casa, ma non abbiamo mai avuto nemmeno un vero appuntamento. Ho commesso un errore. Devo essere sicura. Soprattutto perché non si tratta solo di me e Brody. Riguarda anche Kacy."

Niki spalancò gli occhi. "Cosa vuol dire affidare la tua vita a un altro uomo? Sei seria? Sposare qualcuno non significa rinunciare a essere se stesse o perdere ciò che si vuole dalla

Judith Keim

vita. Il vero amore è condividere e crescere insieme, diventare una persona migliore grazie all'altro. Non vuol dire permettere a qualcuno di sminuirti."

"Lo so, ma... "

Niki scosse la testa. "Il tuo ex marito era un vero bastardo. Conosci Brody abbastanza bene da sapere che non ti tratterebbe mai in quel modo."

Gli occhi di Jill si riempirono di lacrime. "Potrebbe essere troppo tardi per cambiare qualcosa."

"Aspetta!" Un luccichio perfido spuntò negli occhi di Niki. "Non dovrei nemmeno ammettere una cosa del genere, ma ho voluto scoprire esattamente come si stava comportando Inga. Così ho interrogato Kacy." Alzò la mano. "Lo so, lo so. È stato un po' meschino da parte mia pungolare una bambina in questo modo, ma non sono riuscita a farne a meno."

"Che cosa ha detto?" Jill chiese, incapace di trattenere la domanda.

"Sembra che Brody e Inga abbiano avuto una specie di discussione. Inga ha minacciato di andarsene, poi ha deciso di restare, pur sapendo che Brody non sarà il suo ragazzo."

"Hai ottenuto tutte queste informazioni da Kacy?" Jill non riuscì a nascondere un sorriso.

"Kacy non l'ha detto con queste parole, ma è l'essenza del discorso." Niki diede un colpetto a Jill con la spalla. "Quindi, io dico che hai ancora una possibilità, se la vuoi."

"Vedremo. Ho molti progetti in ballo. Negli ultimi mesi mi sono licenziata, ho venduto la casa, ho fatto pace con mia sorella, ho chiarito il rapporto con mia madre, mi sono trasferita in Florida, ho trovato un lavoro da insegnante in un'altra classe, ho affittato un appartamento e ho sono diventata comproprietaria di un campo estivo. Non sono ancora pronta ad affrontare una relazione seria."

Niki spalancò la bocca. "Accidenti! Se la metti così, capisco perfettamente."

"Ho preso il controllo della mia vita. Ora apriamo quella bottiglia di vino e sediamoci un po'. Come stanno le T?" chiese Jill, sollevata dal fatto che Niki avesse capito quello che lei stava affrontando.

Mentre l'amica si lanciava nel racconto delle ultime marachelle dei tre gemelli, Jill preparò il vassoio con vino e formaggio, poi si fece l'appunto mentale di comprare un coltello da formaggio.

Si sedettero fuori, al tavolo alto del patio, per godersi il panorama. Il campo da golf era silenzioso, a parte il suono occasionale di una mazza che colpiva una pallina da mandare nella buca alla loro destra.

"Che pace," disse Niki con un sospiro di soddisfazione. Si accigliò quando le squillò il cellulare. Controllò lo schermo. "È Brody. Cosa vorrà?"

Incuriosita, Jill ascoltò la conversazione di Niki. "No, oggi non l'ho vista. Adesso sono nell'appartamento di Jill. Hai chiesto a Jed?" Niki rimase in silenzio per un momento. "E cosa hanno detto gli insegnanti?" Pausa. "Ok, io e Jill inizieremo a cercarla lungo il percorso che dalla scuola porta verso casa, forse è scesa dall'autobus prima della sua fermata. Stiamo arrivando."

Niki si rivolse a Jill con uno sguardo preoccupato. "Kacy non è tornata a casa da scuola. Inga ha pensato che stesse giocando con Emily e che fossi andata io a prenderla. Ma io non sapevo nulla di questi progetti e Kacy non è venuta a casa nostra. La scuola ha detto che l'hanno vista prendere l'autobus."

"Oh, cielo! E se le fosse successo qualcosa di brutto?" Lo stomaco di Jill ebbe un sussulto. Si aggrappò al bordo del tavolo quando notò l'ora. "Sono passate un paio d'ore dall'uscita da scuola. Potrebbe essere successo di tutto."

Il volto di Niki divenne bianco. "Questo pensiero mi fa star male. Brody è fuori di sé. Ho promesso che l'avremmo cercata. Forza! Andiamo!"

Lasciarono tutto sul tavolo e si affrettarono dentro casa.

"Inizierò dalla scuola," disse Niki, mentre afferrava la borsa e si avviava verso l'ingresso.

"Ci vediamo lì," disse Jill. Chiuse la porta dietro di sé e corse alla macchina proprio mentre Niki usciva dal parcheggio.

Con la mente che turbinava, Jill salì. Le squillò il cellulare. *Brody.*

Jill rispose immediatamente alla telefonata. "Ciao, ho sentito quello che è successo a Kacy. Sto andando a cercarla. Hai qualche idea su dove possa essere?"

"Nessuna. Ultimamente, era infelice quando era casa. A quanto pare, non le piace Inga. Sono stato troppo occupato per trovare una sostituta, ma quando saprò che Kacy è al sicuro, Inga se ne andrà. Avrebbe dovuto stare più attenta agli orari di mia figlia."

"Mi dispiace tanto. Dove sei adesso?"

"A casa di Niki," rispose Brody. "Vado a fare un giro del quartiere in macchina. Inga sta facendo il giro del centro. Niki è a scuola."

"Ok, ti raggiungo subito. Ma prima voglio controllare una cosa. Ti chiamo appena ho novità. Buona fortuna!" La sua voce si spezzò. "Adoro quella bambina."

"Sì, lo so. Anch'io." Le parole di Brody tremavano per l'emozione.

Mentre chiudeva la chiamata, Jill capì che Brody era sul punto di piangere. Fece un respiro profondo, chinò il capo e raccolse i pensieri. Poi mise in moto l'auto e partì.

CAPITOLO TRENTADUE

Jill pregò di non sbagliarsi quando entrò nel vialetto del Seashell Cottage. Kacy era una bambina forte, brillante e determinata.

Parcheggiò, spense il motore e corse verso la veranda. Le cadde il cuore quando la trovò vuota. Attraversata dalla delusione, si strinse le braccia in preda al dolore. La speranza di trovare Kacy nella veranda era l'unico pensiero positivo che aveva avuto quando aveva appreso della scomparsa.

Con la chiave che aveva conservato, aprì la porta d'ingresso, entrò nel cottage e chiamò Kacy mentre controllava in tutte le stanze. All'esterno, percorse il perimetro della proprietà e sbirciò nell'area della piscina, ma non trovò traccia della bambina. Combattendo le lacrime, si diresse alla spiaggia, per cercarla anche lì.

La spiaggia era praticamente vuota. In lontananza, vide due ragazzi che giocavano a frisbee e un paio di donne che prendevano il sole. Ma nessuna traccia di Kacy. Tornò di corsa verso il cottage, con la delusione che aumentava a ogni passo.

Non volendo abbattersi, chiamò Brody. "Ci sono novità?"

"Nessuna," disse Brody.

"Sono al Seashell Cottage. Pensavo che Kacy potesse essere venuta qui, ma non c'è traccia di lei. Qualche suggerimento?"

"Niki sta ancora cercando nei dintorni della scuola. Io torno nel quartiere. Le autorità scolastiche hanno parlato con l'autista dell'autobus. Pensa che Kacy sia scesa con gli altri bambini alla solita fermata. Credo che parlerò con i genitori dei bambini del quartiere per vedere se sanno qualcosa."

"Vengo ad aiutarti. Kacy potrebbe aver detto qualcosa a uno di loro." Jill chiuse la chiamata, con le mani così fredde che il telefono le scivolò dalle dita e cadde sulla sabbia. Si chinò per raccoglierlo e si fermò quando notò una figura che correva verso di lei. Sbatté le palpebre per evitare che le lacrime le offuscassero la vista e guardò di nuovo.

"Kacy? Oddio! Kacy!" Jill le corse incontro. Travolse in un abbraccio la bambina che aveva imparato ad amare e disse: "Piccola! Stai bene? Ti stanno cercando tutti! Eravamo tutti così preoccupati!"

Kacy era in piedi davanti a lei, con il respiro affannato, i capelli e la maglietta intrisi di sudore. "Ho corso più veloce che potevo."

"Oh, tesoro mio," disse Jill, poi si inginocchiò davanti alla bambina, le scostò i riccioli umidi dal viso e le baciò la guancia sudata e calda. "Ci hai spaventati."

"Sono scappata via. Voglio vivere qui con te, Jill." Kacy le gettò le braccia al collo e appoggiò la testa sul petto martellante di Jill. "Ti voglio bene."

Le nuove lacrime di sollievo di Jill si mescolarono alla crescente preoccupazione. Strofinò la schiena di Kacy, non voleva lasciarla andare. "Kacy, anch'io ti voglio bene, ma vivere qui con me non è possibile. È complicato. Se potessi, lo farei."

"Ma io ho bisogno di te," disse Kacy, con i grandi occhi blu che brillavano di lacrime. "Anche papà ne ha bisogno. Lo so e basta."

"Dobbiamo chiamarlo subito." Jill si alzò, tirò fuori il cellulare dalla tasca e selezionò il numero. "Brody? Ho trovato Kacy. È qui con me al Seashell Cottage. Sì, sta bene. Ok. Tieni, puoi parlare con lei." Passò il telefono alla bambina.

"Ciao, papà." Kacy alzò lo sguardo verso Jill con un'espressione stupita. "Mi dispiace. Non volevo spaventarti.

Sono scappata via da casa. Voglio stare con Jill al Seashell Cottage."

Jill la strinse a sé mentre scariche di adrenalina le abbandonavano il corpo e le gambe diventavano come burro. Se fosse successo qualcosa a Kacy, non avrebbe potuto sopportarlo.

Kacy le passò il telefono. "Papà sta arrivando."

Jill prese il telefono, chiamò il numero di Niki e spiegò che Kacy era corsa al Seashell Cottage. "Sì, sì, grazie al cielo sta bene. Ci sentiamo dopo." Tese una mano a Kacy. "Dai, tesoro, è meglio prendere un po' d'acqua e andare a sederci in veranda per rinfrescarci. Papà ci troverà lì."

Poco dopo, Jill sentì il rombo del furgone di Brody e si preparò.

Brody corse verso di loro. "Kacy! Kacy!"

"Papà!" rispose la bambina mentre si lasciava avvolgere dalle braccia del padre.

Osservandoli, nuove lacrime offuscarono la vista di Jill. Quando Kacy non si era trovata, tutti avevano pensato al peggio. Vedere il modo in cui Brody stringeva a sé la figlia le lacerava il cuore.

Brody posò Kacy e si mise di fronte a Jill. "Non potrò ringraziarti abbastanza. Ogni minuto di assenza di Kacy è stato come se mi avessero tolto un anno di vita." Gli occhi gli si riempirono di lacrime. "Non so cosa avrei fatto se le fosse successo qualcosa... "

Jill lo abbracciò. "Sssh! Lo so. Lo so. Andrà tutto bene."

Si strinsero l'uno all'altra e poi si voltarono verso Kacy, accogliendola nel loro abbraccio.

"Vivremo qui insieme come voglio io?" disse Kacy, che li fissava con un'espressione di speranza.

Brody guardò Jill e poi la figlia. "No. Ma devo parlare con Jill in privato. Va bene?"

Il labbro inferiore di Kacy si sporse, ma la piccola annuì e si diresse verso la sabbia, per dare loro la privacy di cui avevano bisogno.

Jill aspettò che fosse Brody a parlare, perché temeva di dire qualcosa di sconveniente e dettato dal proprio stato emotivo.

Lui le strinse il viso tra le mani forti. "Vedi come hai influenzato non solo Kacy, ma anche me? Ti vogliamo bene, Jill. Ci hai reso una famiglia. C'è un modo per ricominciare? Non voglio che tu te ne vada di nuovo." L'espressione seria di lui la spaventò.

"Sì, ricominciamo," disse lei, semplicemente, di cuore. Il pensiero di perderlo era devastante.

Brody attirò Jill in un abbraccio. Lei si accoccolò contro il suo petto, sentì il battito del cuore e si rese conto che quello che condividevano era speciale non solo per i sentimenti che provavano l'uno per l'altra, ma per l'amore che entrambi nutrivano per una bambina che a sua volta li amava.

Quando finalmente si separarono, Brody le sorrise. "Jill Conroy, cominciamo con questo: vuoi uscire con me?"

"Sì!" rispose Jill, ridendo nonostante le lacrime di gioia che le offuscavano la vista.

Il sabato sera successivo, Jill aspettò al cottage che Brody andasse a prenderla per il loro primo appuntamento. Aveva prenotato dal parrucchiere per farsi tagliare e schiarire i capelli, poi aveva deciso di rifarsi manicure e pedicure. Si sentiva un'adolescente al primo appuntamento importante, più che la stanca insegnante che era. Dopo aver vissuto per settimane al cottage insieme a Brody, era sorpresa di quanto si sentisse nervosa all'idea di uscire con lui per un vero e proprio appuntamento.

Sentì il rumore del furgone di Brody che entrava nel

vialetto e inspirò profondamente. Jay l'aveva folgorata quando avevano iniziato a frequentarsi. Non voleva essere trascinata ancora una volta in qualcosa che non era sano o reale.

Jill aprì la porta e vide Brody, che indossava pantaloni beige sgualciti e una nuova polo che gli metteva in risalto il fisico. Gli sorrise; anche lui si era dato una sistemata.

"Ciao!" Brody la salutò ricambiando il sorriso, mentre le porgeva un mazzo di fiori dai colori vivaci. "Kacy mi ha detto che dovevo portarti dei fiori. Ha detto che lei ed Emily ne hanno parlato con Niki e hanno deciso che era la mossa giusta da fare."

Jill ridacchiò. "Sono bellissimi. Grazie. Li metto in acqua e poi possiamo andare."

"Ho pensato che per questo primo appuntamento potremmo optare per qualcosa di informale, magari andare al Purple Pig. Il cibo è buono e se vogliamo possiamo anche ballare sulla terrazza esterna."

Le sopracciglia di Jill si alzarono di scatto. "Tu balli?"

Lui scrollò le spalle. "Di solito no, ma Kacy ed Emily volevano farmi imparare."

"Bene, allora ci proveremo," rispose Jill, cercando di nascondere il proprio divertimento nel notare che Brody si sforzava di seguire le indicazioni che Kacy gli aveva dato per quell'appuntamento.

"Allora, dov'è la tua direttrice stasera?" lo prese in giro mentre portava i fiori in cucina. "È con Greg?"

Brody scosse la testa. "Greg e Melanie sono via per il fine settimana. Kacy è a casa di Emily." Sorrise e le fece l'occhiolino. "Abbiamo tutta la notte a disposizione, se vogliamo."

Jill rise. "Questo è il nostro primo appuntamento. Ricordi?"

"Lo so." Brody si ricompose. "Non abbiamo intenzione di affrettare i tempi. Credo che nessuno di noi due lo voglia."

"Sono d'accordo. Un passo alla volta." Jill mise i fiori in un vaso e si rivolse a lui. "Questa sera sarà un inizio meraviglioso."

Più tardi, quando Jill si sdraiò a letto e abbracciò il cuscino, rivisse il tempo trascorso con Brody. La sua compagnia era divertente, era facile parlarci ed era un ottimo baciatore. Anche in quel momento, una parte di lei rimpiangeva di non aver gettato al vento la prudenza invitandolo a entrare. Ma per quanto fossero attratti l'uno dall'altra, nessuno dei due voleva cominciare una relazione sentimentale in quel modo.

CAPITOLO TRENTATRÉ

I giorni successivi furono un periodo di scoperta per Jill. Lei e Brody passarono rapidamente da una frequentazione tranquilla a un rapporto esclusivo. Le piaceva stare con lui. Due mesi dopo aver frequentato Brody seriamente, aver parlato di tutto quello che le veniva in mente e aver condiviso gli alti e bassi del trasferimento in nuovi luoghi e nuovi lavori, Jill si rese conto di essere pronta a fare il passo successivo nella relazione. Sapeva che Brody era un uomo molto diverso dal proprio ex.

Il loro rapporto d'amore era meraviglioso come Jill aveva sperato. Brody era un amante paziente e tenero che sapeva come soddisfarla in modi che Jill non aveva mai sperimentato. Anche lui era soddisfatto. Jill pensava spesso alla prima volta che avevano fatto l'amore come a uno spartiacque: prima e dopo Brody. Sapeva che tanti altri l'avrebbero trovato sciocco, ma quella sera le sembrò che la vita fosse ricominciata proprio come avrebbe dovuto cominciare fin dall'inizio. Anche a distanza di settimane, le era rimasto impresso il ricordo di come le loro due anime si erano unite.

"Devo dire," iniziò una sera Niki, mentre beveva del vino nell'appartamento di Jill, "che tu e Brody insieme potreste illuminare una stanza buia con il bagliore di felicità sui vostri volti."

Jill sorrise alla sua migliore amica. "Brody è speciale."

"Anche tu," disse Niki. "Non riesco a credere ai cambiamenti di Kacy da quando tu e Brody vi siete messi insieme. È una gioia averla intorno."

"Sa quanto le voglio bene e che la apprezzo per quella che è," rispose Jill. "Capisco benissimo quanto sia importante per lei."

Niki fece un sorriso d'intesa. "Per tua informazione, mi ha detto che Brody ti sposerà."

"Lo spero. È la persona che avrei dovuto sposare fin dall'inizio."

Un sabato mattina di una bella giornata di aprile, Brody e Kacy andarono a prendere Jill con il furgone. Per festeggiare la pausa dall'insegnamento per le vacanze primaverili, avevano deciso di fare un picnic sulla spiaggia vicino al Seashell Cottage.

"Papà mi aiuterà a costruire un castello di sabbia," disse Kacy. "Ci aiuti anche tu?"

"Certo," disse Jill. Aveva sempre pensato che i castelli di sabbia fossero speciali. "Per cominciare, preparo tutto per il picnic."

Brody parcheggiò e si diressero tutti verso la spiaggia. Mentre lui e Kacy trascinavano secchi e palette fino al bordo dell'acqua, Jill preparò i teli da mare e un ombrellone, poi organizzò la borsa frigo con cibo e bevande. Aveva bisogno di una giornata di ozio come quella.

Chiamò Brody agitando una mano, per avvisarlo che avrebbe passeggiato lungo la spiaggia. Era stata impegnata sia a scuola che al Sunnyside e voleva sgranchirsi le gambe. Mentre camminava, alzò il viso verso il sole, per godersi la dolce carezza dei raggi caldi. La brezza morbida e fresca della costa le accarezzava i capelli in modo giocoso. Osservò gli uccelli che si disperdevano in riva al mare con piccole zampettate sicure. Passeggiando velocemente sulla dura sabbia, Jill si lasciava alle spalle piccole impronte, quasi come ricordi felici. Dopo aver vissuto per la maggior parte della propria vita al nord, amava osservare la vita in riva al mare.

Dopo un po' si voltò per tornare da Brody e Kacy che costruivano insieme un castello di sabbia. Quanto voleva bene a tutti e due!

Come se quei pensieri fossero arrivati a Brody trasportati dalla brezza leggera, lui alzò lo sguardo verso Jill e sorrise, i denti bianchi in contrasto con la pelle abbronzata. Dietro il suo aspetto affascinante si nascondeva una delle persone più gentili che lei avesse mai conosciuto. Era lui che aveva aiutato Jill a superare quell'estate di imprevisti, ad affrontarli uno dopo l'altro e, nei mesi successivi, a imparare ad accettarsi per la persona che era.

Kacy si avvicinò di corsa a Jill. "Vieni a vedere il castello di sabbia che abbiamo costruito io e papà. Abbiamo fatto una stanza speciale per te."

"Va bene." Jill sorrise quando si ricordò il primo castello di sabbia che avevano fatto insieme. La stanza di Jill era stata collocata di proposito fuori dalla costruzione.

Kacy corse avanti mentre Jill camminò sulla sabbia per raggiungere Brody. Lui rimase in piedi ad aspettarla e la osservò attentamente. Jill si sentì il cuore accelerare quando Brody la travolse con lo sguardo, quasi come se gli occhi di lui stessero facendo quello che le mani... quelle meravigliose mani... di recente le avevano fatto.

"Kacy ti ha detto della tua stanza speciale?" le domandò Brody con un sorriso.

Jill annuì. "Questa volta sono riuscita a entrare nel castello."

L'espressione divertita di Brody cambiò, divenne seria, poi si riempì di tenerezza. "Jill, non voglio metterti fretta, ma non riesco a immaginare di non averti al mio fianco ogni giorno e ogni notte. Ti amo troppo."

"Anch'io," rispose lei, con il cuore pieno di gratitudine per tutto quello che avevano condiviso.

"Kacy e io ti daremo tutto il tempo che vuoi per decidere, ma abbiamo bisogno di te." Le guance di Brody arrossirono per l'emozione. "Ci completi."

"Abbiamo una domanda per te," intervenne Kacy, che andò a sbattere contro il padre.

"Giusto," disse Brody, sorridendole prima che la bambina si inginocchiasse sulla sabbia.

"Jill Conroy, vuoi sposarci?"

Jill si strinse le mani e rimase a bocca aperta, al che Brody estrasse una piccola scatola di velluto nero dai pantaloncini e la aprì.

Le brillò davanti agli occhi un grande diamante solitario, circondato da una fascia di diamanti più piccoli.

"Dovresti dire di sì," commentò Kacy, prima di abbracciare Jill in vita.

"Sì, oh sì! Vi sposerò tutti e due!" esclamò Jill, che rideva e piangeva allo stesso tempo.

Brody si alzò in piedi, tutti e tre si abbracciarono e Jill si sentì piena di una gioia che non aveva mai conosciuto, una gioia che sapeva sarebbe durata per sempre.

EPILOGO

"Sbrigati Kacy! Faremo tardi!" gridò Jill, mentre teneva in braccio Missy, la figlia di due anni. A dodici, quasi tredici anni e come damigella d'onore speciale per il matrimonio della zia, Kacy era determinata ad apparire al meglio. Jill la capiva, ma non avrebbe permesso alcuna distrazione dal giorno speciale di Cristal. Il loro percorso era stato altalenante, ma Cristal e Chance Nelson avevano finalmente deciso che non potevano vivere l'uno senza l'altra.

Jill era entusiasta per la sorella. Chance era un ragazzo molto gentile e adorava la sua futura moglie. Avevano pari successo sul lavoro. Lui si occupava di diritti familiari e lei offriva bellezza e fiducia in se stessi nel centro benessere che possedeva e gestiva con un piccolo aiuto da parte della madre. Era davvero sorprendente come tutte le loro vite fossero cambiate negli ultimi quattro anni.

Kacy uscì dalla propria camera da letto.

"Oh, sei bellissima!" Jill si complimentò. "Il vestito è perfetto."

"Grazie. I matrimoni sono così emozionanti. Ricordo che io ed Emily giocavamo a fare le 'spose' quando eravamo più piccole. Il matrimonio era sempre tra te e papà."

"Sì, me lo ricordo anch'io. Ma non potrà mai eguagliare il nostro vero matrimonio. Noi tre e il ministro sulla spiaggia."

"Ma anche Emily, la sua famiglia e Susannah," le ricordò Kacy, "con me ed Emily come damigelle."

"Giusto," confermò Jill, anche se ricordava che c'erano stati soltanto loro tre quando lei e Brody si erano promessi di

amarsi e onorarsi a vicenda. La madre, Melanie e Greg erano
in viaggio insieme, Cristal aveva appena aperto la spa e non
aveva potuto partecipare, quindi fu il momento perfetto per
celebrare il matrimonio piccolo e intimo che Jill aveva
desiderato. Quelli che erano rimasti male per essersi persi il
matrimonio, superarono la delusione in poco tempo, appena
videro la gioia che Jill e Brody non riuscivano a contenere
quando erano insieme.

"Dov'è il mio fratellino Matt?" domandò Kacy mentre si
guardava intorno.

"Con tuo padre," rispose Jill.

"Giù!" gridò Missy, che lottava per uscire dalle braccia della
madre.

Jill ridacchiò. "Non ancora, piccola. Sei la damigella dei
fiori. Non posso lasciarti andare." Fece cenno a Kacy di
seguirla e insieme si diressero fuori, verso la macchina.

Quando si avvicinarono, Brody la guardò e sorrise. "Le tre
signore sono pronte per andare?"

"Credo di sì." Jill non aveva avuto il tempo di sistemarsi i
capelli in modo elegante, ma non le importava. La vita con i
gemelli non era facile. Non sapeva come Niki ci riuscisse con
tre. Se l'amica non le avesse insegnato qualche trucco per
gestire più di un bambino alla volta, non sarebbe
sopravvissuta ai primi mesi di maternità. Era passato qualche
anno, ma fare la mamma non era certo diventato più facile,
con i gemelli che ormai camminavano e rigorosamente
prendevano direzioni diverse!

Quando Brody entrò nel vialetto del Seashell Cottage, le
labbra di Jill si incurvarono in un sorriso. Era un luogo
bellissimo, pieno di ricordi felici per lei. Era stato lì, al cottage,
che aveva imparato a lasciar andare il passato, a diventare una

donna che riconosceva il proprio valore e, soprattutto, a rivendicare la libertà di essere se stessa.

Come se le avesse letto nel pensiero, Brody si rivolse a lei. "Ho capito dal primo momento in cui ti ho vista qui che eri la donna che avevo sempre sognato. Sono veramente felice che tu sia mia moglie." Si chinò e posò le labbra sulle sue, per dirle alla propria maniera quanto l'amava.

"Oh, no! Avete intenzione di baciarvi di nuovo?" domandò Kacy dal sedile posteriore.

Ridendo, Jill si staccò da Brody. "Un giorno capirai."

"Quando sarò una sposa?"

"Non è ancora il momento di parlare del tuo matrimonio, Kacy," disse Brody. "Non sarò pronto a farlo ancora per molto, molto tempo."

Jill nascose una risatina. Brody adorava tutti i loro figli e né lui né Jill volevano affrontare l'idea che Kacy un giorno li avrebbe lasciati.

"Quando sarà il momento," continuò Kacy, "voglio sposarmi proprio qui al Seashell Cottage."

"Perfetto," dissero Jill e Brody contemporaneamente, in sincronia come al solito.

"Caspita!" gridò Kacy. "Voi due parlate sempre insieme."

Mentre rideva, Jill sperava che Kacy trovasse un amore speciale come quello che lei condivideva con Brody.

"Fuori! Voglio... Fuori!" gridò Matt, dal seggiolino.

"Fuori!" fece eco Missy prima di sollevare un coro di "Fuori! Fuori! Fuori!"

"Ok, ragazzi! Si parte!"

Pronta per partecipare a un altro matrimonio speciale, Jill scese dall'auto. Sentiva già la magia del Seashell Cottage.

# # #

Grazie per aver letto *Estate di sorprese*. Se ti è piaciuto questo libro, aiuta gli altri lettori a trovarlo con una recensione su Amazon, Goodreads, BookBub, o il tuo sito preferito. È un gesto piccolo ma importante.

Per ulteriori letture, ecco i link agli altri libri della collezione *Seashell Cottage*:

Cambiamento di cuore:
https://www.amazon.com/Change-Heart-Seashell-Cottage-Book-ebook/dp/B07RBDNWH1/ref=sr_1_23

Una stella di Natale:
https://www.amazon.com/Christmas-Star-Judith-Keim-ebook/dp/B07HXQ14G4/ref=sr_1_2

Le ragazze della spiaggia:
https://www.amazon.com/Beach-Babes-Judith-Keim-ebook/dp/B09KFB1Y7L

Iscriviti alla mia newsletter per ricevere un racconto gratuito. Le mie newsletter sono brevi e divertenti, con omaggi, ricette e le ultime, imperdibili notizie su di me e sui miei libri. Benvenuti! Ecco il link:
https://BookHip.com/RRGJKGN

L'autrice

Judith Keim, **autrice di bestseller per *USA Today***, è un'autrice che ha un editore e pubblica autonomamente alcune delle sue storie. Scrive romanzi commoventi su donne che affrontano sfide inaspettate, le affrontano con forza e trovano l'amore e la felicità lungo la strada: storie che hanno un cuore. I suoi libri più venduti si basano, in parte, su molti dei luoghi in cui ha vissuto o che ha visitato e sulle persone interessanti che ha incontrato. La signora Keim crea ambientazioni realistiche e personaggi credibili amati dai suoi numerosi e fedeli lettori.

Ha trascorso l'infanzia e la giovinezza a Elmira, New York, e ora vive a Boise, Idaho, con il marito Peter, i due bassotti Winston e Wally e altri membri della sua famiglia.

La signora Keim ama sentire le opinioni dei lettori e apprezza il loro entusiasmo per le storie che scrive.

TUTTI I LIBRI SONO ORA DISPONIBILI IN AUDIO su Audible, iTunes, Findaway, Kobo e Google Play! È così divertente avere questi personaggi che prendono vita!

La signora Keim può essere contattata tramite il sito web www.judithkeim.com.

E per mettere "Mi piace" alla sua pagina su Facebook e tenersi aggiornati sulle novità, basta andare su: **http://bit.ly/2pZWDgA**

https://www.bookbub.com/authors/judith-keim

Iscriviti alla mia newsletter e ricevi un racconto gratuito. Le mie newsletter sono brevi e divertenti, con omaggi, ricette e le ultime, imperdibili notizie su di me e sui miei libri. Benvenuti! Ecco il link:

https://BookHip.com/RRGJKGN

La signora Keim è anche su Twitter @judithkeim, LinkedIn, and Goodreads. Passa a salutarla!

Ringraziamenti

Come sempre, sono eternamente grata al team editoriale, costituito da Peter Keim e Lynn Mapp, alla designer di copertine, Lou Harper, e alla narratrice per Audible e iTunes, Angela Dawe. Sono le persone che prendono ciò che scrivo e mi aiutano a trasformarlo nel libro che presento con orgoglio a voi, i miei lettori! Desidero anche ringraziare il mio gruppo di scrittori che mi ascoltano e mi incoraggiano ad andare avanti. Grazie a Peggy, Lynn, Cate, Nikki Jean e Megan. Vi voglio bene!